葛兆光 著

古代中國文化講義

（重訂增補本）

商務印書館

責任編輯： 徐昕宇

裝幀設計： 涂 慧

排　　版： 周　榮

校　　對： 趙會明

印　　務： 龍寶祺

古代中國文化講義（重訂增補本）

作　　者： 葛兆光

出　　版： 商務印書館（香港）有限公司

　　　　　香港筲箕灣耀興道 3 號東匯廣場 8 樓

　　　　　http://www.commercialpress.com.hk

發　　行： 香港聯合書刊物流有限公司

　　　　　香港新界荃灣德士古道 220–248 號荃灣工業中心 16 樓

印　　刷： 美雅印刷製本有限公司

　　　　　九龍觀塘榮業街 6 號海濱工業大廈 4 樓 A 室

版　　次： 2023 年 5 月第 1 版第 1 次印刷

　　　　　© 2023 商務印書館（香港）有限公司

　　　　　ISBN 978 962 07 5938 3

　　　　　Printed in Hong Kong

"葛兆光講義系列" · 說明

　　我對大學人文學科的教學,曾經有個説法,"給大學生常識;給碩士生方法;給博士生視野",很多朋友引用過,覺得我講得有那麼一點兒道理。不過,説歸説,做歸做,真正能夠按照這種方式上好課,卻沒那麼容易。我在不同的大學講了三四十年的課,也換着各種主題講過很多門課,也曾盡力通過講課實踐這種理想,所以,準備課程和撰寫講義,要佔去我大部分工作時間。不過,也因此從講義到著作,出版了不少論著,包括我的《中國思想史》兩卷本和《思想史研究課堂講錄》三卷本,其實原本都是講義。儘管錢鍾書先生曾經在《圍城》裏很諷刺這種拿"講義當著作"又拿"著作當講義"的車輪戰法,可能那是因為他不必總在大學講課的緣故。

　　我有一個基本固定的講義撰寫模式。為了準備講課,我常常用紙筆先寫詳細的大綱,然後在這些大綱上,貼滿各種抄錄了史料或心得的籤紙;在講述一兩輪之後,便把這些五顏六色亂七八糟的紙本,轉錄成電腦格式的文本,接着再把它打印出來,在天頭地腳、左邊右邊批注種種文字,並且繼續貼滿修補的籤紙。這樣經過三五輪增補和刪訂後，就成為最終的講義，而我在完成了最終講義之後，也就不再講這門課了。為甚麼？因為既然已經完成，自己也已經沒有新鮮感了，這就彷彿《世說新語》裏說的王子猷雪夜訪問戴逵，"吾本乘興而行，興盡而返，何必見戴？"其實，好的講課人自己講述也是要"乘興而行，興盡而返"的，那種憑一本講義照本宣科講幾十年的事兒，我還真做不來。

講義和著作畢竟不同。著作可能需要有思想和新見，而講義最重要的不僅要明白，還要有知識。這個"葛兆光講義系列"，收錄了我多年講課講義的最終修訂稿。除了已經丟失的《中國史學史講稿》，已經由三聯書店出版的《思想史研究課堂講錄》（三冊）之外，這個系列大概應該包括以下若干種講義，即針對大學通識課程的《中國經典十種》和《宋代文學十講》，針對大學歷史系本科生的《古代中國文化講義》和《古代中國藝術的文化史》，針對碩士生的《學術史講義——給碩士生的七堂課》，以及針對博士生的《亞洲史的研究方法——以近世東部亞洲海域為中心》。以上這些講義，正在陸續整理出版中，如果還有餘力，那麼這個系列中也許還應該有一本給博士生的《亞洲中古宗教、思想與文化的交流》。

特此說明如上。

葛兆光

2021 年 4 月

原序　揣一張地圖去古代中國旅行

一

隨着時間流逝，古代漸漸離我們遠去，古代的那個中國文化世界，現在想想也只是一些"記憶"，當"過去"成為"歷史"，而"歷史"變成"文獻"，我們靠着"文獻"喚回"歷史記憶"，有時候，彷彿霧裏看花，這個世界就有些面目不清了。

說一下我的經驗吧。幾十年以前，我還在北京讀小學二年級，背着大人偷偷地看過《萬花樓》《三國演義》和《水滸》。那時候，古代中國在我的印象裏，"社會"由好漢、英雄和惡人組成，要說"文化"，印象裏就是要麼豪氣干雲，要麼爾虞我詐。再過十年，在大陸那一場大混亂裏面，偶像坍塌，傳統崩潰，在政治預謀和集體意識共同製造的想象中，古代彷彿在我心裏又變了一個很殘酷和很恐怖的專制社會，被貼上"奴隸"和"封建"標籤的古代中國，沒有了《清明上河圖》中那種熙熙攘攘的生活圖像，只剩下了魯迅《狂人日記》裏面背後寫了"吃人"那幾頁冷冷的文字。再過十年，隨着二十世紀八十年代"文化熱"的興起，古代中國的文化圖像又一次變得朦朧曖昧，一半是唐詩宋詞、老莊佛禪裏那種超脫的飄逸，一半是《大誥》《聖諭》加上文字獄，製造出來那種心靈禁錮。對飄逸的嚮往是想象的境界，對禁錮的恐懼似乎仍然在心頭蔓延。好在那個時候，大陸對於中國傳統、歷史與文化的觀念，漸漸地顯出心平氣和來，"五四"以來形成的讓傳統為當代還舊債，叫歷史替現實背黑鍋的方式，也漸漸被反省。我總覺得，"五四"時代以及後"五四"時代對古代中國文化的描述，儘管有相當的理由，但多少也有點問題。一方面，是因為它把不斷變化的文化傳統，描述成為一個永恆固定的傳統文化，這使得我們的閱讀者以為，我們承繼的就是這樣一個"歷史"。於是，要麼把它當成負擔不起的沉重包袱，要麼把它當成消受不盡的巨大寶庫，正反雙方彷彿領了規定題目的大專辯論會隊員，永遠固執在自己的立場上，沒完沒了地辯論下去。另一方面，他們為了確立現代的價值而否定古代的意義，於是，在沒有很好地做歷史研究的時候，就匆匆忙忙地勾勒一個叫做"傳統"的假想敵，借了批判這個假想敵來確認"現代"的合理性。可是，如果我們檢討一下這個時代的批判，我們發現他們批判的，可能只是一個"想象的傳統"，用現代西方理論術語來說，就是"發明的傳統"，而真正大體符合這個傳統全部特徵的時代，在漫長的兩三千年裏面，也許只有明代初期到中期那很短的一個時間。

可是，正像我一開始說的那樣，"隨着時間流逝，古代漸漸離我們遠去，古代的那個中國文化世界，現在想想也只是一些'記憶'"，那麼，我們如何在記憶中重新理解古代中國，特別是漢族中國的文化？

二

我曾經幾次用"旅遊"來比喻"歷史"。旅遊當然是一種空間的移動,從你熟悉的此空間,到你不熟悉的彼空間,尋找陌生、驚異與新奇。按照列維 - 斯特勞斯(Claude Lévi-Strauss,1908－2009年)的説法,這種空間上的旅行,也可以看作是時間上的旅行,因為當人們從城市到鄉村,從現代生活空間移向傳統生活空間時,你彷彿回溯了歷史。其實,身在現代,而去認識古代中國的歷史,也彷彿是參加旅遊,如果我們把這種在時間上的回憶當成在空間上的尋找,我們也一樣在進入一個陌生、驚異與新奇的,被叫做"過去"或者"傳統"的世界,這個世界的名字就叫做"古代中國文化",當然,更應當叫"古代漢族中國文化"。

不過,旅遊者常常會有一種並不愉快的經驗,就是在參加旅行團的時候,常常被一些按照旅行社預先設計好的路線圖進行講解的導遊所誤,他們總是熱情地向不同的旅行者介紹相同的風景名勝,按照規定的路線一一走去。這使得被動接受這個路線圖的不同旅行者,得到的都是一樣的印象。我想,過去各種古代中國文化論著,就常常是這樣的好心導遊,他們凸顯了一些傳統,可能卻遮蔽了一些歷史。據一個旅遊業內的人説,旅遊最後常常會發展到"自助旅遊",我在歐洲和日本看到過很多這樣的自助旅行者,他們並不按照規定的路徑,走大教堂,逛大商場,看大名勝,而是自己帶着地圖,穿越小徑,露宿郊野,走過市集,他們看到的是另一個歐洲,另一個日本。我總是希望,能夠為讀者繪製另一幅古代中國文化的地圖，讓閱讀者更多地依靠自己閱讀、思考和體驗，了解古代中國的文化和傳統。

我也許沒有能夠做到，但我希望有人能夠做到。

三

現在呈現在各位面前的這部書，是我過去若干年來在日本、我國香港及內地各個大學講課的課堂記錄，作為這門課程的教材，我曾經在北京的清華大學出版社出版過一冊《古代中國社會與文化十講》，裏面有一些簡略的綱要、一些可供參考的文獻以及為大學生準備的思考題，可是這裏是講課的全記錄，不僅字數增加了三倍，而且還增加了一些篇章。特別是，我為了使它更容易被閱讀者接受，特意在這個暑假裏，用了很多精力和時間，把它變成半是講話、半是隨筆的形式。

順便交代的是，在這本書裏面，我不想把"古代中國"和"現代中國"涇渭分明地劃開，也不想特別偏重"精英文化"或者"一般文化"，我只是想讓閱讀者了解並且感受"古代中國文化世界"。所以，這裏的內容，有古代中國觀察世界的方式，它影響了一直到今天的中國人面對外部世界的立場和態度；也有古代的婚禮喪儀，因為它可以了解到中國的家族制度，甚至了解到儒家和政治，我想這是古代與現代中國文化的最重要的方面，它構造着中國人對內部世界的秩序感。佛教可能是西洋文明來到中國之前，對中國衝擊最大的外來文化，需要追問的是，到底它如何影響了中國古代和現代的生活世界？而道教呢，則是土生土長的中國宗教，至今中國人的生死觀念和幸福觀念，好像還在古代道教的延長線上。儘管前面儒、釋、道都有了，但是，為了讓閱讀者了解一個更真實更普遍的古代中國，我在書中也勉力去談普通民眾的宗教信仰，特別是專門講了一下流行中國的風水，因為在風水背後，是影響整個漢族中國人思維的陰陽五行知識。

近年來我總覺得，歷史研究者有時候有點像犯了"自閉症"，常常孤芳自賞地昂着高傲的頭，自顧自地離開公眾領域，把自己鎖在象牙塔裏面。可是，歷史研究的意義是甚麼呢？如果它不是借着對過去的發掘，讓人們理解歷史的傳統和現在的位置，如果它不是去通過歷史的講述，去引導一個族群、一個國家對未來的思考，如果它僅僅作為一種專門知識，一種大學或研究所裏面陳陳相因的學科技術，成了只在實驗室的試管裏，永遠不進入臨牀的藥物，成了找不到對象下手，只能孤芳自賞的"屠龍之技"，它還會有生機嗎？

2004 年 9 月 29 日

於北京清華園

繁体版序

我的講義系列(《中國經典十種》《古代中國文化講義》《學術史講義》《亞洲史的研究方法》)要由香港商務印書館出版繁體字版,出版社讓我為之寫幾句話,我當然樂於從命。

這裏的四部講義,來自我過去開設的四門課程。早的如《中國經典十種》《古代中國文化講義》,是 1990 年代初期,我在清華大學任教時開始講的;稍後的《學術史講義》,大約是從 2000 年前後開始講的;而最晚的《亞洲史的研究方法》,則是 2010 年以後,我在復旦大學時才開始講的。這四部講義不僅涵蓋了大學通識、本科、碩士和博士課程,也記錄了我這三四十年來在各個大學任教的軌跡。需要提及的是,與此同時的幾十年間,我也曾陸陸續續在香港的幾所大學,為不同層次的學生講過課,前後加起來恐怕有十幾次,共兩年時間。我記得,這幾部講義中的部分內容,就曾在香港中文大學、香港浸會大學、香港城市大學講過。

一位朋友說,傳統中國士大夫總是兼懷廟堂、廣場和講堂,而近代以來,經歷分化後的現代中國讀書人,也許更多只剩下講堂了。因此,為學生認真講課,就是作為教師的現代讀書人的最大責任。我不喜歡高調大話地說，教師能"傳道、授業、解惑"，其實，如今的大學教師，不過就是傳授知識罷了，因此，新鮮的、準確的、普世的那些知識的講授，就格外重要。我當然想始終站在講台上，努力為學生講課，可是現在人已年過七旬，精力不足以再擔任完整課程，這讓我很遺憾。好在如今，講堂口授可以換成講義呈現，因此，這次講義在香港出版，就等於是延續了我在香港課堂上繼續面對學生講授的理想。

　　是為序。

2023 年 5 月 1 日

於上海

目　錄

開場白
面對難題：對中國文化的界定、涵蓋與評價

　　各位面前的這本小書，是對古代中國文化的介紹。它最初撰寫於 1992 年前後，那時我在清華大學，要為全校大學生開設"中國文化常識"通識課，本書的初稿就是當時的講稿。2002 年曾有一個簡本以《古代中國社會與文化十講》為名在清華大學出版社出版。三年後，經過較大幅度的修訂和增補，又在台灣的三民書局出版，離現在已經十五年了。這次，之所以要再度修訂增補這本寫於三十年前，出版於十五年前的小書，是因為在繼續思考和研究中國文化的十幾年裏，感覺到越來越多的困惑。

　　我把這次修訂增補，權當重上一回講台，再講一次這門課程。不過，在講具體的內容之前，我想先講講幾十年後我重新思考和研究中國文化時的一些感想。坦率地說，我是一個學院裏的歷史學者，對傳統中國文化從不抱"仰之彌高"的盲目信仰，但對中國文化的研究卻始終有"鑽之彌堅"的深切感覺。面對豐富而龐雜的中國文化，作為歷史研究者，似乎總是在不斷遭遇各種各樣的難

題。所以，在這個新增加的《開場白》中，我就想先討論一下中國文化研究的難題，也講一講在中國文化研究中我的一些困惑。

但是，也許仍然沒有結論。

一、界定中國文化之難

首先碰到的問題是，"中國文化"是甚麼？界定起來似乎非常困難。過去對中國文化，學界總是有一種泛泛而論的習慣。從晚清民初以來，因為西潮衝擊，人們不得不反躬自省，對自己的文化進行討論，從所謂"中體西用"還是"西體中用"的爭論起，各種各樣關於中國文化的討論，就多得不得了。但也正是從那時起，有關中國文化的論述，常常有一種似是而非、高度概括的習慣，幾個宏觀而抽象的大概念，套上去好像放之四海而皆準。

請允許我不太恭敬地說，像梁漱溟先生《中國文化要義》總結中國文化的十四個特點，你覺得能夠真的概括中國文化嗎？他說的第一個是"廣土眾民"，我覺得這好像就不是文化而是國家；第二個"多民族同化融合"，這好像還有點兒意思，不過這樣一來，對甚麼是中國文化，你就得取最大公約數或最小公倍數，這樣描述下來的中國文化，也許就只剩兼容，而沒有特色了；第三個是"歷史長久"，可這並不是中國文化的特點呀，好像埃及、巴比倫的歷史更長久，印度也不短呢；第四個"富於和平精神"，這可更有問題了，難道別的民族就不富於和平精神，只是充滿了爭強好鬥的精神？好像這個說法不太合適。剩下的我就不一一講了。在後面，他又總結中國文化的十條，大家再看一看，是不是真的能概括中華文化特點：自私自利、勤儉、愛講禮貌、和平文弱、知足自得、守舊、馬虎、堅忍和殘忍、韌性和彈性，最後一個是圓熟老到。這樣的論述似乎不能告訴我們甚麼是中國文化，也許能告訴我們的，只是這個中國文化造就了我們這個民族甚麼樣的性格。

可是，這種論述中國文化的方式，卻成了學界的傳統。"五四"前後這種討論越來越多，甚麼中國文化是冷的，西方文化是熱的，甚麼印度文化意欲向後，中國文化意欲在中，西洋文化意欲向前，這些說法很多。還有的著作說中國文化，甚麼歷史悠久、地大物博，這些就不像是在學術和歷史層面上討論中國文化了。另外，還有一批談論中國文化的著作，比如已故韋政通先生的《中國文化概論》，就用了一些帶"性"字的抽象詞彙，試圖來概括中國文化，比如獨創性、悠久性、統一性、保守性，可是，這些"性"，別的民族別的國家別的文化就沒有嗎？我覺得，這種論述不太像學術界尤其是歷史學界應該使用的方式，我們似乎需要有一些別的概念、理論和方法。否則的話，我們就會在這種含糊抽象、似是而非、大而化之的概念裏空談，無法給讀者提供明確和具體的中國文化的內容。

我在這本《古代中國文化講義》裏面，列舉了世界觀、家族和社會、儒佛道、陰陽五行和民間信仰的方方面面，這次的新修訂增補本，還添加了有關漢字的一講，我希望把"中國文化"說得客觀一些和具體一些。也許，這個做法和一些偏重歷史人類學方法的學者不約而同。比如，美國學者羅威廉（William Rowe）在有關清代歷史的一本書裏，曾談到中國漢族和非漢族的一些差別，這些差別在美國的何羅娜（Laura Hostetler）、喬荷曼（John E. Herman）等學者有關西南中國的書中也有提到。比如，漢族文化是從夫而居的父系家族，有秩序的葬禮和祭祖，習得漢字的能力，使用筷子的飲食習慣，還有農業和定居等。我們先不管他們這樣對漢族文化的界定對不對，但這些說法提醒我們，作為一個歷史學者必須從"差別"上清晰地界定一個文化。

其實，這種差別古代漢族中國人心裏也有。我不是在說甚麼"非我族類，其心必異"，其實從很早的時候起，"華夏"就意識到自我的某些特徵，用來區分自己與"蠻夷"。如果我們不把這種"華夷之辨"當成是文明與野蠻的差異，而只是在文化認同上"我者"與"他者"的差異，那麼，也許可以用來反觀古代漢族中國的文化。比如七世紀的玄奘，他去天竺學習佛教，出了大唐帝國也就是傳統漢族區域，就看到了彼此的文化差別："黑嶺已來，莫非胡俗。雖戎人同貫，而族類群分。畫界分疆，大率土著。建城郭，務置田畜。性重財賄，俗輕仁義。嫁娶無禮，尊卑無次。婦言是用，男位居下。死則焚骸，喪期無數。劓面截耳，斷髮裂裳。屠殺群畜，祀祭幽魂。吉乃素服，凶則皂衣。"這一段話是他在《大唐西域記》一開始的"序論"裏說的，這裏說的"黑嶺已來"的中亞西域諸國，價值觀中沒有儒家的所謂仁義，家族內也不遵循漢族傳統中的內外之別與上下之分，更不採用華夏傳統中的喪禮制度，也不用漢族中國人那種衣冠，就連他們的宗教信仰和吉凶表達，都和當時中國的風俗不同。其實，從現代來看，那邊的文化也許並不野蠻（比如對女性的尊重，比如屍體火化），而這邊的文化未必文明（比如尊卑森嚴，比如重男輕女），但文化確實有不同，如果你這麼一看，就知道那邊沒有的文化，恰恰就是這邊所擁有的文化。

那麼，究竟甚麼才是古代中國的文化，更準確些說，甚麼才是古代漢族中國的文化呢？我曾經多次提出有關（古代漢族）中國文化的五個特點，這就是：(1) 通過漢字漢語來思維與表達；(2) 在家族以及從家庭、家族、家族共同體這種社會基礎和倫理觀念上，發展出來的華夏帝國和儒家觀念；(3) 三教合一的信仰世界；(4) 陰陽五行為基礎的觀念、知識和技術；(5) 理解中國和世界的特別方式，即天下觀與華夷觀。不僅因為這幾個特點的涵蓋面很廣，而且我特別希望說明，這些才是（漢族）中國特有，或者比較明顯，而其他民族或國家沒有，或者不明顯的文化特徵。

具體地說吧，使用漢字思維和表達，這是漢族中國歷史很長久的傳統，以前說"漢字文化圈"，包括了東亞好些地方，不過在東亞其他地方，漢字是書寫文字，與他們說話的口語不同，而在漢族中國，儘管有言文分離，但口說的語言和書寫的文字大體上還是重疊的。當然，現在就連日本、韓國、越南，也已經不那麼依賴漢字了，漢字和漢語確實是漢族中國的特色；至於家庭、家族、家族共同體以及放大的社會與國家觀念，大家只要看看費孝通的《鄉土中國》和許烺光的《祖蔭下》就會明白，漢族中國的社會就是家庭、家族、家族共同體構成的，從這種社會基本結構中衍生的國家，從秦漢時代起就有自己的特點，而支持這種家族、社會與國家的儒家思想，也絕不是一個抽象體系，而是從早期中國社會中生長出來的；至於三教合一的信仰世界，很明顯，歐洲也好，日本也好，都沒有這種現象，儒、釋、道在中國常常是兼容的，儒家治人，佛教治心，道教治身，但都臣服於絕對的政治權力之下，所以，通常宗教特有的絕對性、唯一性，在中國也就弱了很多，不大有宗教戰爭，可以彼此兼容；而陰陽五行呢？其實不僅是思想，也衍生出知識、技術和方法，現在還靠這套觀念、知識和技術支持的，除了中醫、風水等領域之外，大概已經不太多了，但大家要注意，在漫長的傳統時代它在中國確實是籠罩性和支配性的。說到天下觀與華夷觀，這本是傳統中國自我認識的定位，也是處理外部關係的觀念、思路和原則，在這種文化意識中，才有了影響至深的朝貢體系和華夷分野。以上這些，應該說都是漢族中國的文化。

我覺得，歷史學者難免會非常強調"界定"，因為歷史論述不能總飄在雲中，談一些似是而非的概念或感覺。但是，界定甚麼是中國文化，準確地說甚麼是漢族中國文化，確實非常困難。以上五點，只是我的初步界定，也不一定對，大家可以批評。這次的修訂增補本，特意增加有關漢字的一講，正是為了試圖凸顯和補足這五個方面。

二、涵蓋中國文化之難

其次要碰到的問題是，學界的種種論述，"涵蓋"中國文化很難。因為上面所說的，只是漢族中國文化，並不等於中國文化。我非常不喜歡有些人一講"國學"，似乎就是漢族中國的儒學，甚至只是"四書五經"之學。讀者可以看到，我在另一本講義《中國經典十種》裏，不僅介紹儒家公認的經典，也介紹佛教和道教的經典，甚至還介紹像《說文解字》這樣的字典。而這本《古代中國文化講義》也試圖說明，即使是漢族的中國文化，也是在歷史中逐漸疊加和雜糅的，不只是儒家之學，也不只是四書五經，更不只是三綱六紀。不過，即使是剛才我講的那五個方面，其實，也未必能涵蓋或者等於"中國文化"。

為甚麼？因為幾千年歷史變遷，所謂"中國"，有時候變大，囊括了好多族群和好多地方；有時候變小，主要就是指漢族為主的地區。可是，現代中國的領土、宗教和族群，已經遠遠不止於傳統的漢族中國，現代中國是從清王朝、中華民國、中華人民共和國逐漸形成的主權國家，如果要談論這個"中國"的文化，可就沒那麼簡單了。

這一點很麻煩。如果說，前面說的涉及了甚麼是"文化"，這裏所討論的就是甚麼是"中國"。漢族代表整個中國嗎？漢文化是整個中國文化嗎？"多元一體"現在確實"多元"，可是已經"一體"了嗎？中國是五族共和、六族共和，還是五十六個民族一朵花？不說明甚麼是"中國"，怎麼能說清甚麼是"中國文化"？經歷了幾千年歷史的波折，尤其是清代奠定了目前的疆域基礎和國家格局，中華民國，以及現在的中華人民共和國，已經是一個多民族國家。費孝通提出"多元一體"，當然是非常了不起的說法。但我們要注意，"多元"可以肯定，但未必真的就"一體"了。

這就涉及我們研究中國文化的一個難題，即現在叫做"中國"的這個國家是多民族的、多宗教的、多種風俗的，內部差異性也很大。可是，當你要談論中國文化的時候，你怎麼能說"中國的"文化就是這些？你說的中國文化的五方面特色，能涵蓋滿、蒙、回、藏、苗嗎？所以，我說"涵蓋"之難，難就難在你怎樣描述中國 —— 是古代的中國，還是現代的中國 —— 文化的特徵和邊界。有人會問：你說的這些，真能涵蓋這個中國文化嗎？當你不假思索地運用"中國文化"這個概念的時候，你考慮到了目前"中國"是甚麼狀況嗎？

所以，我不敢輕易地說，講義裏面講的內容，已經涵蓋了"中國文化"，倒是更願意說，這裏介紹的"中國文化"，毋寧說只是歷史上的華夏文化，或者是漢族中國的文化。

三、評價中國文化之難

再次更棘手的問題，是對中國文化的"評價"之難。

同樣一個"中國文化"（有人為了避免前面兩個問題，也常常用"中華文化"或"華夏文化"，其實仍然有問題），從"五四"以來，對它的評價總是有兩種不同立場。一種覺得中國事事不如人，所以要對中國文化有反省和檢討；一種覺得中國是文明古國，因此要對中國文化有認同和自尊。前面一種，是從追求自強的立場出發，對中國文化進行反省，於是看到了封閉內向、鴉片、納妾、小腳和麻木（如胡適、魯迅）；後面一種，從尋求獨立的立場出發，對中國文化有自尊，看到整飭有序、文雅、孝順與和平（如梁漱溟、韋政通）。於是，對中國文化的評價會截然相反。其實，我要坦率地說，這兩種說法看似對立，其實邏輯是一樣的，就是出於對現狀的思索來反省過去，有人會尋找缺陷，有人會尋找資源，這大多是感覺的和情緒的，而不是學術的、歷史的研究。

那麼，怎樣從歷史主義和學術立場來評價中國文化呢？一直到現在，評價也還是很難的，尊重普遍價值的和強調中國立場的，似乎在對中國文化的評價上仍有分歧。所以，在這本《古代中國文化講義》最後的《結語》中，我就建議，我們是否可以接受或者借鑒德國學者小韋伯（Alfred Weber，1868－1958 年）和埃利亞斯（Norbert Elias，1897－1990 年）有關 "文明" 與 "文化" 的區分，來對中國文化進行分析，這一點仍然需要探索。按照埃利亞斯《文明的進程》的說法，"文明" 和 "文化" 是不同的，"文明" 是人為的，"文化" 是自為的。也就是說，文化是與生俱來的習慣，是使不同民族保持不同面貌的東西，是不怎麼會變化的東西；文明是一種需要學習得來的，社會群體交往的規則，是使不同人群的差異越來越少的東西，也是不斷進步的東西。假定我們能在意識中區分 "文化" 與 "文明"，我們就知道，文化沒有好壞之別，它只是一種歷史形成的習慣、觀念和習俗，造就一個族群與生俱來的慣性行為。在這樣的意義上去理解各種不同的文化，就可以既擁抱文明，又守護文化，這樣對於中國文化就比較好評價，就不必因為自己特別的文化，而抵抗普遍性的文明。

其實，漢族中國文化，包括世界上所有的地方文化，在歐洲開始（但不是歐洲獨有）的現代文明衝擊下，確實受到了衝擊和損傷。但是，文化與文明能不能保持一種協調？剛才我說，文明在很大程度上是社會規則，是世界秩序，就像籃球有籃球規則，足球有足球規則，沒有規則不成方圓，沒有規則也不能互相溝通，也不能公平比賽，否則社會或世界就亂成一鍋粥了。其實，古代中國的禮制原本就是一種文明，它強調上下有序，內外有別，尊尊親親，本來它也只是地方性文明，但按照傳統中國儒家的看法，它就是放之四海皆准的普世文明，不遵守它，就是蠻夷甚至禽獸，所以，它也曾強行推廣到邊緣地帶甚至異國。但是，這一兩百年間西風東漸，它被另一種原本也是地方性文明，但因為強勢逐漸成為普世性的文明所取代了，現在的這個文明更強調平等、人權、自由、民主等交往規則。這是文明的歷史性變遷，至少，現在你不能不接受它、適應它。但是，文化呢？世界上各自有各自的文化，就像各有各的口味，各有各的癖好一樣，不妨在家各行其道，只要不妨礙與其他民族和國家打交道，不妨礙社會交往的公正平等就好。有人經常講中國文化就是好，這個我不同意，文化沒有好壞，有好壞，就等於各民族有高低，這就等於對不同的族群進行等級區分了，發展下去就會出現種族歧視和文化歧視。現在，世界上對多元文化有質疑，但我個人還是讚成文明普世，而文化多元，以前費孝通先生講 "各美其美" 是有道理的。

作為一個歷史學者，我的工作是對中國文化在歷史中的積澱和成形做學術性的研究，我不願意憑着情感和本能，對中國文化做簡單的價值評判。當然，由於國族自尊和認同的需要，有人會把中國文化説得很好很優秀，這沒問題。但是，請記住我剛才講的，當你把 "文化" 和 "文明" 做一個區分，就可以承認不同文化之間沒有高低，文化只是族群的特徵、族群的習慣、族群的風俗，這是歷史形成和積澱的，也是這個民族形成以後，這個民族中的人們與生俱來的傳統，它會如影隨形呈現在每一個人身上。但千萬不要因為我的文化去貶低他的文化，説自己的文化輝煌，説別人的文化醜陋。

但説到文明，文明還是有高低之分的，也許有人覺得我還是掉進 "進化論" 的陷阱裏了，也許有人對這種 "進步" 與 "落後" 論嗤之以鼻。但我還是要説，無論是中國的文明，還是西方的文明，這是有史以來人類逐漸摸索出來的道德、倫理、法律，用它們來建立社會秩序和國際秩序的規則，守護公正、平等、自由和尊嚴，這才會有文明與野蠻的高低之分。所以我覺得，正確的態度是，我們應當接受文明，也同時守護文化。可是，因為過去的論述中，往往不能區分文明與文化，把這些混成一團了，這就造成了我們對中國文化評價上的困難。

四、討論古代中國文化的不同態度與方法

我注意到，討論中國文化或者中西文化時，往往會看到四種不同的態度，當然，這四種態度不完全是矛盾的，只是彼此之間略有差異、各有側重。

第一種，是討論不同文化的比較時，有人會強調"同"的方面，有人會側重"異"的方面。這其實沒甚麼，像錢鍾書先生就特別喜歡講"同"，所謂"東海西海，心同理同"，他強調的是人的共通性，這是比較文學研究中常常採取的一種方法，試圖在不同的文學作品裏找到人類彼此相通的東西。我想，他強調的就是人類共性。但是，也有人比較會強調"異"，尤其是做歷史學的，會更多強調"異"的一方面。因為如果不講"異"，沒有差異性比較，有些特點，是不太能講得清楚的。我想這是學科差別和動機差別造成的。所以，我不認為強調"同"和強調"異"，就是絕對對立而不可通約的。

第二種，是強調"斷裂"多，還是"連續"多。前一種是橫向比較，後一種是縱向觀察。從歷史上看文化變遷，這就像一條大河，人們分出了上游、中游、下游，其實，本來河流是連續的，可是為了區別，設了標誌，於是，好像一條河就分成好幾段了。所以，中國文化的"連續"和"斷裂"也不是對立的，而是看你強調哪一面。聯繫中可能有斷裂，斷裂裏可能有更深刻的聯繫，這也不是一對矛盾。

第三種，是強調文化中的精英成分，還是社會上普遍流行的部分，這也往往和學科有關。我在《中國思想史》中一再強調，我們要尋找一般思想、信仰和知識，我會更多去看經典知識、精英思想、上層文化，它們究竟如何真正在社會生活中彌散開來，起到影響大眾的作用？所以，我一直說三個詞：制度化、常識化、風俗化。也就是說，精英思想通過制度成為規範，通過教育形成常識，通過生活禮儀變成風俗，這就使得精英思想逐漸變成普遍價值、社會習俗和一般常識，其實，這是想把精英與一般打通。在中國文化和中國思想的研究裏，有人要強調精英的這部分，有人要強調社會的那部分，也只不過是側重面不一樣，並不構成特別大的矛盾。

第四種，也就是最後一種，這是最麻煩的，就是剛才我們說的，是強調中國文化中光輝的還是醜陋的。"五四"時代以來，胡適等偏重批判性的立場，和梁漱溟等偏重自尊性的立場，其實就是看到了不同的側面。文化和傳統只是一個現象，如果不是歷史地看，無論你是批判糟粕還是強調精華，其實，在思維方法、價值判斷和邏輯論述上是重疊的。我想，世界上不同的人，觀察和評價中國文化的角度可能不一樣，但是，彼此的距離沒有那麼遠。山裏看山和山外看山，可能各看到一部分。只有回到歷史中，你才會真正了解中國文化。

回到開始說的話，對中國文化的界定、涵蓋以及評價，確實都是非常困難的，除非你把它放回歷史。

五、"文明"與"文化"之分，以及中國文化的現代命運

　　在這本書最後面，我再次討論了所謂"文化"和"文明"的區分，請大家不妨看看後面的《結語》。這裏再説明一下，其實，這種區分主要是在理論和方法上對歷史的權宜處理，並不是説在社會生活中，文化和文明就一定有截然不同的地方，兩者當然是有交叉的。但是，如果在學理上不加區分，歷史上的問題就不好論述，在評價上面也會出現困難。Culture 和 Civilization 這兩個詞，在西方詞源上有不同，但在中國往往並沒有清晰的差異。我們用了埃利亞斯的説法，對"文化"和"文明"進行區分，並對中國文化進行學術處理，目的就是要講清楚，有一部分規則和制度，也就是文明，它是在社會交往中，在歷史過程中不斷調整、變化和進步，並被大家接受的；但有一部分與生俱來，通過耳濡目染自然得來的觀念和習俗，也就是文化，它是跟着傳統走的，很難改變，延續性很強，其實它無所謂好壞，也談不上進步或落後。

　　可是，我們經常講"全球化"把地球變得像個村子，地球是平的、扁的了，就會對中國文化的存續有恐慌，好像全球化給生活帶來了巨大影響，使得中國人就不成為中國人了。也許有人知道，美國學者亨廷頓（Samuel Phillips Huntington，1927－2008年）寫了一本《我們是誰》（*Who are we?*），這本書就在談論美國之為美國的根本，我們之所以是我們的根據在哪裏。換句話説，就是我們靠甚麼來互相認同？現在，也有人提出在全球化時代，

我們要做世界公民，這當然是好事，是普世文明的進步。但這個時候，有人會覺得這就對中國的文化認同和身份意識構成衝擊，好像普世文明對特殊文化形成了強烈的衝擊，搞得"文明"和"文化"好像是一對化解不了的矛盾。雖然這也部分是事實，但是我們想，難道不能既擁抱文明，又保護文化嗎？所以，我們討論中國文化的時候，也要想出妥善的方法和途徑，即使是權宜處理，也要在理智上，把能夠進步的、作為規則的文明，和作為傳統的、生活習慣的文化做一個區分，這樣才能做到既擁抱文明，又善待文化。

否則，文明與文化之間的衝突這件事，是非常不好處理的。比如說，我們常常和西方學者辯論的一個問題就是"漢化"。一談到"漢化"，西方學者尤其是新清史學者就不贊成，說這是大漢族中心主義，是對王朝周邊少數族群的殖民；中國學者說，這是提倡有普遍價值的儒家，讓邊緣族群變得像漢族一樣文明，所以摧毀他們落後的文化是合理的。那麼，怎麼樣來化解這個矛盾呢？我的理解是，一方面，在那個時代，漢化確實在用中國傳統禮儀和制度作為普世文明，讓所有人接受漢族傳統中的這一套文明，但是，實際上從歷史上看，這也是用漢族普遍文明對異族的特殊文化的衝擊和侵蝕。另一方面也請大家記住，不要把邊緣族群的風俗習慣和生活觀念當成野蠻和落後，文化只是特殊性，特殊性沒有先進和落後之分。只是要注意，當你強調特殊文化合理性的時候，你也要看到，普世文明從來就是對特殊文化進行衝擊，讓所有人逐漸趨向同一，也就是變得大家越來越像，最後成為世界居民。這種衝擊確實可能會損傷邊緣族群的特殊文化，這是永恆的矛盾，也是歷史必然的發展過程。你只有這樣解釋，才能處理"漢化"爭論，否則就是三岔口打架，永遠沒完。

至於說，文明規則由誰來制定？儘管我們承認文明規則有一定合理性，但歷史證明，畢竟是強勢的政治、經濟和文化力量在起作用。過去，在傳統中華帝國裏，漢族文明規矩全，影響大，無論誰當權，這套文明就是強勢。所以，歷史上確實是漢族制定了規則，儒家禮制成了文明。不過剛才我說到，近代的幾百年中，它逐漸被另一個強勢文明壓倒了。所以我們也承認，普世文明不是天然固定的，是隨歷史變化而變化，通過比較而進化的。毫無疑問，西方文明現在成為普世性文明，背後是有"時勢轉移"的，當然，它在近代世界，處理國際關係、社會秩序、個人生活方面有相對合理性，但同樣要說，如果沒有堅船利炮，沒有全球貿易，歐洲文明原本也仍然只是地方性文明。但儘管如此，我也要說明，我並不贊成咱們哪天崛起了，就推行中國文明作為普世文明。我是一個歷史學者，我更注意文明嬗變是一個歷史過程。

回到漢族中國文化吧。前面我講到，漢族中國文化有五個特點，如果強調斷裂，那麼我們確實看到近代以來有了深刻的裂痕。比如說，雖然我們還是用漢字，但語法、詞彙甚至簡化字，都和過去有了太大變化，口語和書面語都有了太大變化。特別是"五四"之後，日常的、大眾的、通俗的白話文成為了書面語的主流，某種程度顛覆了原來語言與文化上的雅和俗。但如果強調連續呢，那麼，我們還在使用漢語和漢字，漢語、漢字還是我們用來思考和交流的語言。所以，斷裂和連續是不該截然劃分的，只看你注意哪一方面。同樣，鄉村家庭、家族、共同體，以及在這個社會基礎上形成的儒家禮儀、思想和文化，由於現代化的原因，鄉村家庭家族共同體崩潰得很快，現在主導中國的已經是現代城市生活所形成的秩序，現代家庭也變得越來越小了，城市裏面那些傳統的家族倫理已經不起作用了。但在鄉村裏，畢竟家庭、家族以及共同體的倫理、道德和秩序在生活世界中依然存在，這種傳統秩序的基礎是鄉村的，是家庭、家族、家族共同體才能構造起來的。再比如，我們講"三教合一"，至今還是三教可以合一，因為中國宗教至今仍然是在政治權威之下，三教沒有絕對性和唯一性，也沒有自己強悍的教團，所以還是彼此團結共同進步；再說陰陽五行，它在傳統時代有很大影響力，大家可能最熟悉的就是風水、氣功和中醫，在外國人眼中就是中國文化的代表，但是在現代也已經衰落得一塌糊塗了，可它並不一定全盤退卻和徹底消失。最後我們說天下觀，世界圖像早就變了，五大洲四大洋，萬國林立，它已經成了歷史記憶，可是，你看看，在很多方面我們傳統的"天下觀念"還在起作用，我們的"帝國意識"還拖着長長的尾巴。上面，我講的是傳統文化在現在的逐漸退卻，反過來，當然我也可以強調它們的依然存在，否則中國將不是中國了。

好了，下面我們就來一一介紹，甚麼是傳統中國，特別是古代漢族中國的文化。

【參考論著】

1. 梁漱溟：《中國文化要義》，上海人民出版社，2011 年新版。

2. 林語堂：《吾國與吾民》，黃嘉德中譯本，陝西師範大學出版社，2006 年。

3. 柳詒徵：《中國文化史》，中華書局，2015 年新版。

4. 王力：《中國古代文化常識》，世界圖書出版公司，2008 年。

5. 陰法魯等：《中國古代文化史》，北京大學出版社，2008 年新版。

漢字型塑了「中國」？

引子：為甚麼是筆談？

有一段時間，我對前近代日本人和朝鮮人互相交流中國印象的文獻很感興趣，在這些文獻裏面，很多是當年留下來的筆談。他們為甚麼不用嘴説要用筆談呢？直接説話不是更方便嗎？

原因很簡單，日本人、朝鮮人在傳統時代各有口語，口語講是一回事兒，但官方文書和典雅書寫，卻往往通用漢字書寫。大凡上層精英也包括僧侶，他們都識得漢字，也都能用漢字表達。《宋史》裏説，宋太宗時代，也就是十世紀後期，日本僧人奝然來中國，"善隸書，而不通華言，問其風土，但書以對。"就算沒有通事也就是翻譯，通過手寫，他們可以互相交流，也可以和中國人溝通。這些不同國度的人見了面，嘴上説不通，卻能用手寫，寫下來的這些紙片就是"筆談"，這就好比下圍棋叫"手談"一樣。所以，後來朝鮮派往日本的使者也好，日本派往中國的使者也好，琉球派往中國的使者也好，安南派往中國的使者也好，都要選擇能漢字書法和通中國文言的讀書人。舉一個例子，朝鮮宣祖二十二年（1589），也就是明朝萬曆十七年，朝鮮國王選擇赴日使者，就十分謹慎地吩咐説："聞倭僧頗識字，琉球使亦嘗往來云。爾等若與之相值，有唱酬等事，則書法亦不宜示拙也。爾等其留念乎？"意思就是説，對外的使者必須精通漢字書法，還要能寫漢詩，才能應付往來，不至於丟面子。這就像我們現在外交官要懂外文一樣，那個時代，安南、琉球、朝鮮、日本，雖然各有各的方言，但正式的文書和典雅的交流，還就得靠寫的漢字。

其實，不光是這些現代意義上的"外國"，就連傳統中國之內，各個地方口音不同，像福建人或廣東人講話，河南、河北人不懂，山西、陝西人講話，雲南、廣西人也聽得困難，可是寫成漢字大家就恍然大悟了。所以有人就說，漢字對於東亞來說，就好像拉丁文，在羅馬帝國時代以後通行整個歐洲。也有人說，漢字對於中國來說，是鋼筋水泥裏的鋼筋，它把中國這麼複雜這麼廣袤的疆域澆築成一塊堅固的混凝土。秦始皇統一中國，加上後來漢帝國形成大一統，靠的就是幾招，在郡縣制基礎上，"行同倫""車同軌"，最重要的就是"書同文"。"書同文"就是全國用一種文字，所有的地區、所有的官員民眾都看得懂，能交流，才能形成政治共同體，也才能促成共同體意識。如果再擴大到東亞，日本學者西嶋定生（1919–1998年）就發明了一個"漢字文化圈"的概念，用來說中古東亞的文化共同體，可見在歷史上，漢字不僅對於中國，對於東亞也有好大的重要性。

不過，漢字還是對漢族中國最重要。畢竟日本、朝鮮、琉球、安南這些地方，本來就各有各的語言，歷史上他們雖然也藉助漢字，但是時間長了，終歸言文要合一。所以，當這些地方民族與國家獨立的意識越來越強的時候，就要凸顯各自的文化和語言。逐漸地，朝鮮發展出來諺文，日本使用了假名，安南則有了漢喃，琉球呢，其實深受日本影響，在明清兩代，口語就通行了日本語言，十九世紀併入日本之後，當然就更通行日語。特別是最近的若干年來，這些國家的漢字文化更是逐漸淡化，所以歸根結底，漢字還是對於漢族中國以及漢族中國文化意義最為重要。因此，我們就把它視為（漢族）中國文化的一個要素，在這裏進行一番簡單的介紹和討論。

一、從圖畫到文字：從甲骨文時代說起

漢字——當然，太早就説"漢"字，也有一點兒問題，因為在這些文字被發明的時候，還沒有"漢"——甚麼時候產生的？現在還有點兒説不太清楚，因為不斷的考古發現在挑戰現成的歷史觀點。仰韶文化遺址發現了陶罐上的刻符，是圖畫還是文字？是從圖畫到文字的中間階段？也還沒有定論；山東龍山文化陶器上的刻劃符號，其中一個，有人説是"昃"，有人説是"旦"，也有人説是"日月火"，還有人説是"日月山"，究竟是不是？也不知道。

不過，沒有疑問的成熟文字，是殷商時代的甲骨文。

十九世紀末二十世紀初，殷商甲骨文才重新被人們發現。這個重新發現的故事很神奇，據説北京的一個大學問家王懿榮生病配藥，這藥方需要用"龍骨"，家人從藥店買來龍骨，很偶然地，被這個精通文字之學的王懿榮發現上面有字，於是追根尋底一番之後，終於發現這些龍骨來自河南安陽，而安陽就是殷商古都之一，所謂"殷墟"就是殷商，據説是武丁之後王族的墓葬之地，而隨葬的物品中，就有大量刻有文字的龜甲和牛肩胛骨。這就是殷商的甲骨文。它們大多數是占卜刻辭，這些刻辭可都是成熟的文字。

殷商武丁時代的卜辭（摹本）　　青銅器上的族徽符號（摹本）

我們來看古代的幾個字吧。像"牛"字，就是牛的正面的頭部和對稱的雙角（♈）；"犬"字，有腳、頭和尾巴，就有點兒像一條狗的側面（ ）；"其（箕）"字，就像一個竹子編的撮箕（ ）；"刀"字，就是畫一把刀的樣子（ ）；"來（麥）"就像一棵垂着穗的莊稼（ ）；"車"字就更明顯，畫的是兩個輪子的一架車（ ）。不過，千萬別以為殷商甲骨都是象形字，實際上殷商時代的甲骨文已經很成熟了，遠遠脫離了文字最初的階段。按照傳統的說法，象形的往往是最早的"文"，後來，章太炎他們就管它叫"初文"，因為它常常是最古老最基本的符號。

後來，在"文"的基礎上衍生了好多"字"。"文"是初文，那甚麼是"字"？"字"的本義就是在家生育孩子，所以"字"是一個房屋下有一個孩子。相對"文"是最初的文，"字"就是後來衍生出來的字。例如："旦，明也。從日見一上，一，地也"，就是說，"旦"字是太陽和大地（日、一）的會意，表示天明。"牛"加上一個房頂"宀"，就是"牢"，不光指牛圈，也可以象徵關人的牢房，引申為畫地為牢的界限；當然，如果同樣是房頂"宀"，下面有個豬"豕"，那就是"家"，可能那時候豬圈和人的住宅常常在一起？"刀"字，有人為了表示鋒利的那一邊兒，就在"刀"的鋒利一面加個點兒，就成了"刃"；"犬"配上各種聲音符號，就表示和狗同類的動物，像"狼""狐"等。而"其"呢，為了專門表示簸箕、畚箕，就加上一個"竹"寫成"箕"，簸箕不都是竹子編的嘛。"其"則挪作他用，成了指示代詞表示"那個"。

上面講的從"牛"到"牢"，就是後來講的六書裏面的"會意"；從"刀"到"刃"，就是六書裏面講的"指事"；從"犬"到"狼"，就是六書裏面講的"形聲"；從"其（箕）"到"其"，就是"假借"。這都是所謂"六書"，關於"六書"，我們一會兒再講。古人說，"文"是倉頡造字時代的初文，這些"文"通過會意、指事、形聲、假借等造字或用字的方法，就滋蘗出"字"，所以，中國漢代的辭典就叫"說文解字"。而從每個"文"中生出來的，與它意義相關的那一大批"字"，往往在古人心目中，它們就算是同一類事物。統率這組"字"的"文"，在後來往往就被看成是"部首"，就是率領這些字的頭頭。這個部首衍生的這些"字"所表示的現象或事物，就是事實世界的一個"類"。

所以，從早期文字裏所看到的世界，其實是蠻能反映古人的知識和思想的，因為它就是古人對萬事萬物的分類和理解。比如"示"這個部首下的各種"字"，往往和祭祀相關，而"玉"這個部首下的各種"字"，則和各種各樣不同的玉石相關，"牛"這個部首下的各個"字"，就代表五花八門不同毛色、大小、公母的牛。從這類字的多少和粗細，就能察覺古代人對萬事萬物了解的重心和偏向。比如，《説文解字》的"示"部居然有 62 個字，可現在，除了"社""祈""神""秘（祕）""祖""祝""祥""禁""福""禍""齋（斎）""禪"這 12 個字還常用外，其他的都幾乎接近絕跡，而且，就連這 12 個字也改變了一些意思，否則恐怕也會被打入冷宮。可是，古人創造了示部這麼多字，絕不是為了好玩，而是字字有其用途的。原來，古人重視祭祀，大至祭天地，中至祭祖先，小至祭灶台，名目繁多。為了區別這些不同的祭祀儀式，便有了這些不同的示部字。已故的詩人兼古文字學家陳夢家（1911－1966 年）就説過，本來"卜辭的'示'字，應是石主的象徵"。據説，古代中國曾經有過宗廟中或祭壇上設石主（後來又設神主或立尸）作象徵的習俗，所以，"示"就跟古代的祭祀和神靈有關係了。它與天象中的"電"組合為"神"，與築土為壇的"土"組合為"社"，與手持肉的"外"組合為"祭"，與神主牌位的"且"組合為"祖"，與奉酒尊祈福的"畐"組合為"福"，與奉玉於器中的"豊"組合為"禮"，而"祫"是"大合祭先祖"，"禘"是王正月郊祭天及先祖。你從這些今人已經很陌生的字裏，可以看到古代社會一個很重要的側面，也可以證實"國之大事，在祀與戎"這句古話。如果説，從漢字的衍生發展中，我們大體了解的是古人"怎麼想"，那麼，從某一類漢字的多少中，我們可以了解他們"想甚麼"。也就是在文字的字形中，探尋某種思想和制度的起源，在文字的分類中理解古代中國生活的重心和興趣，難怪有人說，從古代文字中可以看出一部部古代中國的"文化史"。

四十年前我讀大學的時候，周祖謨先生（1914－1995年）給我們講《說文解字》，他的課講得很有意思。有一次他為了說明文字的衍生，就舉了一個例子，說一個"人"字，上面加一個"口"，就成了新的字。不光如此，如果口朝上，就是"兄（祝）"；口朝後，就是吃完了不再吃的意思，也就是後來的"既"（已經）；如果口朝前張大呵氣，就是"欠"，打哈欠的樣子；如果在人頭頂上加一橫，就是"天"，在人上面畫個重重的點，表示腦袋，那就是"元"，"元"本來也就是頭的意思；如果在人下面加個腳（止），就是"企"，企就是站，香港人、廣東人現在還說"企"；當然，加一個"目"，那就是看見的"見"；如果這個"目"倒下來了，想睡覺了，那就是"臥"。他說，一個"文"生出無數"字"，經過用字的指事、形聲、會意、假借等途

周祖謨《說文解字》課上作者
所作筆記（1982）

徑，慢慢分工、分化、滋長、變異，經過甲骨文、金文、六國文字和秦小篆，到漢代隸書，文字由簡而繁，逐漸變化、孳生、滋長，人們就有了足夠表達各種思想的成熟的文字。

二、說"文"解"字"：何謂"六書"？何謂"部首"？

那麼，漢字的造字用字是怎樣的？漢字怎樣表達萬事萬物？

最早對漢字進行分析和總結的人叫許慎（約 58—約 147 年），他是東漢的一個大學者。本來，他為了給讀書人讀經典提供文字語言基本知識（叫"小學"），編了一本辭典，就叫《說文解字》。現在來看，是他最早介紹了漢字造字或者用字的六種方法（六書），第一次全面對通行的漢字做了聲音和意義的解說，也是第一次給漢字做了一個分類。

也許有人會說，《說文解字》有甚麼了不起，這不就是一本字書嗎？可是，它的意義可不比一般的辭典。

這裏得先講一下漢字的特別之處。要知道，在世界所有語言文字中，大概只有中國至

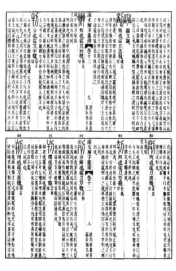

清代學者桂馥
《說文解字義證》書影

今還使用着從象形符號直接衍生出來的文字，其他的，如古埃及的象形文字、蘇美爾的楔形文字，早就已經消亡了。且不說英文、法文、德文、俄文、西班牙文、葡萄牙文，就是亞洲的日文、韓文，也逐漸變成了拼音文字。拼音文字和它所表示的事物現象已經相去甚遠，"詞"與"物"之間脫鈎了，關係幾乎很難解釋。所以，有的學者就說，語言文字只是"約定俗成的、任意的符號"，根本無法探究早期人類創造文字時候的原初思想。可是漢字卻不一樣，比如說，英文的"sun"，為甚麼用這三個字母來表示太陽，這似乎沒法解釋，但漢字"日"，古代作"☉"，一看就知道這是太陽的象形。又比如，英文的"east"，為甚麼要用這四個字母表示東方，恐怕也沒法解釋，但是，漢字的"東"，古文作"🈯"，按照《説文解字》的分析就知道，這是太陽從樹木中升起，太陽升起的方向就是東方。這樣，漢字就為我們了解古人思想提供了豐富的資料，也為我們了解自己的語言特徵，提供了一條堅實的路徑。而許慎的《説文》，就是了解漢字的最重要的大門，大門的一側是漢字的古代形態，大門的另一側是漢字的現代形態。靠了這道大門，我們可以從古到今、順利地弄清漢族中國的語言與思維特徵。

《説文》收錄 9353 個"字"（另外還有一些重複的、別體的，這裏就不説了），這些字按部首分成了 540 部。我們要説，這可是了不得的事情。第一，把字按部首分類，這是許慎《説文》的一大創造。所謂"部首"，前面説了，就是每一類字有一個可以統轄它們的首領字，這個字常常是這一類字的"文"，也就是意義來源（當然，偶爾體例不純，也有音符），就是"意符"。用現代通行的話來説，"意符"就是表示意義的偏旁，比如説"噤""听""嘆""呪"等字的部首，就是"口"，因為和嘴巴有關嘛，所以，凡是和"口"意義有聯繫的字，都歸在這一部首裏。許慎認為，這些部首和宇宙天地間萬事萬物的門類是一致的，部首將文字分為 540 類，天下事物亦是 540 類；文字在部首下有條不紊，正如天下的事物各歸其類、有條不紊。第二，《説文》在每個字的開端標注了文字的字形，這對於我們也很重要，因為它能給後人指示一條通往更古老文字的途徑。《説文》不僅保存了秦漢之間通用的篆體，還收集了逐漸消失的"古文"（六國文字）和逐漸滋生的"或體""俗體"（漢代民間流行的文字），這等於為我們展示了戰國到漢代豐富的文字資料。文字學家説，這一時期恰好是漢字形態變化最大的時代。通過《説文》，可以追溯與破解更早的甲骨文及金文，如果沒有它作為中介，也許，我們將無法解讀那些與現代漢字差異極大的古文字。這就好比羅塞塔石碑（Rosetta Stone）的發現對於破譯古埃及文的意義一樣。第三，對於現代人最為重要的，是《説文》對每個字的解釋和分析。《説文》中記錄了大量詞彙的古義和古音，比如"自"的古義是"鼻也"，原來就是畫的鼻子的樣子（），人習慣用手指着鼻子，就是在説"自己"嘛；"听"的古義是"笑貌"，我們就知道，它的意思和嘴巴有關，是笑嘻嘻的樣子，而"斤"只不過是表示這個字的聲音。這裏順便講一句，我們千萬不能望文生義，憑着現代的印象去解讀古代漢字。

但是，《説文》解釋和分析的最大意義，是它肯定了"六書説"對於漢字分析的作用，並在《説文》中運用它對每個漢字的字形進行了卓有成效的解析，從而使人們了解了每個漢字的字形結構及字義來源。所謂"六書説"，是指漢字的六種構字法：

(1) **象形**。就是用簡化形式畫出它所表示的事物，如"犬"作"🐕"、"人"作"𝑓"等。

(2) **指事**。就是用一個抽象符號在所表示的事物上標誌出它的所指，如"本"字就是樹根，所以在木（樹）下加一道來表示根部。剛才我們説的"刀"也屬於這一類。

(3) **會意**。就是用兩個或兩個以上的字合在一起表示某種含義的字，如前面説的"牢"是用"宀"和"牛"合起來表示關牛、羊的地方。

(4) **形聲**。就是用一個表示意義的形旁和一個表示聲音的聲旁合成的字，如"偉"是"從人，韋聲"，又如"江"是"從水，工聲"。這類字後來佔的比例最大。

(5) **轉注**。關於轉注，古今説法不一，可能是指可以與形旁互訓的字，也可能是同一部首內衍生變化出來的字，也可能是指形體變化但意義相同的孳生字（許慎舉例"考""老"）。

(6) **假借**。就是本來沒有表示這個意義的一個字，便用一個同音字來充當這個字，如來來去去的"來"，是用本義為麥的"來"字充當。前面我們説的"其"，就用原本是簸箕的"其"借代。

這六種構字法雖然還不精確，但大體總結了漢字結構的基本特徵與種類。許慎在《説文》中就運用了這些構字法，對每一個漢字進行了分析，解釋了字義的由來。

在漢族中國文化的歷史中，漢字雖然幾經變化，篆變隸，隸變楷，但是幾千年一直延續下來，這在世界上很罕見。更重要的是，它還深刻地影響了我們的思維，使得漢族中國人往往有一些思維習慣，似乎和其他民族不太一樣。

三、通過漢字：傳統中國人的思維與表達

那麼，為甚麼説通過漢字思維和表達，就形成了漢族中國文化的一些特點呢？這個問題太複雜了，我們這裏只能簡單講。

第一，剛才我講到，漢字從象形的"文"，發展成各種各樣的"字"，形式從甲骨文、金文，發展到大篆、小篆、隸書，一直到楷書。儘管離開它早期模樣已經很遠，但畢竟單個漢字還是殘存了某些具體形象和意義，比起使用純粹表音符號，文字和事物之間沒有任何關係的那些語言文字，還是不一樣。漢字有形、音、義三個要素，可是，通常表音文字，像拉丁文以及後來的英文、法文、德文、俄文，也可以包括現在的日文（假名）、韓文、蒙文等等，卻只有音、義兩個要素。這種單音節的方塊字，使得這種文字的使用者對萬事萬物，往往習慣直觀感知和形象表達，不太擅長懸浮在空中，純粹抽象地表達和運算。《老子》説"始制有名"，文字是把世界呈現給我們的一套象徵，每一種文字都以一種方式

來描述和劃分萬事萬物，人在學會並且習慣這種文字時，就自然地接受了它所呈現的世界。

有人説，漢字是偏重於“看”的文字，西文是偏重於“聽”的文字，這有一定道理。和世界其他文字系統相比起來，漢字恐怕是唯一沒有發生過根本質變的。如果我們同意，思想是以語言和文字進行的，文化是依靠語言和文字傳遞的，文化在相當大程度上，就是一種語言文字系統；那麼，我們就會同意，以象形為基礎的方塊兒漢字，在歷史上長期地延續使用，肯定影響了中國人的思想世界。也就是説，漢族中國人始終不習慣和事實世界的具體形象分離，思維中的運算、推理、判斷，始終不習慣使用純粹而抽象的符號，甚至總覺得文字和事實之間是重疊的相連的。我們不妨看一看幾千年的中國，為甚麼對於文字似乎總有一種神秘和崇敬的態度？從文字形狀中進行訓詁、解釋和揣測，依靠文字（名）來整頓社會（實），借由文字形象進行聯想，通過文字形狀而構造神秘圖符，一直到由文字形狀構造來預測吉凶，無論在“大傳統”還是“小傳統”中，文字對思想文化的影響處處可見。

我建議大家讀一讀胡適 1928 年寫的《名教》，他説的“名教”，就是“崇拜寫的文字的宗教，便是信仰寫的字有神力、有魔力的宗教。”他説，中國一是相信“名就是魂”，二是相信“名有神力”，三是相信建立社會秩序需要“正名”。這種傳統在中國歷史很悠久，比如人的五行中缺甚麼，就用帶甚麼偏旁的字來命名，就可以補救命運的缺失；比如把仇人的姓名寫在紙上，用刀砍、用針扎，就不僅可以出口惡氣，還能夠報仇生效；又比如通過文字標語或者在標語上給姓名打叉，就能夠詛咒和消滅敵人。所以，戰國時秦國打仗，就有《詛楚文》，古代治病，內科、外科之外，還有專管唸咒的"祝由科"。古往今來中國人對於文字過度依賴和過度迷信，以為文字就是事實本身，文字背後就是力量，這是一種文化傳統。

第二，漢字的衍生和分類，塑造了漢族中國人對世界的感知方式。這就要再次說到許慎的部首了。後來人可能覺得，這只是文字分類的"部首"，但在古人心目中，部首這些"文"所表示的現象或事物，就等於是事實世界的一個"類"。郭寶鈞先生（1893－1971年）統計過《金文編》中"衣""食""宀"三部中的字，指出甲骨文中，"衣"部只有一個"衣"字，但到了金文中已經有了12個從衣之字，而《說文》中更增至116字；"食"部之字，甲骨文中僅有"食"字，到金文已有10字，《說文》中有62字；"宀"部之字，甲骨文中僅有：家、宅、室、宣、向、安、寶、宿、寢、客、寓、宗，這12字，但金文卻有36字，《說文》中則有70字。在這些"字"的滋蘗過程中，你可以看出，不僅僅在歷史過程中生活變得豐富了，而且這些舊的和新的萬事萬物，在中國人思想和知識裏面逐漸被文字表述、

名教

中國是很沒有宗教的國家，中國人是很不迷信宗教的民族——這是近年來幾個學者的結論。有幾人聽了很洋洋得意因為他們覺得不迷信宗教是一件光榮的事。有些人聽了要做憂愁眉苦臉，因為他們覺得一個民族沒有宗教是要墮落的。

於今好了得意的也不可太得意，慎愁的也不必慎愁了。因為我們新發現中國不是沒有宗教的我們中國有一個很偉大的宗教。

孔教早倒嗎？佛教早衰亡了道教也早冷落了。然而我們卻還有我們的宗教，道個宗教是什麼教呢？提起此教大大有名他竟叫做「名教」。

名教信仰什麼？信仰「名」。

胡適文存三集 卷一

九一

胡適《名教》書影
（收入《胡適文存三集》）

分類和整合，這就是"正名"。古人所謂"名正言順"就是説，文字（語言）就通過分類在整理人的知識；所謂"循名責實"，就是反過來以文字詞彙為知識，去識別這些萬事萬物。在漢字同偏旁（部首）的字裏，我們也可以知道，古代中國人的"分類"觀念與西方或近代的所謂科學"分類"有一些不同。因為我們漢字常常是憑着對事物可以感知的特徵為依據，通過感覺與聯想，以隱喻的方式進行繫聯的。

舉一個例子。例如"木"作為"類名"，本來是植物的抽象名稱，那麼在"木"為意符的字中應該都是樹木，如梅、李、桃、桂等等。但是，實際上在漢字中，"木"這一類名的範圍卻遠遠超出了樹木，它可以是樹木的一部分，如："本"（樹根）、"末"（樹梢）；可以是以樹木為原料的建築部件及各種用具，如：柱、楹、杠、柵；還可以是與樹木有關的某些性質與特徵，如：枲（木弱貌）、枖（木少盛貌）、朵（樹木垂朵朵）、枉（衺曲貌）、柔（木曲直）、枯（槁也）；甚至還可以是與樹木並不直接有關，但可以從樹木引申的其他現象，如：杲（日在木上，明也）、杳（日在木下，冥也）。特別是剛才我們提到的"東"，本來是"日在木中"，象徵太陽初起的方向，"木"最多是一種背景，但也因為一種聯想，而歸入了"木"一類，也許就是因為如此，在後來的五行思想中，人們就把"東方"與"木"也連在了一起。

給事物分類就是奠定知識秩序，奠定知識秩序就能型塑思想世界。紛紜複雜的世界在思想上被分類，在古代中國不僅常常可以通過聯想、藉助隱喻，然後由表示同類意義的意符繫連起一批漢字，也常常可以由一個漢字的內涵延伸貫穿起一連串的意義，使它們之間似乎也有某種神秘聯繫。我研究思想史，在我寫的《中國思想史》裏，曾經用幾個在後世思想史上極為重要的概念為例，講過這個道理。第一個是有無的"有"字。有學者指出，殷商卜辭中以"又(ㄋ)"表示"有"，這已經是引申義，"又"本義原是右手，從右手的便利到佑助，再到領有的"有"，這是文字意義的延伸。但是，據說殷商之"又"只是暫時的領有，最多是神明的護佑，而在西周金文中蘗生出"有(�)"，是既從"又"又從"肉"，這表達了對實際物事的領有，於是，從"右""又"到"有"，在文字的衍生中，意義也在延伸，而它們在字根上，又都和右手的"又"，保持了同"類"的關係。第二個是思想史中很重要的"理"字，據說它從"玉"得義，第一個意思應該與"治玉"有關，段玉裁注《説文》時就説："鄭人謂玉之未理者為璞，是理為剖析也。"但是，在實際的使用中，它出現了第二個意思，引申為把土地分成小塊，像《詩經》中《信南山》的"我疆我理"，《江漢》的"于疆于理"；如果説這還沒有越出"剖析"的意義，那麼，第三個意思就開始越出界限，段玉裁説："凡天下一事一物，必推其情至於無憾而後即安，是之謂天理，是之謂善治，此引申之義也。"從"天理"再聯想下去，萬事萬物都有了"理"，"在物之質曰肌理，曰腠理，曰文理，得其分則有條而不紊，謂之條理。"於是，這個"理"字就貫通了相當多的領域，成了一個大概念，當人們用"理"來理解各種現象和事物的時候，很容易就會把"玉"的紋路、土地的溝洫，甚至文章的氣脈，變成一套互相貫通的隱喻系統。它使得漢族中國文化中，形成一種超越事物門類來聯想的思維習慣。

第三，漢語的句式顯示了古代中國人的慣常思路。儘管早期的甲骨文、金文，由於刻寫或鑄造不易，常常簡化，但是，漢字（漢語）的句法確實比較簡單。這些簡單的句式要表達各種複雜的意思，常常一半要依賴閱讀者對這種表達方式的習慣和熟悉，才能補充完整。所以，它既不像印歐語系的表音文字，有陰性陽性，單數複數，被動主動，因果關係，過去、現在、未來時態；也不像現代漢語，極力建立完整的、表述充分的主、謂、賓、定、狀等句法。有學者就指出，在早期漢字中有很多簡略的句式，比如，主謂可以顛倒，使動、意動的句子沒有明顯標誌，句子可割裂等。即使在後來的漢語尤其是書面文字中，語法關係也常常不那麼嚴格和細密，表達者常常省略或顛倒，然而通過"以意逆志"，閱讀者也總能明白。這是否反映了古代中國思想的感覺主義傾向？

正因為漢字表達與思維的長期延續，由於無須嚴密的句法就可以充分表現意義，句法的規定性、約束性相對比較鬆散，這就使得古代中國思想傳統似乎不那麼注意"邏輯""次序"和"規則"。語言本身是思維的產物，也是思維運算的符號，如何表達與如何理解，本來需要有一種共同認可的規則，但是，當文字的圖像意味依然比較濃厚，文字的獨立表意功能依然比較明顯時，就可以省略一些句法的規定和補充，憑着話語發出者和接受者的共同文化通感，他們能夠表述和理解很複雜的意義。順便說一句，在哲學領域裏面，西方人常常討論 "Being" 的意義。這個 "Being"，中文很難翻譯，有人翻譯成為 "存在"，有人翻譯成 "是"，有人還翻譯成"此在",但是,它在西方思想世界是一個關鍵詞,因為世界如何被呈現,萬事萬物如何被命名,人類怎樣認知這個現象世界,都追溯到這個"Being"。這有點兒類似老子追問的"道可道,非常道,名可名,非常名"這句話的"道"和"名"。

不過你注意看,古代中國人並沒有那麼在意"是""在"這樣的概念,這與漢字的思維和表達有沒有關係呢?這當然扯得太遠了,就此打住。

四、書同文:"中國"的形成

前面說到,秦始皇滅了六國,統一天下,除了北方的匈奴、南方的西南夷之外,他採取了"書同文"的方式,廢除互有差異的

秦權拓本(書同文的時代)

六國文字，統一用秦的小篆。漢承秦制，文字逐漸簡便，漸漸又形成了通行的隸書，真的形成了一個"漢字共同體"。因為這時候有了大漢帝國，所以，我們就可以正式把這些文字叫做"漢字"了。

"書同文"真的很重要。其實，不要說春秋戰國，就是到了秦漢時代，各個地方的語言，還是不一樣的。我們舉幾個例子，比如"憐愛"這個意思，東齊海岱之間叫做"亟"，秦晉之間也叫做"亟"，陳楚江淮之間——也就是南方，叫做"憐"，宋衛邠陶之間，則叫做"憮"或者"煦"。又比如"害怕"這個意思，河北一帶叫做"謾台"，齊楚之間叫做"脅鬩"，南方兩湖一帶叫做"喥呬"。再比如有關女子的"美麗"，江淮南方一帶叫做"娃"，河南河北山西一帶叫做"豔"，湖北河南之間叫做"窕"，而陝西山西，有的地方叫"好"，有的地方和前面一樣也叫做"窕"。再說"大"和"多"，齊宋之間叫做"巨"或者"碩"，這和我們說的"碩人""巨多"還連得上，可是楚魏之際，"多"就叫做"夥"，這就是《史記·陳涉世家》裏面說的"夥頤！涉之為王沉沉者。"司馬遷自己也解釋說："楚人謂多為夥"。我舉的這些例子，都來自一本叫《方言》的書，是西漢末年大學問家揚雄（前53—18年）編的，記錄各地語言，全名叫《輶軒使者絕代語釋別國方言》。據說，古代中國從秦朝以前就開始，每年政府都會派"輶軒使者"（乘坐輕車的使者）到各地搜集方言，並記錄整理，大概是為了大一統作準備吧。

秦漢時代，中國逐漸形成基本輪廓，這個時候中國的疆域，在"九州"基礎上逐漸拓展。《史記·秦始皇本紀》說：秦統一天下，"地東至海暨朝鮮，西至臨洮、羌中，南至北嚮戶，北據河為塞,並陰山至遼東。"這個時候"中國"比起《禹貢》所敍述的"九州"(冀、兗、青、徐、揚、荊、豫、梁、雍)來,雖然在西南、南方和東北方略有擴張,但核心區域仍然大體相當;到了漢代,帝國的控制範圍,西面到關中、巴蜀、天水,南面到番禺、儋耳,北面是龍門碣石、遼東、燕涿,東面為海岱、江浙。與秦帝國相比,西漢最重要的疆域擴張是漢武帝時代,一方面在西北建立武威、張掖、酒泉、敦煌四郡,並設西域都護府,西北邊疆由此向

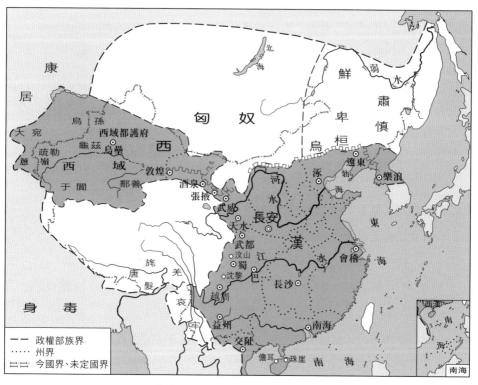

西漢時期疆域圖(星球地圖出版社繪製)

外延伸；另一方面打通西南通道，相繼設立越巂、潘黎、汶山、武都以及益州，這使得西漢"中國"又向外拓展了很大一塊。

可是，地方大了，怎麼管呢？世界上很多的古代帝國，控制的區域不小，可是往往有"統一"沒有"統合"，像古代波斯帝國就是這樣。可是在中國呢，"行同倫、車同軌、書同文"卻很重要，它把"統一"發展到"統合"，特別是核心區域，除了依靠秦漢政治制度上的中央集權和郡縣制之外，在帝國內部建立統一制度和統一文化，依靠的政策之一就是使用統一漢字。你看我們現在出土的好多漢代的文字資料，遍佈漢帝國各地，北邊到河北（定縣八角廊），西邊到敦煌（敦煌懸泉置），南邊到湖南郴州（蘇仙橋，漢代桂陽郡），東邊到連雲港（尹灣）。而且各種類型的文獻，都用一種文字，無論是寫在帛書上的，比如南方長沙的馬王堆漢墓出土的，還是寫在竹簡上的，像遠在西北居延出土的漢簡；無論抄寫的是經典（像河北定縣出土的《論語》、長沙馬王堆的《周易》和《老子》），還是抄寫的實用醫書（像湖北張家山的《引書》和《脈書》），特別是各種公私機構文書與信函，都用的是漢字，這些漢字就把整個帝國連成了一個世界。

當然，文字之外，還有語言。從古到今，中國為甚麼要推動"官話""國語"或者"普通話"？還不是因為中國疆域太大，各地方言不同。雖然都是中國人，閩越人未必通曉川滇之言，北方人難懂甌閩方音，所以，只能推行一個共同的文字語言來互相溝通，讓各地人都覺得，自己講的是一種語言，是一個帝國的臣民。隋朝的陸法言為甚麼編《切韻》？其實，也是因為南北如果統一，各

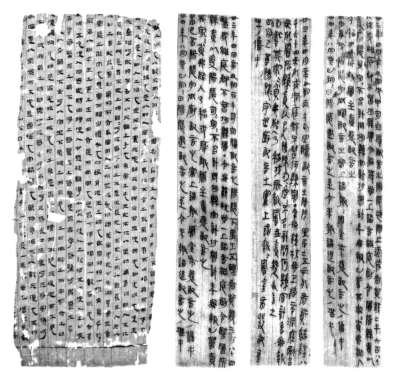

漢代馬王堆帛書《老子》（左）與里耶秦簡（右）

地人要能掌握共同語言聲韻。不過，古代很不容易，現代可以靠
國語或普通話，用廣播電視和教育機構來普及，可是在古代中國，
在沒有共同語言的時代，主要就只能靠共同文字，也就是"書同
文"的漢字來互相理解了。因為這是"看"的文字，可是，如果是
"聽"的文字，在拼寫不同方言的時候，必然還是不同的符號組合
（歐洲各國語言就類似這一情況），那麼，它怎麼能"書同文"，使
得不同方言區都能共同理解呢？顯然，只能是"看"的漢字，才能

超越不同方言，讓各個區域共同使用。大家看，是不是漢字對於形成中國的意義很大呢？

五、書法與詩文：漢字的文學藝術

前面說到，漢字的使用讓漢族中國人形成一些思維習慣，比如習慣於聯想，很注重感覺，不是那麼講究嚴密的邏輯（像時態、因果等等）。這是一種文化，文化沒有好和不好的分別，我只是說，這是一種傳統留下來的習慣。但是，它也使古代中國逐漸形成了自己很特別的文學藝術，我不說大家也能想到，這裏最突出的，一個是詩歌，一個是書法。

關於書法，我這裏不多說，雖然世界上所有文字都有如何寫得更美的技巧，但是寫字成為一種很大的藝術門類，倒是中國特色。大家有興趣可以看看書法史之類的書。這裏我多講幾句漢字和詩歌的關係。三十年前，我寫過一本講詩歌的小書叫《漢字的魔方》，原來最開頭有一節，叫做《漢詩是漢字寫成的》，這好像有點兒講廢話，漢詩不是漢字寫成的，難道還是外文寫成的嗎？所以，後來這本書再版的時候，我就把這一節刪去了。不過現在想想，這個道理還真得好好講一講。就是因為我們用漢字，漢字又是一個個的方塊字，每一個字有它獨立的形、音、義，我們的詩歌才會有對偶、平仄、格律，而且還會衍生出迴文、藏頭、對聯等文學形式。

漢字對於中國文學，實在很重要。時間關係，我舉兩個熟悉例子。一個是《史記》裏面記載飛將軍李廣的那一段，"廣出獵，見草中石，以為虎而射之，中石，沒鏃，視之，石也。"這一段非常精彩地呈現了傳統漢字漢語的特色。李廣出去打獵，看見草裏面的大石頭，以為是老虎，就給它一箭。"中石，沒鏃，視之，石也"八個字，你用英文或者現代漢語重新寫一遍試試，恐怕字數會長很多。特別是最後兩個字一句，生動地呈現了獵人視覺中的先後過程，先是射中了石頭，然後看到箭頭沒入石頭，再定睛一看，發現原來是石頭。這八個字不光簡練，而且你一讀還能體會到身歷其境的緊張，以及恍然大悟之後鬆一口氣的感覺，這一方面是凝練緊湊的漢字的緣故，另一方面是閱讀漢字文章的人聯想的緣故。另一個例子，大家可能都讀過杜甫的《旅夜書懷》。它的第一、二句是"細草微風岸，危檣獨夜舟。"不用任何動詞和形容詞作謂語，直接用名詞拼合成句，可是它的意思靠着讀者聯想也能呈現。既可以理解成，微風吹拂長滿細草的江岸，高高的桅杆聳立於夜空中的船上；也可以理解成，微風吹拂着岸上的細草，船上高高的桅杆聳立在夜空。這就是漢字詩歌常有的特殊句法，後來唐代溫庭筠《商山早行》裏的"雞聲茅店月，人跡板橋霜"，元代馬致遠《天淨沙》裏的"枯藤老樹昏鴉，小橋流水人家，古道西風瘦馬"，也是一樣。接下來第三、四句"星垂平野闊，月湧大江流"，五五相對，名詞對名詞，動詞對動詞，平平平仄仄，仄仄仄平平，非常整齊。只有十個字，意思卻很多，由於星辰"垂"在平野上，更顯出平野的"開闊"，由於月光"湧"在江面上，更顯出江水的"奔流"，而且"垂"和"湧"字，雖然一向下，一向上，但都和平野、大江成為直角的對映，而且一靜（垂），一動（湧），也相映成趣。我們說，為甚麼唐代詩歌好？原因之一就是，到了唐代，詩人已經把漢字漢語的這些特點琢磨透了，在寫詩的時候，充分發揮了方塊的、單個兒的、有聲調的漢字特點，創造了魔方一樣的律詩絕句，所以它叫"近體詩"。

前面我提到過我的老師之一，也就是已故的語言學家周祖謨先生，這裏再講一段和他有關的故事。當年，陳寅恪先生為清華招生出考題，出了個對對子的題目，他出的上聯是"孫行者"，讓考生回答下聯。據說，只有周祖謨先生答的他很滿意，就是"胡適之"（據說答"祖沖之"也是可以的）。這個試題在當時引起很大的爭議，陳寅恪先生還專門寫了一篇文字，就是《與劉叔雅論國文試題書》來回答外界的質疑。他說，他之所以用"對對子"來考察學生，其實就是想找一個形式簡單，又突出"與華夏語言文學之特性有密切關係者"。因為對對子可以考察出學生對漢字的虛實、平仄的掌握，也能夠間接了解他讀書多少，思想有沒有條理。幾十年以後的 1965 年，他又再次解釋說，他出題的時候是受到蘇東坡兩句詩的啟發，這兩句詩是"前生恐是盧行者，後學過呼韓退之"，在這兩句詩裏，後三個字是非常絕的對子，不僅"行"和"退"都是表示行走的動詞，"者"和"之"都是虛字，而且"韓"和"盧"字其實有關係，因為"韓盧"是《戰國策》裏記載的一條狗的名字，而且平仄一一相對，所以說，這兩句"極中國對仗文學之能事"。而他期待的答案"孫行者"對"胡適之"也一樣，孫和胡，就是"猢猻"，也和"韓盧"一樣，是一個動物名稱。

這看上去是一種"奇技淫巧"或者"語言遊戲"，但是它確實反映漢字的特徵。所以中國古典詩歌，就是借用這種漢字的特點，逐漸突出了對偶、平仄、顛倒、錯綜，以及在對偶平仄的基礎上發展成的近體詩，也就是五律七律、五絕七絕之類。關於古代中國詩歌的話題，這裏就不多説了，大家不妨看一看王力先生的《漢語詩律學》。

六、漢字文化圈？"中國化"與"去中國化"

在一開頭我就説過，很早，漢字就陸續傳到了朝鮮半島、日本、琉球和越南，雖然這些地區都有自己的語言，但是官方的、正式的、典雅的書面文字，他們還是用漢字。比如説，國家與國家之間的正式公文，像國書之類，用的必定是漢字文言。日本當年往來日中之間，他們自己的官方文獻，無論是朝廷的"憲法十七條"還是官方史書《日本書紀》，就仿效中國的格式，用漢文書寫。宋代之後，日本與中國交往，為了外交文書典雅，就常常請禪宗和尚代筆，還讓禪宗和尚當使節，因為他們在學習禪宗知識的時候，都要用漢文讀書，所以漢文功底很好。朝鮮和日本之間互派使節，前面我們説過，也要用典雅的漢文撰寫國書。1458 年琉球鄭重其事鑄造的"萬國津梁"銅鐘，上面的銘文也是漢文："琉球國者，南海勝地，而鍾三韓之秀，以大明為輔車，以日域為唇齒，在此二中間湧出之蓬萊島也。"而他們的文學呢？上層的、文人的、典雅的文學，還是寫漢詩，學杜甫，學白居易，一直到明治時代，文人學者如果不懂漢字不會漢詩，就顯得沒文化。甚至他們的姓名字號，也得用漢字，找一些高雅或者有來歷的字眼兒，像甚麼"豹軒""如翁""寒竹""茂卿"等等。所以說，這形成了一個"漢字文化圈"。

可是，當這些國家一方面開始產生民族獨立意識，要凸顯自己特別的文化，一方面需要向下普及知識，追求說話與書寫同一，也就是"言文合一"，這就開始淡化甚至取消漢字。比如朝鮮，在世宗二十六年（1444），也就是明朝正統九年，就頒佈了《訓民正音》，大力推廣諺文，諺文就是有音無義的朝鮮拼音文字。當時，有一個叫做崔萬理的三品官就反對，他說這很危險，因為推廣了這種文字，就違背了"華制"。甚麼是"華制"？就是書同文的華夏中心的漢字文化圈。他說，只有蒙古、西夏、日本、西蕃（西藏）才另有文字，但凡是另有文字的，都不是文明人，"是皆夷狄耳"。可見，文字是一種很重要的認同紐帶和文化聯繫。可是，不光是朝鮮在李朝時代開始推廣諺文，日本根據漢字創造假名，安南在較晚的時候用喃文（後來更改用表音文字）。到了現在，韓國和朝鮮、越南都不用漢字了，日本雖然還保留了"當用漢字"，但是漢字用得也漸漸少了，而用片假名直接表述的英文詞彙越來越多。越南後來乾脆就用拉丁文拼音了，乍聽上去，好像調調兒還挺像兩廣粵語的，但是寫下來，你一個字也不懂。這裏我講一點兒個人的感受，1993年我第一次去韓國，滿大街還是漢字，從朝鮮國王的行宮景福宮，到後來被燒掉的大漢門，一路上看過來很多漢字招牌，恍惚之間似乎還在故鄉。1994年我第一次到日本，每天看日本的報紙，滿紙漢字，尤其是《讀賣新聞》頭版的"天聲人語"

欄目，就算不懂日文內容，但用漢字的這四個字，怎麼看怎麼有深意。可是，過了十幾二十年，我幾次到韓國，漸漸地漢字幾乎全部消失，看着滿眼的韓文成了睜眼瞎，不由得生出一種異域的陌生感。

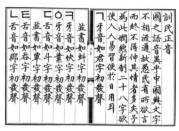

朝鮮時代《訓民正音》書影

而日本呢，也差不多，再拿起報紙，漢字越來越少，洋文越來越多，可洋文還不是洋文，是用片假名拼出來的洋文，更是兩眼一抹黑。越南就更麻煩了，十年前我去河內和胡志明市，除了原來的寺廟、孔廟這些還有幾個漢字之外，其他清一色都是拉丁字母，他們那兒出版的學術書，對我們來說就像天書。

所以說來說去，其他地方雖然曾經用過漢字，但是不一定非得用漢字，還是漢族中國人離不開漢字，用漢字思考，用漢字書寫，用漢字表達。不信你仔細想想，你思考的時候和做夢的時候，是不是還是說漢語？所以我說，漢字，通過漢字思考，以及用漢字表達，呈現出漢族中國人的一些思想和文化特點，真還是漢族中國文化的一大特色。

七、普通話與簡化字：兩難的選擇

我們說，漢字承載着漢族中國文化，也影響着漢族中國人的思想，還型塑了漢族中國的文學藝術。可是，這種文化基礎也不是一成不變的，儘管中國仍然在用漢字，但現代的漢字和漢語都發生了很大變化。今天我們使用的漢字和漢語，與先秦、秦漢、唐宋，甚至是明清時代都不太一樣，雖然都是漢字和漢語，但是現在我們習慣的漢字和漢語，不僅由於歷史變遷，以及元朝、清朝時代的語言衝擊，語音上有很大變形，更重要的是到了近代，經歷"二千年未有之大變局"之後，有了三個很大的改變。

首先，書面語言和口頭語言的界限開始消失。雖然這種"言文合一"使得知識更容易普及，語言更貼近生活，但也使漢字原本承載的一些傳統文化因素越來越淡了。

大家知道，"五四新文化運動"提倡白話文，我手寫我口，言文合一，猛烈衝擊了傳統書面文字也就是文言文的權威。提倡白話文無疑是非常正確的，因為要普及識字率，提高國民的文化程度，加強現代國家中國民的政治參與能力。但是，如果不能適當保留和吸取傳統時代文言的典雅和精緻，客觀上就造成了新舊文化的斷裂，也帶來現代白話的粗糙。以前的書面語言，也就是文言，它代表典雅、禮貌和尊嚴，也代表着有教養、有文化的表達。可是，當以前的口語變成書面語言之後，使得雅言和俗語失去分別，同時也使雅、俗文化不再有分別。這裏的好處呢，是體現了"平等"和"親切"，不再需要端了架子咬文嚼字，就像《鏡花緣》裏面君子國酒保説的"酒要一壺乎""菜要一碟乎"那麼酸溜溜，但是它的問題呢，就是原來漢字文言裏面的典雅文化也隨之流失。

我不知道大家現在有沒有這種感覺，自從白話文成為主流之後，寫信已經不再有典雅方式了，文書也不那麼莊重了，特別是電腦普及、網絡流行，所有的文化格調都湮沒在網絡中了。比如，過去人寫信，正事兒說完了，最後噓寒問暖來兩句"足下作歸省計否？新涼入序，寄語加餐。"這話說得多好。可如果用現代白話來說，而且說得白一些，那就是"你還打算回老家看看不？秋天天氣涼了，你老兄多保重。"意思一樣，可那韻味就差了許多。再比如蘇軾的《水龍吟》，一開頭兩句"似花還似非花，也無人惜從教墜"，是不是很有意境？可如果用通俗白話來說，那不過就是"（這楊花）像花兒又不像花兒，沒人覺得它落下來有甚麼可惜的。"我常常很生氣的是，學生給我寫信，既沒有抬頭，末尾也沒有署名，事兒說完來一個"呵呵"，雅俗之間已經沒有區別了。其實，也就是原來傳統的雅文化漸漸淡去了。大家如果對傳統文言和現代白話的問題有興趣，可以去看看張中行寫的《文言與白話》。

其次，現代漢語摻入了太多現代的或西方的新詞彙，這些詞彙進來以後，使得我們通過語言感知的世界已經變了。

我有一個切身感受，我當年當農民是在苗族地區，除了一位生產隊大隊長懂漢語，所有人都不太懂漢語，很長時間裏面，苗族人表達他們的生活世界，苗語是足夠的，可是新中國成立以後，尤其是"文化大革命"之後，他們的苗語不夠用了。"最高指示""毛主席""大寨""工分""文化革命"這些新詞彙，苗語裏面原來沒有，於是苗語就不斷摻入很多漢語詞彙，再表達出來，新一代苗族人感受的和表達的世界，就與原來老一代的苗族人不一樣了。

現代的漢族中國人也一樣，通過已經改變的現代漢語，理解、想象和表達出來的世界也和過去不一樣了。今天的漢語從晚清以來，先是從日本轉手進口了很多新詞，接着又接收了好多來自西方的新詞，像"經濟""哲學""科學"，好多好多。後來世界變得更快，無論報紙、書籍、信件、説話，一些看似相識卻意義不同的舊詞，花樣翻新充斥在我們的眼睛裏，一些從未見過的新鮮事，像甚麼"意識形態""電腦網絡""某某主義"，一直到"下崗"，這些過去從未有過的新詞，又給我們帶來了新的世界。即使口語中，也越來越多地有了像西文那樣的句法，"一般説來""因為所以""作為我來説"這樣的語句，甚至還有"秀"（show）"酷"（cool）、"世貿組織"（WTO）、"因特網"（internet），甚至直接的"NGO""Wi-Fi"這樣的進口詞，這使得我們眼前的世界大大變樣了。

第三個，特別是二十世紀五十年代以後，中國提倡簡體字，使得現代文字和傳統漢字之間距離更拉大了。説老實話，傳統漢字也就是繁體字，和原來的字形、字義關係更加緊密一點。簡體字方便學習，但是，離開原來的"形"，越來越像抽象符號。比如説，借鑒、鑒別的"鑒"字（𥁰），早期是一個彎腰的人（𠂆），加上一個大大的眼睛（𦣲），看一個裝滿水的器皿（𠙴），一看你就知道，這就是人在水中看自己的意思，自己的臉乾不乾淨，好不好看，有沒有疤痕，借着水面一看就知道，所以，這就是"鑒照""借鑒""鑒別"，老話説，以水為鑒，以銅為鑒。後來加上一個"金"，寫成"鑑"，只不過是因為後來鏡子都是銅鏡，所以加上一個意符。可是，現在寫成"鉴"，原來這個字的意思就不清楚了。這樣的演變之後，傳統漢文化裏面，通過形象的文字思考、書寫和表達的這個因素，就可能發生了問題，至少是淡化了。

這不只是繁體與簡體兩種寫法上的差別，也是如何面對現代知識和文化傳統的兩難問題。承認現代並且面向未來，我們說應當簡化漢字，使得知識容易普及。但是回顧過去，我們也覺得應當傳承歷史，保留傳統文化。有人特別是愛書法的人，總覺得繁體字好看，簡體字不好看。其實，繁簡之間，並不是美醜那麼簡單的。我們看一個例子，1955 年，原來清華大學的教授吳宓讀到《漢字簡化方案》，就痛苦地說："文字改革之謬妄，吾儕言之已數十年。最主要者，漢字乃象形，其與拼音，至少各有短長……中國人以數千年之歷史習俗，吾儕以數十年之心濡目睹手寫，尤能深窺其價值與便利處。"他又說："中文重形西文重聲，中文入於目而止於心，西文出於口而納於耳……以文字本質之不同，養成中西人數千年不同之習性……昔人謂'中國以文字立國'，誠非虛語。而文言廢、漢字滅，今之中國乃真亡矣。"

他當然是一個比較頑固的文化保守派，他反對胡適提倡白話文，也反對提倡簡體字，這當然並不一定有道理，因為時代變了，現代國民不可以這樣抱殘守缺。可是，他為甚麼把繁體簡體變化的意義講那麼重，好像要亡國似的？其實，就是擔心人們使用簡體字，離開傳統時代的典雅和教養越來越遠，以至於傳統中國文化因此墜落失散。所以他說，"簡體俗字之大量採用"，將導致"所謂中國人者，皆不識正體楷書之漢字，皆不能讀淺近之文言"，最終連四書五經、韓文杜詩也無法讀，因而"五千年華夏之文明統緒全絕"。

這話對不對？我並不完全贊同，大家還需要繼續討論。

【參考論著】

1. 李學勤：《古文字初階》，中華書局，2006 年。
2. 裘錫圭：《文字學概要》(修訂本)，商務印書館，2013 年。
3. 林澐：《古文字學簡論》，中華書局，2012 年。
4. 周祖謨：《周祖謨文字音韻訓詁講義》，天津古籍出版社，2004 年。

【閱讀文獻】

1. 許慎《説文解字敍》

倉頡之初作書也，蓋依類象形，故謂之文。其後形聲相益，即謂之字。文者，物象之本；字者，言孳乳而寖多也。著於竹帛謂之書。書者，如也。以迄五帝三王之世，改易殊體，封於泰山者七十有二代，靡有同焉。

周禮：八歲入小學，保氏教國子，先以六書。一曰指事。指事者，視而可識，察而見意，"上""下"是也。二曰象形。象形者，畫成其物，隨體詰詘，"日""月"是也。三曰形聲。形聲者，以事為名，取譬相成，"江""河"是也。四曰會意。會意，比類合誼，以見指撝，"武""信"是也。五曰轉注。轉注者，建類一首，同意相受，"考""老"是也。六曰假借。假借者，本無其事，依聲託事，"令""長"是也。

2. 郝懿行《爾雅義疏·序》

學者有志治經，必先明古字古言。古字者，倉頡古文及籀文也。古言者，三代秦漢所讀之音，與今不同也。自隸書行而古字漸亡，六朝以後之韻書出而古言漸亡。就晚近之心思耳目，求往古之制度文教，以致微茫沉晦，殆逾千載。

紅白喜事：在婚禮喪儀中理解古代中國

引子：想象古代，如何想象？

這一講裏要討論的，可能會涉及古代中國的家族構成、社會倫理和政治文化多方面的話題。

要了解古代中國的社會倫理和政治文化，先要談一下古代中國的家族。為甚麼？原因很簡單，因為古代中國的倫理和政治有很多大道理，看上去很籠統很抽象，其實都有很具體的社會背景，特別是古代中國的儒家，很多人覺得它很偉大很高尚，但它的社會倫理和政治文化，其實就是從當時的家族，以及有關家族的生活和儀式裏面引申出來。"禮云禮云，玉帛云乎哉，樂云樂云，鐘鼓云乎哉"，說起來，那些三親六戚、行禮作揖之類的舊時風俗，卻支持着好大一個民族和國家的倫理和政治。

舊時風俗當然是古代故事。也許你會覺得，我們所講的古代中國，是個很陌生的過去，那個時代的生活世界，離現在的都市生活很遠，現在的城市裏，充滿了精品店（boutique）、染頭髮、蹦迪、卡拉 OK，加上燈紅酒綠組合起來的文化，包圍着我們的，是各種流行書籍、時髦衣裳、電腦網絡，古代的生活世界在感覺上的確離開我們已經很遙遠了。要理解古代，就需要我們有一些想象力。當年我讀大學的時候，我的老師就告訴我，學習歷史不能單靠讀文獻，有時要多看文物，並且在文物環繞之中感覺古代，有時還要有文學家一樣的想象力，在古書的背後想象出文字沒有書寫的歷史。換句話說，就是儘量地暫時離開"現在"，通過歷史圖像和文獻去想象一下，如果我生活在一百年以前甚至更早的時候，我們這些人的生活場景到底是怎麼樣的。當然，這種想象也不是隨意的，現在，很多人對古代生活與文化的了解，是通過小說、電視、評書，看了《三國演義》《水滸傳》，以為古代人就是這樣的，曹操是花臉，關公是紅臉，包公是黑臉，古人可以一拳打死鎮關西，三拳打死老虎，還可以喝十八大碗酒。看了電視劇《雍正皇帝》以為政治就是這樣的，皇帝就是那樣清正廉明或者陰險毒辣，有時還有些風流韻事的；看了電視劇《還珠格格》以為清代的格格可以很浪漫，不僅可以放肆大笑，而且可以到處亂跑。其實，那個時代絕不是這樣的，至少大多數人的生活不是那樣的，所以說，想象古代，需要體驗，也需要考證，通過歷史文獻的閱讀和實地考察的證據，不斷校正我們的想象。

可是，那個古代中國，真的和現代中國那麼遙遠么？真的只能殘存在好遙好遠的過去，真的只存在於那些發黃的故紙堆裏么？

一、從高延（Groot）在廈門看到的葬禮說起

讓我們從一件往事說起。

在古代中國，大概從兩千多年以前一直到十九世紀，在那麼長的時間裏，漢族中國人生活裏最常見的儀式之一，大約是葬禮。誰都知道人是會死的，不管你怕不怕，願意不願意，死亡公平地對每個人 —— 都是一次。所以，上至皇帝，下至平民，不管是外

高延

國人，還是中國人，都要有葬禮。可是，古代中國的葬禮和其他文明中的葬禮不一樣，雖然西洋人也在教堂裏有安魂儀式，在下葬的時候要有牧師禱告，但是古代中國的葬禮實在是意味深長，包含的文化信息也更多。因為，在古代中國，葬禮並不僅僅是一次和死者告別的儀式，而且是給生者以暗示和教育的一堂課，它還要承擔清理和規範社會倫理和秩序的責任。所以在十九世紀八十年代，一個歐洲人在廈門看了一次完整的中式葬禮，大受感觸，他從死後的哭泣開始，到弔問，一直看到最後的安葬。在這個葬禮中，他覺得他看到了整個的中國信仰系統。這次儀式讓這個西洋人很吃驚。於是，他把它當作中國宗教信仰的重要起點和基礎，寫了一部《中國的宗教系統》（*The Religious System of China*），這部書一開頭就講了這次葬禮。這個西洋人叫 Jan Jakob Maria de Groot（1854－1921 年），他的中文名字叫高延。

一百多年像流水一樣地過去了，這一百多年裏，中國經歷了"二千年未有之大變局"。所以到了現在，城市裏已經很少看到這種喪葬儀式了，常常是追悼會、告別儀式、火葬、骨灰撒入大海等，可是，這是現代社會和現代觀念的產物，至少在半個世紀以前還不是這樣。就在我很小的時候，就是二十世紀五六十年代，中國還有傳統的喪禮。1957 年我在天津，雖然住在原來的租界區，住的也是洋房，我們住的房東家，他的姓名已經忘記了，但這家的小女孩有一個洋名叫瑪麗，想來是很崇洋的，可是他們卻按照中國傳統方法辦喪事。死人的棺木就停放在門廳，棺材腳下點了長明燈，在背後和兩旁，擺放了很多紙人、紙馬、紙旗、紙幡，晚上風一吹，呼啦啦地響，在昏暗的燈光下似乎都動起來，讓人很害怕。到六十年代初，我又看到貴陽街頭一次隆重的喪事儀式，喪家請了道士吹吹打打，舞劍擊瓦，噴水作法，唸經歌唱，而且還在臨街掛了各種招魂幡和白布孝幛，在山城的風中幽幽地飄蕩。這些喪事活動，在現在的香港、台灣倒還有，只是內容也漸漸地有了變化，顯然是"去古已遠"。

圖像有時候可以幫助人回憶歷史，那麼，讓我們來看歷史圖像的記載。這裏有一幅圖清代《掛孝圖》，選自《北京風俗圖譜》，畫的是北京清代上層社會的人家裏辦喪事。一共十幾幅，好像是連環畫一樣，畫出一個北方滿族貴族家裏辦喪事的過程：第一是《喪事搭棚》，指準備喪事的棚架；第二是《停屍圖》，在大廳安置屍體，焚燒紙錢香燭，燃長明燈；第三就是這幅《掛孝圖》；第四是《首期唸經》，指的是七七四十九天的喪事的頭一個七天，請僧侶來唸經超度；第五、第六兩幅是《送三》，指死後三

清代《掛孝圖》

天用紙馬車、紙錢，恭敬地把死者送走並焚燒紙車馬陪葬；第七、第八幅就是《出殯》，指安壙下葬的儀式；第九是《安葬圖》，講棺材入土的情況；第十是《圓墓》，埋後三天，墳墓已經拱好，親人都去參拜；第十一幅是《燒傘》，古代大官出行，有執傘者在後，燒傘就是意味着送死者遠行；最後第十二幅是《燒船》，意思也是一樣，據說死人要在陰間渡過一條鵝毛不漂的陰河，燒船就是為了讓他平安渡過這條河，到達另一個世界。

二、未知死焉知生："葬禮是給活人看的"

大概高延在廈門看到的，就類似這樣的喪禮。當然，他看到的那次葬禮不是在北京，也不是滿人家庭，不過大體的意思相仿。俗話說："旁觀者清"，有時候真的就像蘇軾寫的那樣，"不識廬山真面目，只緣身在此山中"，我們不一定看得清楚，有時反倒不如洋人的"異域之眼"。高延的《中國的宗教系統》大概是西方學術界最早研究中國宗教系統的著作，它從 1892 年開始出版，一直到 1910 年出齊，一共分成六卷，分別講（一）葬儀；（二）靈魂；（三）道教的理論；（四）神祇與祭祀；（五）佛教；（六）國家宗教。這部書大概可以代表當時西方人，尤其是深入社會的傳教士們對中國社會與宗教的觀察和理解。在卷一開頭的序文中，高延說了這樣一段話："在中國，靈魂崇拜是所有宗教的基礎。靈魂崇拜，又是從人是否會死亡開始的。所以，生存着的人會想這樣的問題：

怎樣處置遺骸？這可以顯示生存者的思想。因為他在想：遺骸中是否繼續住着靈魂？他們還會復活嗎？"

這個問題確實很重要。處理遺骸，關注靈魂，是產生而且是古代中國人宗教信仰的起點與基礎，死亡、下葬以及死後世界的想象，在古代中國社會生活中相當嚴肅。讓我們再看一些關於死後世界的圖像，在這些圖裏面，畫的是人死以後在陰間的情況，這裏有不同的冥王在分管所有的人，有閻王和判官的嚴厲審判，有各種懲罰，像把人綁在鐵柱上用火燒，像鬼卒用刀鋸開膛挖心之刑等。總之，在古代中國人的想象中，死後世界是一個恐怖的，每個人都必然經歷的，但又代表了永恆正義的地方。陰間規範着陽間的道德倫理、觀念行為，所以它很重要。但是，我們都知道——當然，古人也明白——"為死人的葬禮都是做給活人看的"，換句話說，就是"陰間的設置，實際上是為陽間的"，關於這一點，將來有機會再說，這裏我們先不管它。在這裏我要提醒各位的是，有一點高延沒有說到，就是葬禮在中國還有更複雜的內容。這些處理遺骸的儀式，包括葬禮上的衣飾、祭祀時的祭品，以及安葬的方式、服喪的時間等等，恰恰包含着建構中國古代社會倫理和政治的起點與基礎：首先，這裏包含着關於家、家族、宗族的親疏與差異；其次，這些親疏與差異裏又包含着社會的等級和秩序；最後，這裏甚至規定了家族共同體乃至國家的基本結構。而這一切，又與古代中國經典中的"禮"的意義相配合。

順便說一句題外話，正因為如此，西洋學術界對中國的研究裏面，一直相當注意這一方面的內容，比如華琛（James L. Watson）

和羅友枝（Evelyn S. Rawski）合編的《晚期帝國與現代中國的死亡儀禮》，就是在討論這方面的社會生活史。那麼，古代中國人的個人、家庭、宗族關係到底是怎樣的呢？古代的葬禮和它究竟有甚麼關係呢？

讓我先從大家可能都熟悉的中國有關親族的"稱謂"説起。

《閻羅殿圖》

敦煌本《十殿冥王圖》

三、複雜的稱謂：漢族中國人的親族分別

誰都知道，漢族人關於親族稱謂的複雜程度，是世界上數一數二的，除了父母、兄弟、姐妹之外，還有種種複雜的稱呼，

比起英文世界來要麻煩得多，像祖父（爺爺、太公），祖母（奶奶、大母），外祖父（姥爺），外祖母（姥姥），在西文裏只有一個grandfather/grandmother，西文裏的一個 uncle，我們就有伯、叔、舅、姑父、姨夫的區別，一個 aunt，就有伯母、嬸子、舅母、姑姑、姨媽這麼多的稱呼，更何況我們還有姑奶奶、姨奶奶、堂兄弟、表兄弟、表嫂、堂嫂、表姐（妹）夫、堂姐妹、表姐妹、姪子、外甥、嫂子、弟妹、姐夫、妹夫，此外還有甚麼"妯娌""連襟"等，看上去很麻煩，西洋人可沒有那麼清楚和複雜。甚至和我們很近，受了漢族文化影響很大的日本、朝鮮人都沒有那麼細，像日文裏面，おじさん、おばさん，好像很籠統，可是中國人呢，姑姑、阿姨、嬸嬸、伯母、叔叔、伯父、舅舅、舅媽，實在是複雜得很。

為甚麼要那麼複雜？當然是要把彼此的親戚關係分清楚。不過，要分清楚就要有原則，於是，複雜裏面也有簡單。如果注意分辨，漢族人這些非常複雜的稱呼裏面，有着很清楚的界限和原則：第一，中國人對於父親家的人有一種稱呼，對於母親家的人又有另一種稱呼；第二，對於大的有一種稱呼，對於小的有一種稱呼。當然，在一夫多妻制的古代，嫡庶之間還又有不同稱呼，太太生的長子叫"元子""塚子""嫡子"，妾所生的叫"庶子""支子"，如果妾生了大兒子，只能叫"長庶男"，分得很清楚。中國人常說"三親六戚"，甚麼是"三親"呢？第一就是"宗親"，就是自己同一祖先的親人以及他們的配偶，像父母、祖父母、叔伯以及嬸嬸、兄弟姐妹，這是與自己同一姓氏的最親近的血緣關係。第二是"外親"，就是指母親家裏的父母、兄弟姐妹，他們雖然與自己不同姓氏，但在自己出生之前，就已經結成血緣關係了，所以是第二重要的親族。第三則是"妻親"，就是妻子的直系親屬，這種親緣關係是後天的，是由於婚姻的關係組成的，所以最遠。

中國關於親族的稱呼實在是非常複雜，甚至成了一門學問。古代最早的字典《爾雅》裏面專門有"釋親"一節，後來，又有清代初期李因篤撰寫的《儀小經》，把父母、子婦、岳父母、繼母等親族的稱呼，

梁章鉅《稱謂錄》書影

給不同親人寫信的格式，描寫的詩文，見面時的各種行禮，死後的奉祀方法，寫在書裏讓人學習。再稍後，又專門有人寫了叫做《稱謂錄》的書，書裏不厭其煩地解釋各種親族的叫法，包括對自己家的如何稱呼，對別人家的如何稱呼，對父親家的兄弟姐妹如何稱呼，對母親家的兄弟姐妹如何稱呼，對這些人的妻子甚至他們的妻子的各種親戚又如何稱呼。舉一個例子，比如"母之兄弟"統稱"舅"，但"母之兄"是"伯舅"，"母之弟"叫"仲舅"，"母之從父昆弟"叫"從舅"，"後母之兄弟"叫"繼舅"，你要分得一清二楚。可是這很難，有一次，我給外國學生講課，提到這一點，大家議論紛紛，我就說，有沒有外國人可以說得出來，中國把表妹的舅舅的姨父叫甚麼，一下子大家都傻了。其實，不要說外國人，中國人

也説不清，可是，中國人就是有種種稱呼，好像非得把這些複雜的關係規定清楚不可。

那麼，古代中國為甚麼要把親屬的稱謂分得這麼清楚呢？分得那麼清楚又有甚麼用處呢？

四、內外有別：同姓與不同姓

前面説到，在這些複雜的稱謂中，可以看到的是漢族中國人對待親屬的兩個重要的原則，這兩個原則簡單地説就是：一內外有別，二長幼有序。

這裏先講第一個，內外有別，就是同姓的父黨（內）與不同姓的母黨（外）之間，有明顯的等級或價值差別。

甚麼是"姓"？《百家姓》裏有"趙錢孫李，周吳鄭王"等，中國有好多姓，每個姓都有自己的譜系，大都喜歡追溯古代源頭，像姓李的一定要追到唐代的隴西李氏，姓趙的一定要追溯到宋代皇族，總之要攀上名人，這成了寫家譜的習慣。比如姓岳的，總是説自己是岳飛的後代，總不會説自己的祖先是《笑傲江湖》裏的岳不群；姓秦的家譜總是追溯到秦叔寶、秦少游，決不會追溯到秦檜。按照漢族中國人的想象，同一個"姓"，意味着有一個共同的祖先，意味着這是同一血脈的延續，是以父子關係為主軸的血緣關係的滋蔓，它是一個認同的標誌。在某種意義上説，同一個"姓"，是廣義的一家人的象徵。當然，"姓"是很廣的，並不真的是可以認同的一家人，老話説："滿天張，遍地楊，旮旮角角都姓王。"現在姓李的據説成了第一大姓了，一個姓幾千萬人，像我的老家福建有幾個大姓，比如陳、林、吳、黃，當然不可能都認識，也不一定見面就會親熱。

但是如果説，這批同"姓"的人們有同一明確祖先，有同一生活地域，有同一祠堂，那就不同了，這些人關係會更緊密。這種同姓的人，會葬在同一片山坡上，會記載在同一部譜牒裏，會住在同一個村寨區域。人常説："一筆寫不出兩個某字"，"五百年前一個鍋裏吃飯"，就是説這種特別的認同關係。中國人常常會説"香火"，"香火"是指在家族祠堂裏有人祭祀，有人紀念，會點上香火，這意味着同一姓的後代的祭祀活動在延續，自己的生命和血脈也就在繼續。

五、合兩姓之好：古代漢族人的婚禮

不過還有一點很重要，"同姓不婚"，這是古代中國很早就確立的原則，血脈也好，香火也好，這種延續，畢竟需要與另一個姓氏通婚，生下孩子才行。所以，古代中國人把人倫之始算在"夫婦"頭上是有道理的，因為有了婚姻，才能繁衍後代，繁衍了後代，才會有綿綿不絕的家族。

正因為如此，古人把婚禮看得格外重要，大概在古代中國僅次於喪禮吧，民間就把婚禮和喪禮説是紅、白喜事。在古代，一個男子或女子，到了成年行過"冠禮"（男子戴冠束髮象徵着他已

清代天津楊柳青年畫
《婚慶圖》

彼據庶人空用緇色無纁故鄭云用緇婦人陰此亦
陽備也案玉人穀圭天子以聘女大璋諸侯以聘女故
纁束帛者合言之陽奇陰偶三亦二纁也其大夫無冠禮而有昏禮纁若試
爲大夫及幼爲大夫者依士禮若五十而爵改娶者大夫無冠禮而有昏禮纁及
鹿皮則同於士餘有異者無文以言也
納徵禮納吉禮如納采禮上納采之禮于至主人　請期至徵禮
捆譲升降及禮賓迎送之事此皆如之　注主人至告之　釋曰壻
也是以下記云使者曰某期又使某命吾子之不許某日某日注
父使使納徵詁乃下婚月得吉曰是期由男家
來今以男家執謙故遣使者請女家若云期由女氏故
陽唱陰和當由男家出故主人辭云某敢不告主人期日
云某吉日之甲乙是告期之離故鄭云辭即告也
曰此文下盡合昏一節論夫家欲迎婦之時豫陳同牢之饌也云陳三
鼎于寢門外東方北面北上者謂在夫寢門外也言東方北面之
正但數鼎故云北面北上則此及少牢皆是也特牲陳鼎於門外北面

宋刻本《儀禮·士昏禮
疏》書影

66

經不再是黃髮垂髫的童子）或"及笄禮"（女子成年，要把頭髮束起來插上簪子，叫及笄）之後，就進入了談婚論嫁的階段。古代很隆重地進行婚禮，要經過很多儀式過程，台灣大學中文系葉國良教授曾經製作了動畫《士婚禮》，完全按照古代經典來復原當時的場景，如果你看看就知道，很是煩瑣和複雜。

簡單地歸納一下呢，一共就是"六禮"即六個步驟。

首先是"納采"。就等於是下聘禮，納采的時候禮物要用雁。

第二，"問名"。就是詢問女方的名字及生辰。

第三，"納吉"。就是占卜吉凶，看兩人是否合適，禮物仍然是用雁。

第四，"納徵"。就是確認這一門親事。這時的禮物要用黑絲、四十丈一匹帛以及兩張鹿皮。

第五，"請期"。就是確定婚事的日期，這時的禮物還是雁。

第六，"親迎"。這就是隆重的婚禮高潮，男家要擺上三鼎、陳設祭品，在北窗下設玄酒，新姑爺乘黑色車，穿着禮服去迎接新人。到這個時候，算是禮儀完成，然後就是新媳婦拜見舅姑，行合巹禮 —— 夫婦成禮。

古代的婚禮很隆重，也很複雜，要有一個很長的時間。你會問，這麼複雜幹甚麼？因為這是要給人留下記憶。莊重的婚禮，本身暗示着一種鄭重、一種承諾，也留下一個人生重大事件的歷史記憶。可是，現在這種標準的古代傳統婚禮也很少見了，半個世紀以前，我曾經在貴州苗族地區，看見過相當完整的傳統婚禮，甚至新媳婦第二天給公婆做飯，第三天回門，都保留下來。1993

年，我在韓國漢城（現在叫首爾）也看到過傳統婚禮，新人穿着傳統漢族的禮服，要坐轎子，讓人覺得古人說得很對，"雖夷狄之邦，而俎豆之象存。中國失禮，求之四夷。"就是說"禮失求諸野"，未必漢族中國人就一定最重視傳統和禮儀。

有了夫婦，延續了血脈，和合了二姓。可是，原本同一的親族擴大了，一姓成了二姓，那麼，如何處理這裏邊的互相關係，建立一個共同相處的秩序？恰恰是在夫婦關係上，展開的一種異常複雜但又非常嚴格的家庭、家族、親族共同體的關係，才顯示了古代中國社會的一個特點：就是"內"與"外"的區分，即父母兩族之間的差異。比如，站在男性中心立場，妻子的父母即岳父母與自己的父母，是不可以相提並論的（換言之，站在女性立場，則是公婆與父母不可同日而語），表兄弟與兄弟是不同的，姨與姑是不同的，舅舅與伯伯叔叔是不同的，外甥與姪兒也是不同的，外公外婆與爺爺奶奶是不同的……在古代中國，凡是屬於"同姓"，也就是父系一族的親族，其親疏地位都要高於母系一族的親族，這是傳統中國社會不容置疑的一個原則。

六、大觀園裏小社會：從林、薛、史、王與賈寶玉的關係說起

在"內外有別"這個原則基礎上，各種親屬被區分出遠近親疏來。

這是一個大家熟悉的例子。《紅樓夢》裏的賈家是一個大家族，這個家庭又與王、薛、林、史等家，有多種不同的親族關係，於是在大觀園裏，雖然同是姐妹，真正嚴格的稱謂卻是不同的。在賈府裏，雖然都把賈母稱為"老祖宗"，但各自嚴格的身份稱呼也不同。如果站在賈寶玉的立場，就得把內外，也就是父黨、母黨分清楚：

林黛玉 —— 她與賈家不同姓，與元春、迎春、探春、惜春作為親姐妹不同，她是賈寶玉的表妹。她家和賈家是姑表親，她的母親是賈氏，但老話説："嫁出去的女，潑出去的水" —— 賈、林之間可以通婚，所以不是一家人 —— 如果她活着，賈寶玉應當叫她"姑媽"。所以大家注意，王熙鳳剛見到林黛玉時説了一段很有意思的話，大意是説：這個妹妹這麼漂亮，"不像是老太太的外孫女兒，卻像是嫡親親的。"為甚麼"外孫女兒"就不行？因為"外"就不是"賈家"，長得漂亮，遺傳功勞就不算"賈"家而是"林"家了。光榮歸於"林"家，就是"見外"了，這段話，一石二鳥，恭維了黛玉，也恭維了賈母。

薛寶釵 —— 林妹妹在親屬關係上，還是屬於賈家的"父黨"。那麼，薛姐姐呢？薛寶釵的父親姓薛，母親姓王 —— 是賈寶玉母親的姐妹，換個説法，就是賈寶玉的父親和薛寶釵的父親娶的是姐妹，可見，賈寶玉和薛寶釵的關係就更遠了。賈寶玉稱呼薛寶釵的母親為"姨媽"，叫薛寶釵雖然也是表妹，但是，是姨表親，屬於"母黨"的親族。

史湘雲 —— 那麼史湘雲呢？就更遠了。她是賈母也就是寶玉的祖母的兄弟的孫女，和賈寶玉中間差了很遠。照理説，史湘雲的祖父和賈寶玉的祖母是兄妹或姐弟，那麼，史湘雲的父親和賈寶玉的父親他們是姨表兄弟，而到了史湘雲和賈寶玉，雖然也叫做表兄妹，但是湘雲和寶玉的血緣關係卻差了兩三層了。

雖然說，傳統中國"男主外，女主內"，但在分別親族的時候，男性一系的親人，也就是父黨這邊的是"內"，而女性一系的親人是"外"。俗話說："胳膊肘不能向外拐"，就是說古代中國的感情和價值，是要尊重和偏向自己一姓的。有一句老話叫"女生外向"，就是說，女子以後終究要嫁人，要到其他"姓"那裏，站在外姓的立場上去。可是，有沒有人再細想一想，賈母不姓"賈"而姓"史"，王熙鳳不姓"賈"而姓"王"，為甚麼立場都移過來站在賈家的立場上？這就是說，古代中國的觀念世界裏面，家族的價值是維繫在父子直系血緣的遠近上的。祖父 —— 父 —— 本人 —— 長子 —— 長孫，在這一條中軸線上，才體現了血脈的中心價值，所以，"女性""外姓"是依附於這種價值上的。她們的意義在於是否延續了這個"姓"，她們的價值也就體現在這個"姓"上。所以，賈母和鳳姐不自覺地都站在了"賈"家立場上。舊時代，很多女性沒有姓，只是跟着丈夫的姓氏叫"李氏"、"王氏"、薛姨媽、王夫人，直到現在香港仍然是"范徐麗泰""陳方安生""葉劉淑儀"，就是把夫姓冠於前。像賈母，明明是史家的人，卻事事都為賈家想，鳳姐姓王，嫁到賈家，就站在了賈家的立場上去了。因為她們出嫁生子以後，最重要的親人已經不再是她們自己的父親母親、兄弟姐妹，而是他們的丈夫和兒子了，然而，她們的丈夫和兒子都姓"賈"。

這種男女、內外之分，在古代中國是很清楚的，也是很嚴厲的。要想消泯這種"內"與"外"、不同姓氏之間的界限，怎麼辦？只有一個辦法——婚姻——以前婚姻就叫"合兩姓之好"。比如，《紅樓夢》裏，寶玉很希望林黛玉長期在賈家不走，但紫鵑就説了，林家的人終究要回林家，早晚要走的，於是寶玉大哭大鬧，連玩具船都要燒掉，發了一場病。當然，如果寶玉可以把林妹妹娶過來，那麼就可以歸賈家了，這就是傳統中國所謂的"親上加親"。可是，一家中間有了兩姓，兩家構成了一個族群，那麼就有一個和誰親、和誰疏，甚麼是主、甚麼是次的問題，否則就會大亂了。

於是，圍繞着婚姻關係，展開了家族內與外、親與疏的秩序。

七、長幼有序：孝和悌

接下來，我們要説第二個原則了。除了"內外有別"以外，在一個家族裏面，最重要的是"長幼有序"。也就是説，在同一個brother 裏面，要區分是兄，還是弟，在兄弟中間，要有清楚的排行，這在過去家族群體很龐大的情況下尤其如此。比如，唐代就是行第極清楚，舉唐代大詩人為例，就有王大昌齡、李十二白、杜二甫、高三十五適。不僅如此，就連兄弟的配偶，也要區分是嫂子，還是弟妹，是三弟妹，還是五弟妹。同樣，在同一個 sister 下面，要區分是姐、妹，姐妹的配偶，也要分出姐夫、妹夫。而在同一個 uncle 下面，要分出伯、仲、叔、季，伯、叔的配偶，還要分清嬸嬸還是伯母。更不要説同一系統下面，各種隔了一層的叔伯、兄弟、姐妹，更要用排行分清大小，以建立一個長幼次序來安排尊卑的秩序。此外，在過去一夫多妻制時代，還必須區別嫡和庶，也就是正房、偏房。如果有人看過蘇童的小說《妻妾成群》，就是後來張藝謀拍的電影《大紅燈籠高高掛》，就知道裏面的大太太就是正房，可以稱為"妻"；其他的二三四房，像頌蓮，就是偏房，只能叫做"妾"；她們生的孩子，要分"嫡"和"庶"，太太生的是嫡出，姨太太生的是庶出；而庶出還得分姨太太、通房丫頭的次第，漢語裏面說的嫡出、庶出、大奶奶養的、後娘養的、丫頭養的，裏面的區別就很大了。所以，雖然賈環和寶玉是兄弟，但是賈環是趙姨娘生的，是庶出，地位就不能和嫡出的寶玉同日而語。

中國民間有一句俗話，"皇帝愛長子"，其實，"愛"倒不一定。皇帝愛長子，是因為在古代中國，政治的直接繼承權，規定是給長子 (嫡長子) 的，大概從殷商以後，"兄終弟及"的繼承習慣結束，漸漸就形成這樣的原則了，這是為了保證傳續的秩序不亂，血緣繼承的統系不斷。但是民眾的遺產分配，倒不是這樣的，一般來說是平分，所以叫"分家"，這時候父母的偏愛才起作用，所以還有一句俗話是"百姓愛幺兒"。父母要"愛"子女，子女就要孝順父母，前輩要關心後輩，後輩也要尊敬前輩，這在漢族倫理裏面，是天經地義的。

所以，古代說"孝、悌"，"孝"是指下一代對上一代的忠誠與服從，孔子再三強調"孝"，是為了保證家族秩序中的輩分等級不要紊亂；"悌"是指同一代人中間，小的對大的要尊重與服從，"兄弟鬩於牆"，是會被人笑話的。而老話說，"長兄為父""長嫂為母"，則是説"悌"在某種時候，就轉為了"孝"—— 這都是長幼有序的意思。

八、家庭、家族與家族共同體：同心圓的逐級放大

依靠這種"內外有別"和"長幼有序"的原則，建立起家族的內部秩序，這種秩序經由家庭、家族、家族共同體，一層一層地放大和聯繫起來，形成了一個個大的宗族組織，這些宗族組織以同"姓"為紐帶聯繫起來，他們常常是居住在一個共同的區域，擁有一個共同的祖先，有一個共同的祠堂，有一份共同的宗譜，因此他們互相認同，也一致對外。

在這個宗族裏，如果有一些曾經中過舉或者進過學的人，而且他們年齡與輩分較長，通常會比較有威信，成為領袖式的人物，主持家族事務。從明代起，這些人還享受政府的特殊照顧，洪武十三年 (1380) 免除了官員的徭役，一些在鄉村的前任官員就享受了這一好處。到了嘉靖年間 (1522－1566)，那些擔任過公職的人更把全部徭役都推掉，成了鄉村中的上流人士。他們往往掌握一定的公產，比如義田、族田的收入，也負責一些公益活動的安排，比如祠堂祭祀，還會處理一些公共的財務。通過"男女有別"和"長幼有序"建立起來的秩序和倫理，他們對同姓的親族關係進行協調，比如要求族人互相幫助，幫助人們處理糾紛，領導族人對付外姓，甚至組織經濟活動。據英國社會學家弗里德曼 (Maurice Freedman，1920－

1975 年) 對廣東和福建的考察,在古代中國,那些曾經有過功名的男性族人,常常會因為他們與官方的特殊關係,成為保護家族利益的領袖,他們維持這一居住空間裏的秩序和團結,還要用撰寫家譜、族譜的方式,維持這群人的互相認同的親密關係,特別是他們還會用"鄉約""族規"等等,來確立這一居住空間的倫理道德秩序。

這樣的家族在宋明時代漸漸成型,但也在晚清民初以後,特別是 1949 年以後逐漸瓦解。現在,很多地區尤其是北方的龐大家族,都漸漸隨着歷史的劇烈變化,現代生活方式的侵襲,以及人口的移動而崩潰了。但是在中國南方,比如廣東、福建、江西等地區,這些家族還在起一定作用。像潮州斗門鄉陳氏家族,香港新界的鄧氏家族、文氏家族,粉嶺的彭氏家族,如果你有機會參加他們的家族活動,尤其是他們的祠堂祭祖活動,你會感覺到,一方面,內外有別是那麼清楚,一般來說,祠堂祭祀時男性族人站在祠堂內,而女眷則只能站在祠堂庭外 (或者是左右分開);另一方面,長幼有序也是那麼清楚,不僅已故的祖先要按照昭穆排序,在五代之祖宗兩側排開,就是族內的男性,也要按照輩分和年歲依次站立。

當然,在這種莊嚴的場合,看着"我們"的共同的祖先,想到"我們"有同樣的血脈,聽着莊重的宣讀唸誦,看着身邊熟悉的面孔,身處其中的人會產生一種強烈的族群認同。

使同一家族裏的不同階層、不同性格的人們,互相協調成為一個有秩序社會的,依靠的主要就是"內外有別,長幼有序"基礎上形成的觀念、制度和儀式,這些觀念、制度和儀式,維持着大家族內部的團結和延續。

九、喪禮與喪服：衣冠絕不僅是衣冠

好了，現在我們回過頭來看高延的書。他記載下來的葬禮，在古代中國，其意義恰恰就是保證上面講的親族分別和親族和睦的秩序。因為古代中國要在莊嚴的喪禮中，象徵性地暗示和規訓內外有別、長幼有序，而且，還要把這種秩序放大到整個社會，甚至國家，這就是傳統中國主流儒家思想的基礎。

中國人常常自稱"禮儀之邦"，禮儀禮儀，主要是一些儀式。傳說"周公（旦）作禮樂"，孔子小時候就會設禮容、擺俎豆。在古代中國，曾經有過很多"禮"，也就是各種儀式和制度。這些"禮"都來源很早，有的可能從三千年以前就已經形成了。這些"禮"被當作每個人必須知道與精通的道理與知識，而且編成了書，成為必讀的經典，十三經中就有三部是禮書。宋代大學者朱熹編的《文公家禮》，是從明代中國一直到近代中國，鄉紳們都使用的規定禮儀。而喪禮又是這些禮儀中最重要的，專門講"禮儀制度"的儒家經典《儀禮》一共十七篇，居然有《喪服》《士喪禮》《既夕禮》《士虞禮》《特牲饋食禮》《少牢饋食禮》《有司徹》七篇講"喪禮"。是不是古人重死而輕生呢？不是的。孔子說過："未知生，焉知死"，古人是很重視現世生活的，不過反過來也可以說："未知死，焉知生"，喪禮雖然是為死人而設，但實際上卻是為了活人，特別是為了活着的族群的秩序。為甚麼？因為儀式是用一套清晰的象徵方式、依靠有規律的重複，在人們心裏產生暗示的行為。它是把一些共同的觀念和規則合理化的方式，它所形成的觀念和規則，對儀式參與者會有潛移默化的影響。

那麼，喪禮怎麼樣影響活着的人呢？

我們來看一下喪禮的內容。在全部的喪禮中，古代中國又特別重視"喪服"。在某種意義上說，"文明"就像是穿衣裳，當衣服不僅為"禦寒"，而是為"遮羞"的時候，說明人開始有了羞恥心；有了羞恥心，就有了是非，用現代的詞來說是有了道德觀。當衣服不再僅僅是"遮羞"，而且要"美麗"，人就有了審美觀。因此，雖說亞當和夏娃就是因為有了羞恥之心而被趕出伊甸園，但也因為有了羞恥之心，才成就了人類的文明。從獸皮護暖、樹葉蔽體，到上衣下裳、男女有別，再到王者的華袞帛黼、官員的蟒袍玉帶、舞者的羽衣霓裳、死者的金縷玉衣，這就彷彿文明有了一整套規則。要在衣服上區分上下，要在衣服上分辨場合，着革履西服者不宜擼袖伸臂喧呼噴沫，着長衫戴頭巾的不好入柴肆魚檔與人爭席，穿三角褲在游泳池並不令人驚詫，而穿着去會客卻肯定是"非禮也"。衣服有時是對穿衣者的制約，所以，傳統中國特別關心衣服的象徵性。古人有"垂衣而治"的說法，一是說垂下衣服，不用動勞，就可以治理國家；一是說垂下衣服，由衣服的象徵性暗示就可以清理秩序。

據說，儒家又是特別懂得"衣裳之制"的專家，所以，喪禮中如何穿衣服的"喪服制度"，就格外地重要。

十、五服制：認同、等差與區別的標誌

喪禮裏面有所謂的"五服制"，就是指在喪禮上，親人為死者

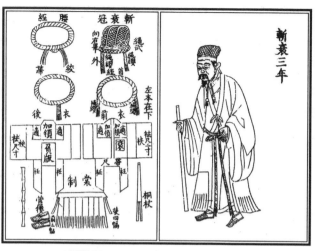

斬衰圖

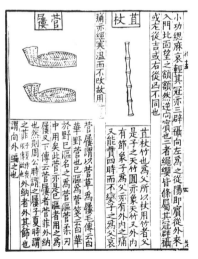

斬衰衣

斬衰裳

斬衰冠

菅屨

苴屨

苴杖

喪禮中所用苴杖、菅屨等

穿的五種不同衣服，而這五種衣服又作為象徵，規定着一系列深刻的內容。

首先是"斬衰"。"衰"讀如"催"，是指粗麻布做成的喪服。布幅二尺二寸，經線二百四十縷，比較粗，邊上不縫，彷彿用刀剪直接剪開，叫"斬"，象徵着處於悲痛中的人，無心精心縫製。這是在喪禮上兒子為逝世的父親，妻子為過世的丈夫，諸侯為駕崩的天子，父親為死去的長子所穿的衣服，這表示穿此衣服的活人與死者親緣關係最密切，關係也最重要。據說，這時不僅要穿這種粗麻衣服，而且要"挂竹杖"（表示悲傷得衰弱，需要挂杖），"居廬"（住在臨時搭的草棚中），"蓋苫枕塊"（蓋的是粗毯，枕的是土塊），吃粥飲水，要到祭禮完成下葬完畢，才能夠"寢有席，食蔬食，水飲，朝一哭，夕一哭。"而且守喪的時間要三年，在那段時間裏，人不能飲酒、不可娛樂、不能為官，萬一真的有特別的情況需要他出任要職，還要由皇帝出面，這叫"奪情"，就是為了國家，無奈剝奪了你哀悼親人的感情。

其次是"齊衰"。齊衰的"齊"是指喪服可以縫邊，麻布也細了一些（二尺二寸布幅，三百二十縷），象徵着比"斬衰"的悲哀心情稍遜一等。規定是"父卒為母"（三年），"父在為母"（杖一年期），夫為妻（杖一年期），為祖父母（杖一年期），為曾祖父母（三月），用桐木做的杖，絷麻經（腰帶），穿稀疏麻鞋（疏履），戴布絷的冠緌。

再次是"大功"。大功的麻布又比齊衰的要細（二尺二寸布幅，五百六十縷），穿這種衣服，表示死者與自己的關係又比上面的要疏遠一些。比如父親為兒子（不是嫡長子），為長女，為姑姑、姐

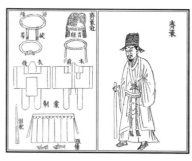 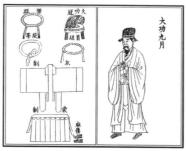

齊衰圖　　　　　　　　大功圖

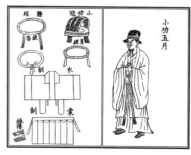 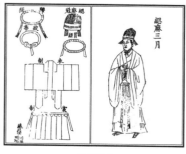

小功圖　　　　　　　　緦麻圖

妹，從父兄弟（即同祖父母的叔伯兄弟）等，服喪時間是九個月。

再次是"小功"。小功的麻布衣服就更細一些了（二尺二寸布幅，達八百縷），服喪期也縮短到了五個月，這主要是為外祖父母，為祖父母的兄弟（從祖父母），為隔兩房的堂兄弟（指同曾祖父母的叔伯兄弟）等。

最後是"緦麻"。這是最細而精緻的麻布喪服（二尺二寸布幅，一千一百縷經線），服喪期也縮短到了三個月，這主要是為了岳父母，為女婿，為舅舅等，顯示出對外姓的疏遠與冷漠。當然，同姓中比較遠的，如為祖父母的堂兄弟（族祖父母），為曾孫，也都只是緦麻。

以上叫"五服"。需要穿"五服"的，當然是"親屬"，屬於一個大家族中的親人。過去常說，某某和自己有親戚關係，"沒有出五服"，就是説關係比較近了。如果一個人要和另一個有血緣關係的異性結婚，無論男子女子，都要考慮是否"出了五服"，如果不出五服，法律、醫學和輿論大概都不能允許。

在古代中國，這種親緣關係相當重要，一個人一出生，就注定在這個親族中，由親族確定你的關係，也確定你的身份。前面我們講過"三親"，中國古代還有"九族"，大家很熟悉的一個事情就是，明代方孝孺因為支持建文帝，被後來奪了皇位的明成祖處以滅九族（外加一族朋友，也就是滅十族）的大刑。所謂九族就是上四代（高祖、曾祖、祖、父）和下四代（子、孫、重孫、玄孫），加上自己，這九族也就是在"五服"內的，就是在喪禮上要穿喪服的親屬。有名的李密《陳情表》中説，自己"外無期功強近之親，內無應門五尺之童。"前

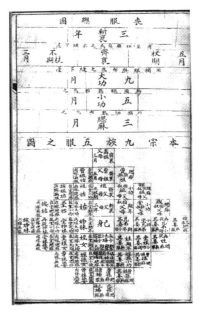

民國二十年《時憲通書》所載喪服圖
及九族五服圖

一句"期"講的就是服喪的時間,"功"就是講的服喪的衣服,總的意思就是自己沒有親人,哪怕最遠的親人。杜甫《遣興》裏講"共指親戚大,緦麻百夫行",後一句裏"緦麻"指有喪事的話需要穿緦麻的親戚,意思就是説,自己的親戚很多。

總之,在同一個家族中,遠近親疏也要有一定的秩序,得分清楚上下尊卑,通過喪服等級、服喪時間的象徵性區分,一個家族的人大體上就有了認同,也有了分別,親疏被規定得很清楚,這種血緣親族的大小重疊的圈子,把每個人安置在一個合適的位置裏,使這個家庭上下有序,不會混亂。這種以"五服"為核心的家族倫理,從先秦逐漸形成,經過漢晉幾百年,在西晉時期被寫進國家法律(泰始律),於是就成了規定性的制度。法律根據倫理,規定着一個人的責任和義務,規定着每個人的身份和行為,所以有人才説,古代中國的法律,其實始終是倫理道德的"禮法"。

十一、近代中國的葬禮:俗世的改變

回到我們一開頭説的高延。

1882 年,高延在廈門看到的,就是這樣一場喪禮。這一年,在廈門發生了久停不葬的事情,有人長時期地把死去的親人屍體存放在家中,供人弔唁,為此,廈門當地的道台曾下了一道禁令,不許久停不葬。高延那時正好在福建調查,便好奇地觀察了當地的葬儀。

他發現，廈門人的葬禮，在前半部包括了 (1) 死哭；(2) 使瞑目；(3) 開天窗；(4) 閉店舖；(5) 購置喪服；(6) 洗屍；(7) 置長明燈；(8) 供紙陪祭之人形；(9) 乞火灰；(10) 移家具睡牀；(11) 置供品；(12) 獻供於土地；(13) 弔問；(14) 警戒貓跳詐屍；此外，還有哭喪與招魂等等。若干年以後，美國學者華琛和羅友枝在對香港、廣東和福建的調查之後，則把整個儀式歸成九類：(1) 哭喪；(2) 着喪服；(3) 沐浴屍體；(4) 供死者隨葬品；(5) 供牌位；(6) 收儀金；(7) 安魂樂；(8) 密封棺材；(9) 下葬安壙。

不過，他們看到的，彷彿和我們前面說的《北京風俗圖譜》記載的北京滿族風俗不同，這可能是地方性的制度或儀式，也可能是逐漸修改過或簡化過了的世俗喪禮。在古代經典記載中，在兩三千年以前的喪禮，原則上是這樣的：第一天，首先是"招魂"，就是在屋脊上向北方大呼死者之名，然後將死者之禮服從房上由前檐扔下，下面人接住，便蓋在死者身上。接下來，有"遷屍"，就是在室中南窗下設牀，屍體頭在南，用殮衿覆蓋。"楔齒"，為在死者嘴中放玉玲。然後是"設奠、帷堂""訃告""哭泣""弔唁、送襚（殮衣）""設銘（即旌銘）""浴屍""飯含"，最後是"襲"，即給死者着衣。第二天叫"小殮"，即陳設、展示斂衣，祭奠，賓客弔唁，夜中設庭燎等。第三天叫"大殮"，大體上節目與前一天相同，但是死者在這一天入棺、成服。從第四天起，按親疏關係穿戴喪服，朝夕哭，朝夕奠，迎送來弔唁的賓客（後世有用佛道作七之儀式），入葬（筮宅、備槨及明器、卜葬日、發引、入壙）。此後，就是各種親屬按照不同等級，為死者進行守廬、祭祀。其中，一周年時之祭祀叫"小祥"；二周年之祭祀叫"大祥"；大祥一月以後，舉行"禫"，合祭死者於宗廟，儀式才結束。

最後，順便要說到死者的墓地。這裏有一個家族墓地的照片，是福建泉州陳埭丁氏家族的，丁氏是回族，但是也受了漢族文明的影響，這個墓地修得非常壯觀。有人說，這是中國式的祖先崇拜，所以要修得那麼壯觀。有的人類學家就說，漢族人傾向於相信：第一，我們的一切都是祖先遺留下來的，好的話是祖先積德，壞的話是祖先為惡，一般來說修了大墓地的家族，都是發達的，所以相信祖先陰德，有一本人類學家許烺光寫中國家族的書就叫《祖蔭下》；第二，中國人相信去世的先人和活人一樣，有生活的需要，為了免於鬼魂無家可歸，所以要建墳掃祭，甚至要燒紙錢、紙車、紙馬乃至電視、冰箱。

福建泉州陳埭丁氏墓地碑（作者攝）

可是，我們再深入想一想，為甚麼中國人特別看重這種對死人的儀式和制度？剛才我們已經説明，這一方面是為了讓祖先繼續保佑自己和自己的家庭，一方面則為了通過對死者的追悼儀式，維護活着的家庭、家族的秩序。

十二、家譜、族譜和祠堂祭祀：蔭及子孫

一個人去世了，家族的親人們為他舉行喪禮，為他下葬安壙，最親近的人為他守盧，三年以後服喪期滿，人們開始繼續正常的生活。但是，這不意味着人們從此忘記了他，除了他的血脈在他的子孫身上流淌延續之外，他的生命還在兩方面延續着：一方面是他被寫進宗譜，進入歷史，成為記憶；另一方面是他被請進祠堂，享受祭祀，接受膜拜。

這都是宋代儒家學者的發明。據説，最早也是最有影響的家譜和族譜，出自兩個宋代大名人，一個是蘇洵，就是蘇軾、蘇轍的父親，據他説他的祖上是唐代有名的蘇味道，可是一直到他的高祖，家世並不很清楚，於是

明代家族祠堂祖先圖

從他起就開始寫家譜。另一個是歐陽修，他不僅寫了家譜，還規定家譜應當從可見的世代開始寫起，到五世玄孫以後就“別自為世”。後來，據說《眉山蘇氏家譜》和《廬陵歐陽氏家譜》就成了後世家譜、族譜的典範。家譜、族譜就好像我們通常說的“歷史”，它把一批人一代一代地記錄下來，把一代一代已經分枝散葉的人聯繫起來，證明他們本來擁有共同的淵源。

那麼祠堂呢？祠堂是祭祀祖先的地方。根據宋代大學者程頤的建議，首先，每一個有一定地位的家族都要有廟；其次，廟裏面應當有祭祀的對象，以高祖居中，每一代先人按照昭、穆次序左右分列，都以夫婦相配；再次，祠堂應當是三間，外面是中門，中門外是兩階三級，祠堂裏面北牆下為四龕，每龕一桌，從西向東分別是高祖、曾祖、祖、父；最後，每年的冬至應當隆重祭祀始祖（這一姓的最早的先人），立春祭祀先祖（五世祖），季秋的時候禰祭（禰，指去世的父親在宗廟中立主，就是父親之位）。後來更流行的《朱子家禮》又規定，四季仲月（二、五、八、十一）舉行四時祭。祭前三天要齋戒沐浴，前一天清掃祠堂，置神位。當天清晨，家族的主人也就是宗子，要率全家族列隊祠堂，舉行祭祀活動。因為程頤是宋代理學的大學者，朱熹編定的《朱子家禮》又相當權威，所以，這成為漢族中國家族祠堂的常規。

家族的歷史和家族的儀式，增強了家族的認同感和凝聚力。在古代中國甚至是現代中國，家譜、族譜非常繁榮，家族祭祀也很受重視。這在許多人類學、社會學調查中都可以得到證明。為甚麼？說到底，是因為家族對每個人都很重要。有學者指出：

第一，從生命的意義上說，國家、制度、法律主要兼顧公平和秩序，不管人的死活；在饑荒、戰亂、無序的時代，人們覺得更能依靠的是家庭和家族，所以，古代的宗族對個人生命的延續是相當有意義的。第二，從安全的意義上說，他人就是"陌生"，人不能指望有競爭關係的"他人"；處處都有危險，所以只能依賴血親家人的認同。我們如果去看閩西客家的圍樓、貴州苗族的山寨、北方平原所謂的"土圍子"，那些逐漸形成的家族聚居方式，可以讓我們體會到一種尋求安全的需要。第三，從感情上說，"家"是溫暖的象徵，無論在任何情況下，家庭和家族都有無條件的愛，中國的俗話講"金窩銀窩，不如自家的狗窩"，為甚麼？就是因為

清代山西平遙家族祠堂祖先圖

清代山西運城某祠堂的祖宗掛圖

那裏有無條件的愛，陶淵明所謂"歸園田居"，那個"歸"字裏面，就有根回歸泥土的意味。人們都熟悉"狗吠深巷中，雞鳴桑樹顛"的詩句，這種感覺，在《詩經》裏面也有，"雞棲於塒，日之夕矣，羊牛下來"，黃昏時牛羊回到山下的圈裏，也和子孫回到老翁倚杖的柴扉是一樣的，都是"回家的感覺真好"。第四，從文化上說，墓地、墓碑、祠堂、家譜，比正史更重要，因為正史的認同範圍太大，它是國家；地方志所認同的範圍是一個州一個縣，只是一個政治空間；但是家譜、族譜的認同，是有自然血緣關係的一群人，是祖祖輩輩生活的一塊地，特別是祭祀，在對死者的莊嚴祭祀中，在宗廟舉行的各種儀式裏，面對着死去的亡靈與祖先，家族內部好像有一種很強烈的"認同"感。在那種儀式上，人們會想，我們是同一個祖先的子孫，我們是一個姓的親人，我們應該對得起祖宗，這種來自於"血緣關係"的自然感情，在這些儀式中被召喚出來，同時，通過這種儀式，也把親族的秩序制度化了。

十三、說"同"：家族與地方在傳統
漢族中國的意義

　　通過家譜、族譜、祠堂祭祀還有家族墓地，凝聚起了家族，並且通過內外有別、上下有序的原則，建立了家族的秩序。在傳統中國，一方面，到了明代中期，通過全國聯宗的方式，以皇帝及其家族為中心，建構起想象的家國共同體；另一方面，各個地方

的家族通過婚姻，把不同姓氏的家族連在一起，又形成地方複雜的家族共同體。為甚麼傳統中國會有緊密和牢固的黏合劑，把整個社會連成一片？這種家族和鄉土的關係很重要。

很多學者都注意到，在古代中國有關社會的詞語中，"同"這個字非常重要，現在我們常說"認同"，用"認同"表明某種情感上自然而然的"歸屬感"，也用"認同"翻譯英文的 Identity。古代中國有同姓、同宗、同鄉、同學、同門、同僚、同榜、同好等，都是表示某種可以親近的關係。那麼，在古代中國最"認"的，究竟是甚麼"同"呢？

我們看看在古代漢族中國最重視的，首先是"同姓"或"同宗"。同姓是指共同有一個姓氏，共有一個姓氏的人，會產生"五百年前是一家"的感覺；同宗就更近了，他們如果是擁有共同的祠堂、家譜和墓地的一個宗族，那就是在祖父、曾祖父時代就是同一個祖先，這就是從"血緣親近"引出的親近感。其次，是放大了的"同鄉"，是指家鄉在一處的，這是由於"地緣接近"引發的親近感，所以，以前有同鄉會，有同鄉會館。在清代，北京到處都是各省的同鄉會館，各地來考科舉的讀書人，常常就靠着這種關係免費居住。一直到我上大學的二十世紀七八十年代，大學裏面還有大大小小的同鄉會，有時候鄉音就是溝通的橋樑。再接下去還有同學 (同窗、同門、同榜)，同僚，同好，同袍，當然，最廣泛的一種聯繫就是"同志"，這在過去指的是有共同理想和目標的人。

在這些"同"中，除了現代常用的"同志"之外，構築傳統中國群體認同中最重要的關係，大概就是"同宗"與"同鄉"，也就是前面我們講的"血緣親近"和"地緣接近"。《左傳》(襄公十三年)裏面曾經提到,如果一個諸侯去世,祭祀的時候,外姓在宗廟外面憑弔,同姓在宗廟裏面憑弔,同宗更要在共同的祖廟進行祭祀。如果是同族,那就關係更近,要去自己的家廟裏面祭祀。你可見從外姓到同姓,從同姓到同宗,從同宗到同族,血緣關係越來越親密。按照《周禮·大司徒》鄭玄的解釋,"同宗者,生相近,死相迫也。"也就是說這一個生死相依的關係,用句俗話講,就是"血濃於水"。那麼,同鄉呢,是在一塊地方生活的人,抬頭不見低頭見,按照儒家的解釋,同鄉就是"鄉田同井,出入相友,守望相助,疾病相扶持,則百姓親睦。"所以,以前中國老話講遠親不如近鄰,就是這個意思。你從"同宗""同鄉"這兩個詞可以看出,傳統中國社會共同體,它的特點即宗族與鄉土,換句話說也就是"血"與"土"。

順便插一句,從宗族的重要性,你可以聯想到在傳統中國,"出身""宗親""名門"(例如"琅琊王氏""博陵崔氏")為甚麼很重要,為甚麼古代中國"家譜""族譜"很發達。從同鄉的重要性,也可以聯想到為甚麼傳統中國講究"鄉里""本貫""郡望"。

十四、從傳統到現代:衰微中的傳統家族、倫理與儀式

最後,關於傳統中國的家庭、家族和家族共同體的倫理,我想說以下三點。

第一，在古代漢族中國，家族的墓地—祠堂—祭祀的儀式，以及鄉約、族規、家法和家譜，是傳統社會非常重要的基礎，古代漢族中國之所以能夠在法律並不很細緻的情況下，會有一個相對比較穩定的秩序，有一個大體的認同的共識，就是因為有這些東西在支持它，組成一個一個的社會單元。

第二，從歷史上我們還可以看出，當國家和政府的力量強大的時候，宗族、親族是對抗和抵消國家控制力量的一個社會空間，好像一個隔離層一樣，防止着國家力量對於個人生活的直接控制，而當國家力量一旦削弱，它就會作為民間社會，補充國家對秩序的控制，維持社會生活秩序。比如清代末年，各地的民間社會以及鄉紳的勢力超越國家的勢力，他們以團練（民間軍事力量）、保甲（民間社會組織）、鄉約（民間禮法）維持着社會的秩序，甚至發展成龐大的力量，參與着國家的管理和控制，像曾國藩的湘軍、李鴻章的淮軍等等，所以它是國家與個人之間的力量，維持着國家與個人之間的平衡和穩定。

第三，中國家族與儀式的重大變化出現在近代，由於西洋的進入，由於市場一體化，交通的便利和人口的流動，由於國家漸漸直接干預着個人生活，所以這種中國式的宗族形式在近代漸漸瓦解。當然，由於近來國家控制的放鬆和各級地方行政控制的弱化，由於地方經濟如鄉鎮企業的崛起，宗族在民間社會又開始重新活躍起來。如果我們到浙江、福建、廣東、江西去看，就會發現這一點，而如今的家族重建家族墓地，重修祠堂，重修家譜，也正是在"國家"依賴和約束漸漸削弱的情況下，重新尋找"認同"

的基礎 —— 宗族，重新建立社會生活的秩序 —— 並非國家法律的禮法。

我們究竟應該怎樣評價這種家族形式、家族儀禮以及家族倫理呢？中國的這一社會形態，對於習慣於"現代化""全球化"之類以西方歷史與社會為準繩評價歷史和現實的學術界，其實是一個很大的難題。

【參考論著】

1. 費孝通：《鄉土中國》，人民出版社，2008 年。
2. 許烺光：《祖蔭下：中國鄉村的親屬、人格與社會流動》，王芃、徐隆德譯，（台北）南天書局，2001 年。
3. 林耀華：《金翼：中國家族制度的社會學研究》，莊孔韶等譯，生活・讀書・新知三聯書店，2008 年。
4. 錢玄等：《三禮辭典》，江蘇古籍出版社，1998 年。
5. 袁庭棟：《古人稱謂漫談》，中華書局，1997 年。
6. 費成康等編：《中國的家族法規》，上海社會科學院出版社，1998 年。
7. 瀨川昌久：《族譜：華南漢族的宗族、風水、移居》，錢杭譯，上海書店出版社，1999 年。
8. 高延（J. J. M. de Groot）：*The Religious System of China, VOL. I-VI, 1892-1910*。今有中譯本《中國的宗教系統及其古代形式、變遷、歷史及現狀》六卷，芮傳明等譯，花城出版社，2018 年。

【閱讀文獻】

1.《禮記・曲禮》

道德仁義，非禮不成，教訓正俗，非禮不備。分爭辨訟，非禮不決。君臣上下、父子兄弟，非禮不定。宦學事師，非禮不親。班朝治軍，蒞官行法，非禮威嚴不行。禱祠祭祀，供給鬼神，非禮不誠不莊。是以君子恭敬撙節退讓以明禮。鸚鵡能言，不離飛鳥；猩猩能言，不離禽獸。今人而無禮，雖能言，不亦禽獸之心乎？夫唯禽獸無禮，故父子聚麀。是故聖人作，為禮以教人。使人以有禮，知自別於禽獸。

2.《禮記・哀公問》

哀公問於孔子曰：“大禮何如？君子之言禮，何其尊也？”孔子曰：“丘也小人，不足以知禮。”君曰：“否！吾子言之也。”孔子曰：“丘聞之：民之所由生，禮為大。非禮無以節事天地之神也，非禮無以辨君臣上下長幼之位也，非禮無以別男女父子兄弟之親、昏姻疏數之交也；君子以此之為尊敬然。然後以其所能教百姓，不廢其會節。有成事，然後治其雕鏤文章黼黻以嗣。其順之，然後言其喪算，備其鼎俎，設其豕腊，修其宗廟，歲時以敬祭祀，以序宗族。即安其居，節醜其衣服，卑其宮室，車不雕幾，器不刻鏤，食不貳味，以與民同利。昔之君子之行禮者如此。”

3.《孟子・梁惠王上》

（孟子）曰：……五畝之宅，樹之以桑，五十者可以衣帛矣；雞豚狗彘之畜，無失其時，七十者可以食肉矣；百畝之田，勿奪其時，數口之家可以無饑矣；謹庠序之教，申之以孝悌之義，頒白者不負戴於道路矣。七十者衣帛食肉，黎民不饑不寒，然而不王者，未之有也！

家國秩序：國家、社會與儒家

引子：從"家"到"國"，從"禮"到"法"

也許真的是"旁觀者清"。洋人常常把中國説成是"儒教中國"，如果我們不在"宗教"這個詞兒上和他們較真，可能他們説的也有一點兒道理，因為維護和支撐古代漢族中國文化兩千多年，最重要支柱就是儒家學説。

儒學當然很了不起，不僅古代讀書人都讀儒家經典，現代研究中國的學者也最重視儒家，就算是有的人從心底裏喜歡佛教，喜歡道教，但是一回到國家、社會和家庭這個現實問題上來，還是要抬出儒家學説。比如説，現在有人想象在這個"全球化"（globalization）的時代，就覺得必須再度復興儒家，才能應付這個越來越"一球（兒）樣"（globalization）的世界。又比如説，一個包括各個宗教共同討論的"全球宗教倫理宣言"也説，儘管各個宗教有很多衝突與差異，但儒家的"己所不欲，勿施於人"，就是大家共同可以接受的倫理底線。

是不是這麼回事兒？咱也不好説。古今中外很多學者、很多著作都討論儒家，關於儒家的書可以用"汗牛充棟"來形容。不過，現在的著作講得太深太玄，説得好聽些，是學術氣、學院氣太重，太深刻；説得不好聽一點兒，就是濃墨重彩，加油添醋，越説越邪乎。其實，儒家的道理基礎，就在"家"和"禮"上面，前面一講我們談到了古代中國的家庭、家族和儀式活動，這一講就要談談從"家"到"國"，從"禮"到"法"。有國有法，國法國法，從"禮"到了"法"，儒家才成了帝國的政治意識形態。

所以，這裏就談談古代中國的國家和關於國家的學説，也就是中國古代的儒學，以及它的起源、思想和它的意識形態化、制度化問題。

一、家有家規，國有國法：從家庭、宗族到國家

西方人説"國家"是 country, nation, state，日本人説"國家"是"くに""こく"，都沒有"家"的意思，最多有"鄉土"或者"政治共同體"的意思，只有中國，才把"國"與"家"連在一起説。不大可信的《古文尚書‧金縢》裏，就有"惟朕小子其新逆，我國家禮亦宜之。"《論語》裏面雖然沒有直接説國家，但《禮記‧中庸》裏面記載，孔子曾經説："天下國家可均也，爵祿可辭也，白刃可蹈也，中庸不可能也。"前一句提到的"國家"，就是《論語》裏面説的"丘也聞，有國有家者，不患寡而患不均。"把國和家放在一起，而且治理的原則都一樣，就是貧窮不可怕，關鍵要公平，這很有社會主義色彩的道理。不過，他説的國和家，是當時的諸侯城邦。而到了孟子呢，那個時候不同了，所以，他對"國家"講得就更多，最典型的説法，就是他説的"人有恒言，皆曰'天下國家'，天下之本在國，國之本在家，家之本在身。"這話反過來説，就是《禮記‧大學》裏面的"正心、修身、齊家、治國、平天下"。

"國家"還可以倒過來説"家國"，像古話講"家國有難"。其實，在古代中國思想裏，家和國只是一小一大而已，一直到現在，

大陸還有流行歌曲説："我們的大中國呀，好大的一個家。"所以，很多人在説到這個意思的時候，常常用一個成語叫"覆巢之下，安有完卵"，小"家"好像鳥蛋，如果國家這個窩翻了，蛋也保不住。俗語説"保家衛國"，就是因為古代中國就把"國"看成是放大的"家"。過去，人們管縣官叫"父母官"，管君主叫"君父"，對君主不恭敬叫"無君無父"。犯上作亂的人，按孔子的説法，之所以他沒有尊敬上面的心，就是因為他不孝，在家不孝順，出門就不忠誠。犯上作亂，無君無父，在古代中國的觀念中，那只是"禽獸"，而不是"人"，至少他不是"漢人"。古人説："非我族類，其心必異"，這種人與禽獸沒有兩樣。按照儒家中國的正統觀念，作為一個人，要對父親孝順，對君主忠誠，所以，古代有《孝經》和《忠經》，也有各種關於孝和忠的法律規定。

在古代中國，如果一個人被認為是"逆子"，他就在道德上根本站不住了；如果他被認為是"亂臣"，那麼他就在政治上站不住了；如果説他"賣國"，那他就根本不是一個人了。

二、國家還是家國？國在家之上

家是國的基礎，家族的秩序和原則，放大了，就是國家的秩序和原則。老話説："麻雀雖小，五臟俱全"，"家有家規，國有國法"，所以，古代有理想的人，要想做偉大的人，從小先從每天灑水掃地開始，要想治理國家，也要先從治理小家開始，這叫"一屋不掃，何以掃天下"。前面提到儒家一句有名的話，"正心、修身、齊家、治國、平天下"。先是治心，再治身，然後以身作則，治理家庭，治理家庭的能力放大，就是治國的本事。

不過從歷史上看，古代中國價值觀念系統裏，"國"的意義和價值超過了"家"，一直到今天，關於"主權"和"人權"的爭論，還是沒完沒了在進行，中國人和西方人看法就是不一樣。在古代中國的價值表上，好像是按照大小排序，"國"比"家"重要，"家"比"人"重要。這種看法很頑固，也很深入人心。文雅的說法，如上面所說的"覆巢之下，安有完卵"，通俗的說法，像"大河有水小河滿，大河無水小河乾"，"忠孝不能兩全"……都是把大家放在小家上面，把集體放在個人上面，這是價值觀念。這一點，西洋人也早就看出來了，為甚麼？因為它和近代西方以個人為基礎的自由價值觀念很不一樣。對與自己不一樣的東西，外來的人就會特別敏感。一百多年前，有一個到中國來的英國人麥高溫（John MacGowan）曾經說，中國"把家庭作為起點，是因為在這裏體現着一整套觀念。這種觀念認為，個體必須樂於將個性與意志和家庭或家族結合起來，並作為範例推而廣之，運用到社會其他方面"，這當然很好。不過，他也看出來，因為這樣的原因，使得整個中國形成了一個"相互負責"也就是"連坐"，卻又沒有個人承擔"責任"的體制，也造成了國家的專制。為甚麼？因為皇帝除了向"天"負責之外，可以像"家長"一樣為所欲為。他的這篇文章曾經登在上海的《北華捷報》上，後來編輯成書在英國出版，最近又譯成中文，叫做《中國人生活的明與暗》，大家可以看一看這些洋人的東西，這叫做借"異域之眼"。

有時候"當局者迷"，反倒不如"旁觀者清"。

三、國家與秩序的需要

沒有甚麼是天生的，漢族中國人的傳統也一樣。這種後來成為儒家基礎的價值觀念，並不是天經地義的。根據考古學家和歷史學家近年來的研究，古代中國是由鬆散的部族聯邦構成共同體，由共同體構成大聯盟的，人們生活的基礎和認同的單位，最初還是家庭和家族。想一想就明白了，在交通不方便的情況下，誰知道另外一個地方的人和我是不是一條心呀？比如我過去曾經在西南的大山裏面生活過，就知道那裏苗人多數連縣城也沒有去過。而粵西十萬大山的村寨呢，隔山跑死馬，交流根本沒有那麼方便。至於閩西的客家寨宅，一個個的圓形封閉着人們的交往，與外界也相當隔膜。但是，理論上他們也都可以認同一個很大的區域和族群，説起來"我們都是中國人"，雖然人們並沒有多少交流和溝通。那麼，他們怎麼會知道"我們"屬於一個"國家"，甚至是一個"民族"，並且相信這個國家和民族是可以信任和依賴的呢？

從歷史上説，古代中國很多關於國家的觀念和社會的制度，都是從家庭、家族、宗族這裏引申出來的，這種合理性認同，來自人們對於身邊的家庭、家族和宗族秩序的理解。人們覺得這個秩序有道理、可以依賴，所以被漸漸放大，就成了普遍倫理和國家制度。當然，這種對於民族和國家的認同是需要的。單個的人，會覺得孤獨和恐懼，當他面對一個碩大無邊的空間和無數陌生的族群，他會覺得自己很孤立，所以特別需要一種可以互相信任的群體。就像你到一個"外國"，突然周圍都是聽不懂的話語，你會覺得很緊張，你不知道周圍的人是怎麼看你的，你會覺得孤獨；你也不知道他們是要對你不利，還是要對你友好，你會覺得你自己很渺小。這就好比你進入一個陌生的大樓，沒有圖紙，沒有燈光，你也會覺得很恐怖，要看看門背後，要翻翻牀下面。所以人需要"群"，這個"群"就是民族、國家和社會，而"群"又要有一些共同點，比如講同一種語言，你會覺得彼此熟悉，長相接近，你也會覺得天然親近，生活習慣相同，你也會覺得是同一"群"人，因此可以彼此相信。

可是，從家、家族擴大到一個民族、一個國家、一個社會，又需要有秩序，不然就會亂。那麼，這個秩序怎麼建立？先看"家"，一個家庭或家族，由不同身份與輩分的人構成，居住在一個空間裏共同生活，如何使這種生活有秩序、不混亂？這種秩序靠甚麼使大家都服從與信任？上次我們講到"男女有別和上下有序"，國家的問題也是一樣的，一個國家需要面對的第一個問題，也就是如何使不同階層、不同文化、不同信仰的人都在一個空間中生活，而且互相和睦相處。我們前面講過，在家庭、家族裏，有倫理上的等級，包括父黨母黨、長幼上下、嫡庶親疏的區別，必須使每個人都知道自己的身份和等級，也知道他人的身份和等級，根據這種自我和他人的位置和關係，採取適合的態度，處理"我"與"自我"、"我"與"他人"的關係——其實是全部價值觀念的基礎和起點。

關於這一點，東西方、古近代都一樣，但是具體上卻有差異。古代中國呢？上下有序和內外有別很嚴厲，意識也很強烈，比如我對父母，要奉養，要恭敬，要侍候，可是，我對我的叔、伯，要用對非直系長輩的態度，不用"晨昏"去拜謁，但要尊重；我對姪、甥輩，要求他們服從，但不過分嚴厲。這樣就叫"內外有別，長幼有序"。這些觀念成為習慣和風俗，習慣和風俗，如果加上家規、族規、鄉約的文字書寫，它就成了一種"規定"，先秦時代形成"禮"，到唐宋以後，又有各種各樣的家禮、家規、鄉約。但是，如果這種"規定"再擴大到國家，把父與子、兄弟、夫婦、長幼的關係擴大到君與臣、大臣與小臣、士農工商的秩序，如果這些"禮"（背後是輿論與共識的支持）得到"法"（依賴着法律與權力的控制）的支持，那麼，它就成了一種"制度"，而"制度"有了"權力"，就形成了放大的"家"——"國家"。

四、儒家的禮：禮貌、禮節與禮制

這些禮法觀念與規定，在古代中國多來自儒家。

儒家有一些話，也許大家都熟悉，像"非禮勿視，非禮勿聽"，像"不學禮，無以立"，像"克己復禮"等等。但是，怎樣要求"人"

都遵守這些"禮"？怎麼提醒每個人都記住這些"規定"呢？在古代中國，儒家有不少關於"禮"的經典和著作，有很多對"禮"的解釋，佛教和道教等宗教也有很多"勸善書"宣傳各種關於做人的道理，民間各個地方和家族也有家規、鄉約在補充這種關於倫理的具體規定，這都是廣義上的"禮"。

在古代中國，"禮"是很重要的，每個人的一舉一動一言一行，都在這種"禮"的規範之下。舉一些例子，比如兒女對父母，宋人的《居家雜儀》裏就規定，兒子對父母、媳婦對公婆，在天剛亮時就要洗漱，整齊衣冠，去"省問"，他們起來後，兒子要奉上藥物，媳婦要奉上早餐，到夜間，要等到他們睡下無事，才能"安置而退"，而且吃飯要等父母公婆先舉筷子，説話要對父母公婆"下聲怡氣"，不能"涕唾喧呼"於他們面前，他們不讓坐只能站，他們不讓走就只能侍立在旁邊。又如居家男女之別，必須辨內外，男主外，女主內，男人白天不進中門私室，女子無事不能出門，女子要走出中門，要"擁蔽其面"，男僕進中門有事，女人一定要避開。正朔在祠堂祭祀祖先，男人站在(左)西邊，女人站在(右)東邊，朝北站，各以長幼為序。再如葬禮，上一講裏講過，要按照自己與死者的關係遠近，以不同的時間長短，穿上不同的衣服，為死者致哀，這樣就在生者中確立了長幼尊卑的關係。

所以古代的禮儀是很煩瑣也是很細緻的，對每個人的行為、思想、態度都有詳細的規定。這種規定雖然針對個人行為，但實質上，卻是在維護群體生活，雖然在規勸的時候是"禮"，但是在執行的時候，如果有一定的權力，它就成了"法"。特別是它被家族或宗族作為"鄉約""族規"規定下來之後，就常常有懲罰的手段。中國古代留下很多地方志，裏面記載的鄉約、族規就很多，有的很嚴厲甚至殘酷，比如姚江俞氏和海城尚氏規定的，如有"婦女淫亂"，就會勒令她立即"自盡"，或者由人來"勒死"，最輕的鎮海朱氏，也規定要讓犯者"出族、離歸"；如果族人有"偷盜"，鎮海朱氏就規定要"驅逐出族"，或者綁了告官，嚴厲的像宜荊朱氏，甚至會勒令"全家出族"。那麼，如果是出現了"不孝"的子孫，怎麼辦呢？一般他們不要政府干預，而是在家族內部解決，

《金山縣志》中的淩遲圖説

102

興化解氏是"痛責，不許入祠"，合肥邢氏是杖責，吳郡陸氏是家法處治。這裏有一張很殘酷的關於對家族內通姦犯實行淩遲處死的圖片，當然，這已經不再是家族內部事務，而是官府出面干預家族內部的倫理道德秩序了。

這就接近"法"了。順便說一下，現代西方的民主制度下面，很重要的原則就是平等、自由和公正，"秩序"依賴公正的法律來維持和維護，"權威"要依靠民意選舉出來的議會來確認，對權威的"監督"又要有不同的機構，包括三權分立、輿論監督，而國家則建立在"契約"式的約定上。可是，在古代中國，"秩序"是按照家、家族、宗族的方式建立的，由不同的等級區分來維持，最高的等級是最老的男性長輩，這個人的"權威"是由權力、等級確立，沒有有效的"監督"，主要依靠道德自律和倫理約束，家族與國家都建立在這樣的基礎上。所謂"家有家規，國有國法"，"家"放大了是"國"，"禮"有了制裁的手段就成了"法"。在中國，"家規"與"國法"是一脈相通的，福柯（Michel Foucault）在《規訓與懲罰》中說，國家需要紀律，需要監視公眾的權力，即一種"持久的，洞察一切的，無所不在的監視手段。這種手段能使一切隱而不現的事物變得昭然若揭。"那麼，有甚麼能比奠基於人的血緣關係的"禮"更合適的呢？按法律史學者的解釋，中國的法律是一種禮法，它不同於自然法，它的合理性基礎來自對倫理的共識，而對於倫理的共識又建立在對親族關係的認識上。人會很自然地因為血緣關係，承認這些"禮"的合理性，所以也會很自然地接受它，並自覺地遵守它。於是，道德的監督者就不再僅僅是外在的監獄和警察，而是內在的理智與觀念。孔子說"克己復禮"，又說"禮，禁亂之所由生"，就是因為它有這種意義。而在這種意義上，"禮"常常就是"法"，儒家和法家本來就是一家，而"國"也不再僅僅是外在的政府與軍隊、地域、政治組織，而是自己的"家"了。

五、儀式：靠象徵建立秩序、合法性

可是，維持"家"與"國"的秩序，既不能僅僅依靠存在於心靈中的"觀念"（Idea），也不能僅僅依靠存在於文字中的"規定"（Stipulation），還必須有一套給它賦予合理性的"儀式"（Rite），從殷周時代起，這種儀式就特別複雜。對於"家"來說，在公眾節日中，全家或闔族到祠堂裏祭祀共同的祖先，在祠堂裏，要按照男女、輩分、親疏的不同，穿上不同的衣服，在祖先（立尸）面前排列起來，用豐盛的祭品（血牲、鬯酒），莊嚴的音樂（伐鼓、擊磬），嚴肅的承諾（祭詞、祝禱）來溝通自己和祖先之間，在祖先亡靈面前，在莊嚴肅穆的氣氛中，家族的這種"長幼有序，男女有別，親疏遠近有等差"的秩序，就得到了公眾的認同與尊敬，就有了合法性與合理性。而每一個人也都在這儀式中，確認了自己的血緣的來源、自己的家族歸屬、自己的位置。一個傳統的漢族中國人在儀式上看見自己的祖先、自己的父祖、自己和自己的子孫的血統在流動，就會覺得生命永恆不止地在延續。他一看到這儀式中的家族，就覺得自己不再孤獨，自己是有"家"的，有"族"的，甚至是有"國"的，就不是漂泊不定的無家可歸的浪人，而"宗廟""祠堂"及儀式，就是肯定和強化這種"秩序"與"價值"的莊嚴場合。

儀式也成為"古代國家"獲得合法性與合理性的重要來源。現代人都知道，每個國家、政府、政黨或者領袖都沒有必然的權力或天命的權威，即便是最了不起的皇帝——比如後代最崇拜的唐宗宋祖，唐太宗是殺了本來有繼承權的兄弟，宋太祖是欺騙了周世宗的孤兒寡妻，才得到權力的，他們的合法性，其實是靠其權力和政治，加上後來人的歷史評價賦予的，連孫悟空都會說"皇帝輪流坐，明年到我家"。秦漢之際，項羽說過，秦始皇"彼可取而代之"；劉邦則說："大丈夫當如此"；陳涉也說："王侯將相，寧有種乎"，如果不是劉邦是最後的戰勝者，他的劉氏皇朝怎麼會有合法性和合理性？至於甚麼芒山斬蛇的故事，都是後來攀龍附鳳的想象。接下來，連造讖言的都要造"卯金刀"，好像天下命定就是姓劉的。劉秀接着建立東漢王朝，也傳言上為帝星，最後，連劉備都好像有了當然的天子命，諸葛亮這些人還就是相信劉家天下的當然性。可是，唐代謀反的黃巢說："他年我若為青帝，報與桃花一處開"，可見，皇權並沒有當然的合法性和合理性，只是靠了權力建立的。

可是，古代中國人尤其是儒家，有一個重要觀念就是"有德者坐天下"，他們都相信"湯武革命"，是因為有德的人能得到天命，然後把無德的人推翻，這是新政權的合理性所在。漢代初期，信奉黃老的學者和儒家的學者還為此辯論，儒家就特別強調，如果像桀、紂那樣荒唐的王，是可以進行革命推翻的。可是新的天子是不是真的有德呢？前面我們説了，未必。那麼，你怎麼才能向上天證明新上來的當權者是有德的，獲得天命的呢？這時候，除了擁有力量（Power）之外還有甚麼呢？按照韋伯（Max Weber）的説法，皇權和王朝通常是依靠三個方面的支持，一是共識（觀念認同），也就是説，它是大家覺得可以接受的、有效的政府；二是規訓（權力制約），它有軍隊的力量，迫使人們接受政府；但它還必須有第三個東西，就是儀式（象徵系統），就是得到上天承認與民眾認同的象徵式活動。所以，王朝要有儀式，從殷商起就有"禘"（祭天帝），後來不僅有"封泰山"（祭天），還要"祀汾陰"（祭地），像北京就有天壇、地壇、日壇、月壇、先農壇，還有"宗廟祭"，祭祖，殷商有"衣祭"，即一年為期的"周祭"。也有以祖宗配天地一起祭祀的"南郊大祭"。據考古發現，古代的祭祀很多很多，場面也很大，像近年發現的紅山文化祭壇、三星堆祭坑、南京六朝時之祭壇、唐代的圜丘，都很龐大很壯觀。這些儀式就使得"國王"或者"皇帝"，看上去真的得到上天的眷顧，民眾就應當相信他是神授王權的"有德之人"。

言歸正傳，古代中國的儒家，最早就是從主持儀式者那裏發展起來的。大家都知道，儒家學説是中國傳統裏最重要的學説。不過，這一套偉大的學説，本質上只是一門建立"秩序"的學問，而這種關於"秩序"的

傳孔子像

學問的基礎，卻是古代的巫師從主持各種儀式的知識中歸納，並由孔子闡釋和發展起來的。

六、甚麼是"儒"？"吾與史、巫同涂而殊歸也"

據章太炎說，"儒"原來寫作"需"，"需"是求雨的巫師；胡適在《原儒》中說，儒是"殷商的教士"，以"治喪相禮"為業，這都有一定的道理。從思想發展上看，我也比較相信，"儒"之起源，源於殷周時代參與儀禮操持的巫祝史宗一類文化人。把儒士視為巫祝的後人，並沒有半點對其不恭的意思，其實孔子自己也曾經說過，自己和巫覡有很深的關係，馬王堆漢墓帛書《易傳》中有一篇《要》，其中就引了孔子的話說："吾與史、巫同涂而殊歸也"。為甚麼孔子與史、巫同途（涂）？"史"是負責古代天像觀察和推算的，也包括根據天像運行的"數"推測吉凶，就是"數術"的"數"；而巫是負責古代生活中趨吉避凶、祈禳占卜的，就是"數術"的"術"。可是據孔子解釋，巫是"贊而不達於數"，史是"數而不達於德"。"贊"通"祝"，《易·說卦》"幽贊於神明而生蓍"，"數"是曆算推步星占一類知識。可見，孔子也認為他自己與巫祝史宗是同出一途，只是唯一不同的，是他從溝通鬼神的"祝"和曆算推步的"數"，要進一步求人心的"德"，因此，他說自己與史巫不同，"吾求其德而已"，"我後其祝卜矣，我觀其德義耳也。"所以，《說文》也說儒是"術士之稱"。

還有一個很明顯的證據。我們從各種古代文獻中可以看到，早期的"儒"都很重視服飾的象徵意義，特別講究穿衣戴冠的學問，這就很像古代的巫師。《儀禮》裏面有很多關於衣服的學問，不過這不是 fashion，不是為了美觀，注重服飾的象徵意義，本來正是早期巫祝史宗操持儀禮所形成的習慣。在早期的宗教性儀式中，象徵了神靈的巫祝是要特別講究服飾的象徵意味的，《楚辭·九歌》中說"靈（巫）偃蹇兮姣服，芳菲菲兮滿堂"，"姣服"就是穿着漂亮的衣服。從文獻中看，"儒"所注重的服飾是很傳統而且很有復古色彩的。據說，孔子小時候愛擺弄俎、豆，像過家家似的主持儀式；《禮記·儒行》中記載孔子自己的話說，他年長後，在宋國居住，"冠章甫之冠"；《論語》記載他的學生公西赤，又說自己的理想是"宗廟之事，如會同，端章甫，願為小相焉"；《墨子》記載孔子弟子的弟子公孟子總是戴着"章甫"，插着"笏"，穿着"儒服"來見他。《孔子家語·五儀》也說："然則章甫，絢履，紳帶，搢笏者，皆賢人也。"也就是說，儒者穿的衣服都是古代巫師主持儀式的服裝。"章甫"是殷代的冠飾，是高高的儒冠；"絢履"是有裝飾的華麗靴子；"紳帶"就是紮着寬寬的大布帶子；"搢笏"就是在腰帶上插着笏板。現在把上層知識分子叫做"紳士""搢紳"就是這個意思。《荀子》裏面曾經引孔子的話，說儒者是"居今之俗，服古之服。"據說，當他們穿了古代的衣服時，才會時時提醒自己要繼承古代的禮樂傳統。

在儒者看來，儀式不僅是儀式，而是一種暗示，衣服不僅是衣服，而是一種象徵，這種儀式和象徵，在社會是對秩序的確認，在個人是對嗜慾的制約。《荀子》引孔子回答哀公問時說，穿着喪服，拄着喪杖的人不聽音樂，並不是耳朵不會聽，而是穿的衣服時時提醒他，你還在服喪期間，如果在服喪期間聽音樂，是對死者的不恭敬；穿了祭祀時的衣服的人不吃葷腥，不是口胃不能吃，是穿的衣服在提醒你，你是在祭祀中，在齋沐中，需要身心清潔，如果在這時吃葷，

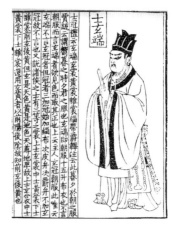

《新定三禮圖》中所載的"士玄端"

是對神靈的褻瀆。這叫"資衰苴杖者不聽樂，非耳不能聞也，服使然也，黼衣黻裳者不茹葷，非口不能味也，服使然也。"所以在儒家看來，服飾象徵人的身份、修養甚至狀態，而象徵又反過來制約着人的身份、修養和狀態，通過這種"垂衣而治"的象徵系統，儒者相信可以整頓秩序。比如士的衣服確定了士階層的行為和道德，戴秀才頭巾的人不可以行為不雅，不可以粗野，而穿皇帝衣冠的人則被突出了權威性，在各種儀仗和服裝的包裝下，就擁有了神聖性，別人就應當服從，這和軍隊運用肩章、服裝來顯示階級差別，建立上下秩序是一個道理。

《禮記》裏面記載古代的祭祀，很隆重，很莊嚴，首先是在祭祀之前幾天，就要努力地去想象追憶死去的亡靈，"思其居處，思其笑語，思其志意，思其所樂，思其所嗜，齋三日，乃見其所謂齋者"；然後祭祀那一天，進入祭祀的房間，要想象祭祀的亡靈或神

鬼，繞室一圈，要想象似乎看見了他的樣子，出了門，還要想象他聽到了歎息，"以其恍忽以與神明交"。古代儀式上有幾種很重要的事情，都涉及"秩序"，一是搞清楚祭祀的對象是父、祖、曾祖，還是遠祖，是直系，還是旁系，這涉及祭祀者的站位、服裝、祭

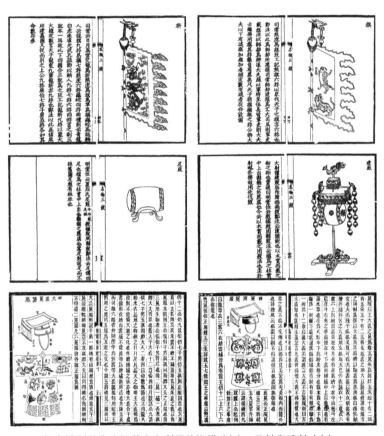

儒家禮制著作中記載皇帝所用的旗幟（上）、足鼓和建鼓（中）、冕服（下），象徵天子的神聖與權威

品的規格，甚至參與者的表情；二是祭祀有很嚴格的程序，不同等級有不同的規格，不同的祭祀次序不同，先是甚麼，後是甚麼，不能混亂；三是祭祀的時候，要有莊嚴的感情和真誠的態度，不能只是形式，因為祭祀的時候面對神鬼，能否感動它們是至關重要的。這些主持儀式的巫師後來把這一套關於儀式裏區分遠近親疏、區分長幼尊卑的知識發展成了一套關於社會秩序的"禮"的思想。不過，一直到儒家學說建立，他們還是保留了很多古代儀式上關於衣服的知識，他們對於"禮"格外重視，對吉日的安排、喪事的儀式、祭祀的規矩甚至平時居家的衣服都十分講究。

七、穿衣戴帽，不僅僅是穿衣戴帽

舉幾個例子。

關於穿衣服，《禮記·檀弓》裏就有很多的記載，比如衛國一個人死了，在死人未小斂時，子夏去弔喪，紮着"絰"（麻製成的紮在腰間或頭上的喪帶），在死人已經小斂後，子游也去弔喪，他也紮着絰，子夏向他請教，子游就引孔子的話批評他是在不合適的時候紮絰帶；曾子在死者未小斂時穿着裘衣去弔喪，子游則脫了裘衣，曾子請教子游，子游也告訴他應當在小斂後才能穿裘衣、紮絰帶去弔喪。他們還十分注重服飾色彩的象徵意味，在甚麼場合有甚麼樣的顏色，顏色本身就有象徵性，"夏后氏尚黑""殷人尚白""周人尚赤"，雖然並不盡然，但他們卻很嚴格地遵循着一套規矩。無怪乎莊子要諷刺過分講究服裝而無實際才能的儒者，他說："君子有其道者，未必為其服也，為其服者，未必知其道也。"據說，莊子鼓動魯哀公禁止無道而服其服者，搞得"魯國無敢儒服者"。可是，直到很晚的時候，儒生還是服裝很特別。《史記·酈生陸賈列傳》中引漢高祖劉邦騎士的話說："沛公不好儒，諸客冠儒冠來者，沛公輒解其冠，溲溺其中。"可見，戴儒冠的習慣直到秦漢之間仍是儒者的標誌，酈生去見劉邦，使者對劉邦就形容他看上去像"大儒"，因為他"衣儒衣，冠側注"。

又比如儀式的方位規則，據說，"小斂之奠"，子夏就認為應在東邊，而曾子認為應在西邊，"有若之喪，悼公弔焉，子游擯，由左"，看來精通儀式的是子游，而國昭子之母的喪事，子張來主持，就回憶孔子以往主持司徒敬子的喪禮，是男西向，女東向，於是就照樣處理。

再比如儀式的時間和空間規則。據說，斂儀的時間，夏代在黃昏，殷代在日中，周代在日出，而哭喪的地點，"兄弟，吾哭諸廟；父之友，吾哭諸廟門之外；師，吾哭諸寢；朋友，吾哭諸寢門之外；所知，吾哭諸野。"這些都是儀式所必需的，儒家也很精通。

再比如儀式的各種行為和姿態的象徵意義（是否要捶胸頓足，是否要披髮肉袒，是否要去掉裝飾）；隨葬的鼎數與身份（天子九鼎、諸侯七鼎，卿大夫、士、庶人各有不同）；墓葬中常見的規格與葬式（比如有無黃腸題湊，有無金縷玉衣，有無兵馬俑，有多少隨葬品以及墓室規制等）。這些也都是儀式之習慣，孔子自稱通夏、商、周禮，就是懂得這些儀式的規矩。

總而言之，他們似乎比任何人都看重儀式和象徵，因為儀式的秩序，就象徵了一種社會秩序，巫祝一直在操持儀禮的秩序，而儒士正因為是巫祝的後裔，所以沿襲了這種儀式和象徵的傳統，繼承了儀禮的習慣，掌握了象徵的知識。當孔子去世，那位熱愛儀禮知識的公西赤就主持了儀式，據說孔子的棺槨、棺槨的裝飾和車，採用的是周代的規矩，出殯的旗幟上有崇牙，採用的是殷商的禮，用綢練為杠旌，則採用的是夏代的禮，在他們的手中，夏、商、周三代的儀式、象徵以及儀式象徵所包含的關於家庭、家族、宗族以及聯邦城市的秩序知識就一代一代地傳下來。

八、從禮到法的提升：家庭秩序到國家秩序

不過，從孔子開始，儒者漸漸脫離了巫師，儒家思想逐漸被孔子提升到一個高度，成了一種很了不起的關於家庭、社會和國家的學說，這就好像脫胎換骨。其中最主要的是以下三點：第一，從儀禮的規則到人間的秩序，他們越來越注重"禮"的意義；第二，從象徵的意味中，他們逐漸發展出來關於"名"的思想；第三，他們意識到要推尋禮儀的價值本原，進而追尋"仁"，即遵守秩序的心理與人性的基礎。

第一，從家族儀禮之"禮"，到社會道德倫理之"禮"，發展到國家制度性的"禮法"。

殷周以來的儀禮，是從家庭的祭祀祖先、和睦親族的儀式發展起來的，後來逐漸變大，甚至有了國家性的典禮，像祭天、祭山川等等。不過，無論甚麼禮，從祭祀對象、祭祀時間與空間，以及祭祀的次序、祭品、儀節等方面來看，都需要建立一種上下有差別、等級有次第的差序格局。這種表現於外在儀禮上的規則，其實就是為了整頓人間的秩序。從形式上，有祭品的太牢、少牢之別，樂舞的八佾、六佾之差，葬制的九鼎、七鼎之序，祭禮的郊祭、廟祭之規，這就叫做"儀禮"。儀的原義，在卜辭中可以看出，是兵器上插飾羽毛，就是儀式舞蹈一種，表示"威儀"，就是外在形式上的儀式、法度和姿態；禮的原義，據王國維研究，這個字上半部是二玉在器之形，下半部據郭沫若研究，是"鼓"的初文，合起來，也是表示祭祀樂舞。

但是，"儀禮"的意義並不只是外在儀式，甚至不僅僅是儀式中隱含的倫理秩序，而且是一種約束人的制度。甚至一些看上去很純粹的觀念形態的東西也與儀式有關，只不過現存文獻並沒有顯示出殷商西周時代的人已經明確地意識到這些觀念而已。到了孔子的時代，儒者不僅懂得外在的儀禮的種種規則，而且更加重視它表現的思想和觀念，以及這些思想觀念對於社會秩序的意義，"非禮勿視，非禮勿聽，非禮勿言，非禮勿動"，為的是培養一種遵循禮儀的自覺習慣，並不只是一些動作姿態的規矩，也不只是一些犧牲樂舞的制度。據孔子說，甚麼人才能被社會認同？他必須懂得禮，出門如見大賓，恭恭敬敬有禮貌，使民如承大祭，心懷敬畏守規矩。孔子自己就很懂得各種禮儀的規矩，不僅精通周禮，而且精通夏禮、殷禮，在生活中也很識大體，有禮貌，舉止中節，和各種人談話，姿態和表情都不一樣。在《論語》裏，我們可以看到他所設想的人間禮儀，姿態應該是"鞠躬如也，如不容，立不中門"，站立應當是面色平和，時時小心，說話應當是很謙虛，不說話的時候也不要大聲喘氣。他設想，當世上的每一個階層、每一個階層的每一個個人都按照這種禮儀來規範自己的行為和舉止，

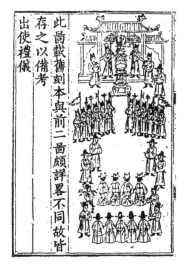

《皇明制書》卷二十
所載文武官員班次圖

那麼就有了秩序。所以，孔子非常厭惡那些越出規矩的人，季氏以八佾舞於庭，孔子非常憤怒，三家以《雍》樂在家廟舉行祭禮，孔子也十分惱火，認為像"八佾"這樣有六十四人的舞蹈和《雍》這樣有"相維辟公，天子穆穆"歌詞的頌歌，出現在家臣的儀式和宗廟裏，是極不相稱的，所以他說："是可忍，孰不可忍。"他兩次說到同一句話："不學禮，無以立"，因為他很明確地意識到，禮儀不僅是一種動作和姿態，也不僅是一種制度和風俗，它所象徵的是一種秩序，保證這一秩序得以安定的，是人對於禮儀的敬畏和尊重，而對禮儀的敬畏和尊重，又依託着人的道德和倫理的自覺，沒有這套禮儀，個人的道德無從寄寓和表現，社會的秩序也無法得到確認和遵守。

九、名分："必也正名"

後代想象中的孔子及其弟子圖

第二，從儀式之"儀"與"分"到社會等級之間的"正名"，到國家、社會和階層之間的清理。

有一段話是人們很熟悉的，那就是"必也正名乎"。這段話出自《論語·子路第十三》，原話很長，下面還有"名不正則言不順，言不順則事不成，事不成則禮樂不興，禮樂不興則刑罰不中，刑罰不中則民無所措手足。故君子名之可言也，言之必可行也，君子於其言，無所苟而已矣。"意思是，要根據人的"名"來確定身份的"實"，按照實際的身份等級處理各種社會關係，這樣處理社會關係才符合禮制的規矩，符合禮制的規矩才能夠建立刑罰原則，有了刑罰規則，民眾才知道如何做人行事，所以一定要從確立"名"開始，通過對"名"的整理來整理社會秩序，這就叫"上下有序"。比如"王"就是天下共主，就可以祭天地，用九鼎，用八佾，用《韶》樂，乘四馬之車；比如"士"，就只能祭祖宗，用俎豆，這樣，就君像君，臣像臣，父像父，子像子了。

這種對於"名"的重視態度，其實與對儀式上象徵的重視態度相關。前面我們說過，巫祝史宗所主持的儀式，其象徵意味是極強烈的，那些色彩、方位、次第、服飾、犧牲、樂舞等等，本來只是一種符號、一種暗示、一種隱喻，並不是事實世界本身，但是，由於人們進入了文明時代以來就一直在這些象徵中領略和感受這個世界，所以中國古代思想世界中，象徵的意味是極其重要的。儒家相信，這套象徵的符號就是事實世界本身，它們整飭有序，就可以暗示和促進事實世界的整飭有序，而它們的崩潰，就意味着世界秩序的崩潰。當人們越來越相信"名"對"實"的限制、規範和整頓作用時，人們就常常希望通過"符號"的再次清理和重新確認來達到對"事實"的清理和確認。比如楚國本來是"子"，儘管稱"王"，而且也確實有很大的勢力，但史臣仍然稱其為"楚子"，以顯示一種憑藉"名義"來顯示正義和秩序的態度；又比如後世的避諱制度，儘管天子的名諱與平民的名諱一樣，都只是一個象徵符號，但是人們也不能冒犯，否則似乎真的會損害天子，而人們接受了避諱，就在心裏形成了一個對這一符號的敬畏。顯然，由於象徵與符號的聯想而產生的心理力量被當作實際力量，人們希望通過"正名"來"正實"，換句話說，就是藉助對名義的規定來確認或迫使社會確認一種秩序的合理性，所以才有"正名"的強烈願望。

十、"敬"與"仁"：和睦、等級與尊卑

第三，從儀式中對神靈之"敬"，到社會上對他人的"仁"，到國家內部的和睦和穩定。

依賴"禮"和"名"的秩序化與象徵化,孔子希望追尋一種有條不紊、上下有序、協調和睦的社會。不過,他也與同時代人一樣,更多地看到了深層的問題,即這種"禮"的儀式,其普遍合理性從何而來?這些"名"的分別,其本原的依據究竟是甚麼?靠甚麼來保證人們對"禮"和"名"的肯認?靠甚麼來確定社會秩序不受顛覆?換句話說,就是要為這個社會秩序以及保證社會秩序的道德倫理尋找一個人們共同承認的、最終的價值依據和心理本原。通常,人們會說某些事物和現象好或不好,但為甚麼好為甚麼不好,必須有一個共同認可的標準,而這標準必須是無前提的、不須論證的、不容置疑的。在孔子的時代,他提出的是一個"仁"字,"禮"之所以必須"履",是因為它符合"仁","名"之所以必須"正",是因為這樣才能達到"仁"。

所以我們要討論"仁"。"仁"是甚麼?按照《論語·顏淵》中一句最直截了當的話來說,就是"愛人"。這種"愛人"出自內心深處的平和、謙恭和親熱之情,雖然它可能最早來自血緣上的自然親情,不過,在儒家這裏已經被擴展為一種相當普遍的感情,如果說"出門如見大賓,使民如承大祭",這還只是外在的禮節,接下去就是將心比心的體驗了,所謂

宋刻本《論語集注》卷一

"己所不欲，勿施於人"，就是出自內心深處的一種對"人"的平等與親切，這種把"人"與"己"視如一體的感情顯然會引出一種"人"應當尊重"人"的觀念。儒家説："將有請於人，必先有入焉。欲人之愛己也，必先愛人。欲人之從己也，必先從人。無德於人，而求用於人，罪也。"可見，當時相當多的人已經有了這種關於"我"和"人"平等與友愛的觀念，而且已經把這種超出"個人"而成為"社會"的處理關係的原則，看成是普遍合理的"通則"，用這種以己推人的情感來建立倫理的基石。《論語》中孔子所説的"夫仁者，己欲立而立人，己欲達而達人"就是這個意思，這也是《論語》中孔子所説的"一以貫之"的"忠恕之道"。

不過，這種"尊重"和"摯愛"是怎樣產生的？如果它只是在社會規範中後天形成和培養出來的，那麼它只能是社會規範和道德觀念的"果"而不是"因"，即不能充當理性的依據與價值的本原，人們可以追問，社會規範（禮）、道德觀念（善）究竟憑甚麼要求人人都不容置疑地遵循呢？孔子在這一點上，把人的性情的善根善因也就是"愛人"之心追溯到了血緣親情，《論語・陽貨》中説："性相近也，習相遠也"，這裏的"性"就是人的本性。在孔子看來，在所有的情感中，血緣之愛是無可置疑的，兒子愛他的父親，弟弟愛他的哥哥，這都是從血緣中自然生出來的真性情，這種真性情引出真感情，這種真感情就是"孝""弟"。《論語・學而》中説："君子務本，本立而道生，孝弟也者，其為仁之本歟。"這種真摯的血緣親情是毋庸置疑地符合道德理性的，它是善良和正義的源泉與依據，所以説它是"仁之本"。人有了這種真感情並且依照這種真感情來處理自己與他人的關係，就有了"愛人"之心，從愛此到愛彼，感情是可以從內向外層層推衍的，從愛自己的父兄到愛其他人，血緣也是可以從內向外層層推廣的，所以孔子斷定，"其為人也孝弟，而好犯上者鮮矣，不好犯上而好作亂者，未之有也。"因此，孔子認定這就是建立一個國家秩序和理性社會的心理基礎。

十一、儒家學說的制度化、常識化和風俗化

正是這種不言自明的權威性的律令由外在的禮樂轉向內在的情感，古代思想世界中的神秘意味開始淡去，而道德色彩開始凸顯，中國思想史就完成了它的一個最重要的轉變過程，從孔子儒家的這些新思想中萌生出來的，是一個依賴於情感和人性來實現社會秩序、來建立國家的學說。從關於儀式的學問發展到了關於社會的學說，把家族的知識延伸到了國家制度，孔子和儒家學者使這種後來被叫做"儒學"的學說有了深刻的思想，也使它漸

《萬世師表》拓本

漸衍生出了另一種通過嚴厲的禮法來整頓"國家"的思想，以及一整套關於"秩序"的意識形態、法律制度以及社會規範。其中，從荀子到李斯，也許是歷史上最重要的一環。他們相信"性惡"的説法，認為由於人性中的惡，所以需要有嚴厲的禮法來約束，如果放縱人性，就會秩序混亂。而且他們並不把"三代"先王之道當作絕對信條，倒是覺得五帝不相襲，三王不同道，應當有後王來制定新的制度，他們甚至批評過去的儒家"略法先王而不知其統"，只會叨叨"先君子之言"。所以，秦統一天下之後，很快推動"行同倫、車同軌、書同文"，實行帝國內部同一的郡縣制度，特別是採取"以吏為師"的政策，這使得有關秩序的儒法合一觀念，逐漸落實為帝國的制度。而這種觀念與制度，又被漢王朝延續下來，形成了影響深遠的"王霸道雜之"的政治傳統。

儒家學説在中國統治了兩千多年，在漫長的傳統時代，它也在不斷地變化，以前有學者把它總結為"學隨術變"。我呢，把儒家學説能夠不斷"與時俱進"，維持它的主流地位的原因，歸納為"制度化""常識化"和"風俗化"。甚麼是"制度化"呢？就是通過儒家官僚，把儒家的那些政治、倫理原則，變成國家的法律和制度，從秦始皇"以吏為師"到漢代的"以師為吏"，儒家逐漸成為王朝的官吏，把儒家的原則比如"五服制"寫進法律（像西晉的《泰始律》和唐代的《唐律疏議》），運用國家力量，使得原來沒有懲罰手段的"禮"（不成文法）成了"法"，這就是"儒家的制度化"。甚麼是"常識化"呢？就是傳統中國經由教育的普及和士紳的努力，使得儒家學説逐漸成為滲透社會基層的常識。甚麼是"風俗化"

呢？就是傳統中國經由"循吏"的教化以及士大夫的"覺民行道"，使得儒家學說以通俗方式滲入基層社會，並且移風易俗，形成瀰漫漢族中國民間的風俗。

特別是宋明以後，經過官方與士紳兩方面自上而下以及自下而上的共同努力，他們兼用嚴厲禁絕與教育勸誘，也就是軟的和硬的兩種手段，共同推進儒家提倡的秩序和文明，從宋到明，逐漸建立了後來人們稱之為"儒教國家"的中國。官方不斷地發佈詔令頒佈法律，禁止淫祠、淫祀，禁止各種有悖常情的行為，士紳也不斷地在民間辦學，推行儒家的規範禮儀，提倡合族親睦，鼓

（傳）朱熹《朱文公自畫像》拓片

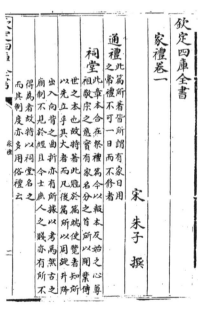

朱熹《家禮》內頁書影

勵尊老孝親的風氣，像朱熹所編纂的《家禮》，就影響極大。因此，在宋明兩代，帝國內部（尤其是漢族地區）越來越呈現出同質化的趨向，國家以及它所象徵的法律制度、道德倫理、風俗習慣在迅速擴張，從中心到邊緣，從城市到鄉村，從上層士人傳播到下層民眾，出現了相當迅速而廣泛的儒家文明推進過程，隨着這一推進過程，社會生活的風景在發生轉變。

　　應該説，在宋明時代，由於承負着文化解釋責任的士人階層的擴大與對地方社會的影響增強，由於印刷術使知識傳播變得非常容易，由於交通便利使城市與鄉村之間的溝通越來越多，所以，儒家學説滲透社會似乎有了一個前所未有的加速度。正是在這樣的背景下，一些儒家原則被當作天經地義的倫理道德確定下來，按照這種原則建立有序社會的制度也被認同。像家庭、宗族秩序的基礎"孝"，不僅是一種觀念，而且有了制度，如過去不療救和供養生病的父母，祖父母、父母在時即異財分居，都成為違背道德的罪過被禁止。國家秩序的觀念基礎"忠"，也在皇權合法性與合理性得到普遍認同後，成了籠罩性的倫理。而這些士人規定的、來自古老儒家儀式的禮儀制度，也漸漸擴展到各個區域的民眾生活中，成了新的習俗，一些被文明生活拒絕的生活習慣與嗜好被確定為錯誤，比如所謂的過度飲酒、貪戀美色、聚斂財物，以及個性強烈的表現，即酒色財氣，被越來越當作可恥的習慣。

　　用現代的語言來説，就是在國家權力所籠罩的空間中，一種倫理道德同一性被逐漸建構起來，一種普遍被認同的思想世界開始形成，並終於確定了傳統中國的社會和生活。

十二、儒學的確立與瓦解

漢代的"獨尊儒術"之後，外儒內法的儒家學說，逐漸成了中華帝國兩千多年的政治意識形態。兩千年過去了，儘管它始終是傳統中國的主流，但是，到了受到西方衝擊，不得不"在傳統外變"的近代，儒家學說卻漸漸瓦解。這個歷史很複雜，不能細講，因為儒家學說瓦解的背景是很複雜的。簡單地說，主要是近代化以

2020 年夏作者在日本東京湯島聖殿孔子像前留影

來的社會變化導致了傳統中國向現代中國的轉化，西方的價值觀念以及社會、制度、習慣、語言在一百年間進入中國，傳統中國的皇權國家和儒學觀念開始失去了原來的土壤。

可以舉出的有以下幾方面。第一，經濟生活的變化引起的"離地域性"活動，迅速的城市化，引起大家族的崩潰，因為大家族的存在要依靠共同生活空間來維持，而小家庭則瓦解了來自大家族的組織結構，也瓦解了這種血緣組織和上下等級的觀念，離婚自由更瓦解了男女雙方以嫡長子為中心的結構。第二，市場的迅速擴張，經濟的變化使得親情優先的價值觀，被計算中心的價值觀取代。我們可以看一看目前家庭、家族的解體，像福建客家大家族的變化、香港新界家族現在的狀況，就可以知道這種土壤正在流失。第三，近代的平等、自由、民主觀念和近代國家的制度，正在打破傳統國家和儒家觀念。

【 參 考 論 著 】

1. 本傑明・史華茲 (Benjamin I. Schwartz)：《古代中國的思想世界》第三章《孔子：〈論語〉的通見》，程鋼譯，江蘇人民出版社，2004 年。

2. 葛瑞漢 (Angus C. Graham)：《論道者 —— 中國古代哲學論辯》第一章《天命秩序的崩潰》，張海晏譯，中國社會科學出版社，2003 年。

3. 郝大維、安樂哲 (David L. Hall and Roger T. Ames)：《孔子哲學思微》(*Thinking Through Confucius*)，蔣戈為、李志林譯，江蘇人民出版社，1996 年。

4. 葛兆光：《中國思想史》第一卷《七世紀前中國的知識、思想與信仰世界》，復旦大學出版社，1998年。

5. 黃進興：《優入聖域：權力、信仰與正當性》，（台北）允晨文化實業公司，1994年；陝西師範大學出版社，1998年。

【閱讀文獻】

1.《史記》卷一三〇《太史公自序》引"論六家要旨"

夫儒者以六藝為法。六藝經傳以千萬數，累世不能通其學，當年不能究其禮，故曰："博而寡要，勞而少功。"若夫列君臣父子之禮，序夫婦長幼之別，雖百家弗能易也。

2.《論語·為政第二》

子曰："道之以政，齊之以刑，民免而無恥；道之以德，齊之以禮，有恥且格。"

3.《論語·子路第十三》

子路曰："衛君待子而為政，子將奚先？"子曰："必也正名乎！"子路曰："有是哉，子之迂也！奚其正？"子曰："野哉由也！君子於其所不知，蓋闕如也。名不正，則言不順；言不順，則事不成；事不成，則禮樂不興；禮樂不興，則刑罰不中；刑罰不中，則民無所錯手足。故君子名之必可言也，言之必可行也。君子於其言，無所苟而已矣。"

4.《論語·季氏第十六》

孔子曰："天下有道，則禮樂征伐自天子出；天下無道，則禮樂征伐自諸侯出。自諸侯出，蓋十世希不失矣；自大夫出，五世希不失矣；陪臣執國命，三世希不失矣。天下有道，則政不在大夫。天下有道，則庶人不議。"

5.《孟子·盡心下》

口之於味也，目之於色也，耳之於聲也，鼻之於臭也，四肢之於安佚也，性也；有命焉，君子不謂性也。仁之於父子也，義之於君臣也，禮之於賓主也，知之於賢者也，聖人之於天道也；命也，有性焉，君子不謂命也。

6.《荀子·性惡》

人之性惡，其善者偽也。今人之性，生而有好利焉，順是，故爭奪生而辭讓亡焉；生而有疾惡焉，順是，故殘賊生而忠信亡焉；生而有耳目之慾，有好聲色焉，順是，故淫亂生而禮義文理亡焉。然則從人之性，順人之情，必出於爭奪，合於犯分亂理，而歸於暴。故必將有師法之化，禮義之道，然後出於辭讓，合於文理，而歸於治。用此觀之，然則人之性惡明矣，其善者偽也。

第四講

佛祖西來？眾說紛紜的
佛教傳來途徑

引子：1900 年斯文·赫定的發現

先講一個探險和發現的故事。

新疆的羅布泊，是一個神秘的地方，不過也是一個很有趣的地方。神秘的地方就會有人有興趣，很多探險家就會去探險。從十九世紀下半葉以來，一些西方探險家陸續來到新疆，尋找這個古稱"鹽澤"的羅布泊。羅布泊是一個不斷移動的鹽水湖，現在已經乾涸了。二十世紀六十年代，曾經是中國試驗原子彈爆炸的地方，荒涼而且沒有人煙。那麼，為甚麼很多人對羅布泊有興趣？因為羅布泊是"蒲昌海"。如果你再問，為甚麼人們對"蒲昌海"有興趣？那是因為傳說這裏就是古代的"樓蘭"。如果再問，為甚麼人們對古代樓蘭有興趣？就是因為這是古代中外交通的要道，東西方的宗教、語言、歷史都可能在這裏找到痕跡。

最早宣佈自己發現了羅布泊的，是俄國的探險家普爾熱瓦爾斯基（Nikolay Mikhaylovich Przhevalsky，1839－1888 年），但是，據說他把塔里木河的終端湖"喀拉庫順"當成羅布泊了，羅布泊古稱"鹽澤"，分明是鹹水湖，他發現的卻是淡水湖，所以，一個著名的德國學者費迪南·李希霍芬（Ferdinand von Richthofen，

費迪南·李希霍芬

1833—1905 年）就不幹了。李希霍芬是很有名的地理學家，他指出，普爾熱瓦爾斯基的説法不對，地理位置差了幾百公里，所以，就好像打麻將是"詐和"。這個李希霍芬就是大家熟悉的"絲綢之路"的命名者。當時，他給橫貫東西的這條路取了一個名字叫 Seidenstrassen，後來就是英文的 Silk Roads，或者日語"絹の路"。不過有趣的是，他自己並沒有真的到過這裏。

　　1900 年 3 月 27 日，他的學生，瑞典人斯文・赫定（Sven Anders Hedin，1865—1952 年）到了這裏（後來他又先後五次到中亞、西藏考察），在這裏（東經 89 度 55 分 22 秒，北緯 40 度 29 分 55 秒）發現了三間房和一個古塔，找到一些古錢和一些木板，上面畫了一個男子手持三叉戟，一個男子拿着花環。第二天，也就是 3 月 28 日，管駱駝的羅布人奧迪克（Ordek）在回去尋找前一天丟失的鐵鏟時，又在那裏找到了一些錢幣和有畫的木板。第二年春天，也就是 1901 年的 3 月，他又再次來到這裏。據説，這一次他和他的隨從們發現了更多的東西，特別是有寫着中亞文字的木板、三十六張寫了漢文的紙、刻了花紋的木棍等等。於是，這個一直到三世紀還很繁榮的古代王國遺址就被發現了。在日記裏，斯文・赫定寫道："這些文獻堆積在這裏的沙子下面，沙層厚 1.1 米，在這裏幾乎感覺不到風（因為這裏有一堵避風牆），文獻所在的格子的沙子下面，埋藏的東西看上去像一堆垃圾。"同時埋在這裏的，還有一些破布、一些魚骨、少許糧食碎粒和一枝鞭子、陶罐、兩個漢人用的毛筆架、一把木匙。回到歐洲，他把這些文獻交給了德國威斯巴登（Wiesbaden）的學者卡爾・希姆萊（Karl

Himly）研究，證明這裏有不少是漢文和吐火羅文的文書，於是，這個已經消失了兩千年的古樓蘭終於被發現了。

這一發現，有人說，就像考古發現火山下古羅馬的龐貝古城，拿破崙的士兵在撤退時發現羅塞塔石碑一樣，一個世界性的大奇跡就這樣出現了。

一、"發現"，甚麼是"發現"？

斯文·赫定發現了古代樓蘭。不過，仔細想想，好像用"發現"這個詞總有些不太合適。

若羌的樓蘭遺跡

本來，這個地方並不需要等待斯文‧赫定來發現，十八世紀中葉也就是清代乾隆年間，中國官方繪製的《嘉峪關到安吉延等處道里圖》就標誌了"魯普腦兒"（羅布淖爾），新疆巡撫劉錦棠和他的後任魏光濤，在 1890 年後也曾經讓下屬繪製了《敦煌縣到羅布淖爾南境之圖》。後面這一圖現在還藏在故宮檔案館，不僅標明了自玉門關到羅布泊的路途，而且在羅布泊的南面標誌了一座古城。只是當時根本沒有注意這一地區和這一古城在歷史上的意義，也沒有實際去考察一下究竟有甚麼，歷史上是甚麼，它有甚麼意義。可是，歷史發現必須是一種"意義的闡述和正式的命名"，只有把它的意義說清楚，它才會被記住，只有給它一個正式的命名，它才會在諸多的現象中凸現出來。所以，儘管很多中國人知道它，很多當地人生活在那裏，可是都沒有做到這一點，因此，現在就把發現者說成是斯文‧赫定。

這個古城和遺址的發現，主要的意義在於從它開始，在實地考察中陸續證實了文獻中記載的若干中外交通歷史。現代中國學術史上一個很重要的變化，就是歷史研究掌握了"兩重證據法"。有了地上文獻與地下文物這兩重證據，歷史上的很多事實都得到了確證，不像過去僅僅靠文獻。我們知道，有意識書寫下來的文獻，常常會遮蔽一些，凸顯一些，改造一些，使後人不易看透歷史，可是，有了這些實物證據和實地踏查，中外交通的很多歷史謎團，就漸漸清楚起來了。

二、進入話題：中外交流的通道

這裏要講的，是一個有關中外文化交流的話題。在古代中國，人們是怎麼樣和外國交流的呢？說到交流，就要有路，古代的路是甚麼樣的呢？現代人常常不會想象古代的風景，古代人沒有飛機，沒有火車，只有通過馬匹、馬車、木船，當然再加上人的雙腿。那個時代，人對抗自然的力量還是很弱小的，不像現在，飛機一下子就從美國到了中國，輪船自己可以帶大量淡水甚至可以自己進行海水淡化，天上有衛星導航，地面上有各種快速路四通八達。那個時候，如果山高路險，就要另找一條路；如果沒有水源，得不到淡水的補給，航線就不能太遠，離開了岸邊的標誌，沒有天上的星星，就會在海上迷路，也就只能在離岸不遠的海上行駛。也許各位都聽說過，很多有名的古人，是死在長途跋涉的路上，像杜甫出夔州，死在半路上，蘇軾流放海南，回去的時候也死在路上。《水滸傳》裏說林沖發配滄州，從開封到滄州，今天看來也就只有幾小時的路程，但是那個時候可要走很久，差人還有很多機會害他，燙他的腳，讓他走不了路，最後魯智深還得一路護送。所以古人出行，是個很重要的事情，在占卜術裏面，"出行"就佔了一大類，可見出門難，和外面的世界交流，那就更難。所以，通過甚麼路徑交流，就是很重要的事情。

這裏要說的，就是關於古代中國中外交通的路徑，交往需要有路，路是人走出來的。不過，關於中外之路的這個話題，今天我要圍繞着佛教傳入中國這一件事來說，而且，我還要借了這個話題說一說,在古代中國研究領域中,是否既需要有嚴格的證據,又需要充分的懷疑和想象力。

三、外面的世界很精彩:路在何方?

古代中國究竟甚麼時候和西面的、南面的異族有交往,現在還說不清楚。一般來說,通過古代文獻考察的歷史書中,都把張騫通西域算成是中外交通的開端。公元前一百多年(前 138 年),張騫通西域的故事,被司馬遷記載在《史記・大宛列傳》裏。後人讀《史記》《漢書》,知道了有一個漢朝使節,奉皇帝之命,曾經九死一生,從長安經陽關、敦煌,到了西漢的西面,他當過俘虜,也當過貴客,到過或經過車師、焉耆、龜茲、疏勒、大月氏、莎車、于闐等地,經過十三年,在公元前 126 年才回到長安。後來,他在五年後又一次出使西域,與他的助手分別到了烏孫、康居、安息、大月氏、大夏,差不多已經抵達今天伊朗東北部,也就是說到了大半個西亞、中亞。

後人把中國與世界交往的開創者算在他頭上,張騫"鑿空"也就成了中國與外部世界聯繫的象徵,而從長安出發到中亞、西亞的道路即絲綢之路,也就成了人們心目中交通最重要的道路。這條路延綿幾千里,途經現在的中國新疆、巴基斯坦、阿富汗、塔吉克斯坦、烏茲別克斯坦、伊朗、伊拉克、土耳其等地,一直南到印度,西到地中海。從漢代到隋唐,一千多年,漸漸地走這條路的人越來越多，不光漢族中國人往西去，西亞的波斯人和中亞的粟特人也往東來，有做生意的，有傳宗教的，也有移民奔前程的，人們都走這條路。據七世紀初一個叫做裴矩的學者說，這條路分南、北、中三道，"發自敦煌，至於西海"。北邊的一道從今天的哈密，經過巴里坤湖，到新疆庫車以北，然後渡過中亞的錫爾河，能到拂菻國也就是東羅馬帝國的地中海；中間的一道，從吐魯番，經過焉耆、龜茲、喀什，到烏茲別克的撒馬爾罕，能到現在的伊朗的波斯灣；南邊的呢？就是從現在新疆的鄯善，到和田、葉城、塔什庫爾干，越過蔥嶺之後，經過現在阿富汗的瓦罕，到達阿姆河，然後到印度北部，也可以到達印度洋。後來凡是一提到中華帝國和外部的文化往來，就會想到這條道路。

可是，公元一千年以後，這條路漸漸荒蕪了，除了蒙元時代之外，好像中國和外部世界的聯繫，漸漸重心轉移到海上。因為這條路上，到處是沙漠、戈壁、雪山，綠洲少了，水源就缺乏。特別是在九至十世紀，由於唐代後期崛起的吐蕃、宋代強大起來的西夏的阻隔，東西交流的這條道路常常斷絕，於是漢族中國與西部大多數異族的通道逐漸轉移，海上交通越來越發達，漸漸佔了主要位置。儘管蒙古大軍西征，還是走的這條路，但是它敵不過越來越暢通的海路，宋元明的貿易主要是海上通道。所以，宋元以後的"市舶司"之類負責海外貿易的機構都設置在沿海的廣州、寧波、泉州。特別是近代，有了汽車、飛機、輪船以後，人們不再需要艱難地走這條路了，於是近幾個世紀，這條路漸漸不為人所知了。現在，很少有人想象，在漢唐的千餘年中，大約是

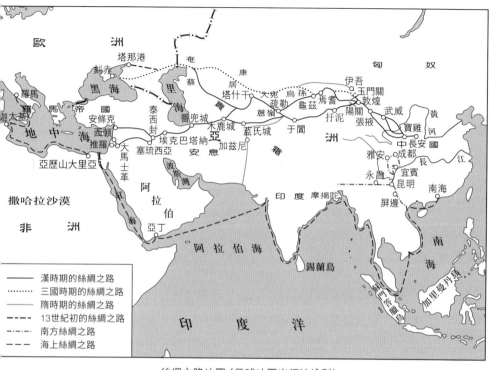

絲綢之路地圖（星球地圖出版社繪製）

公元前二世紀到十世紀這麼長的時間裏，其實這是一條人來人往的、很熱鬧的重要通道。當然，那裏也是古代中國人認為是非中國的地方，王維有一首詩叫《渭城曲》，又叫《陽關三疊》，裏面有"渭城朝雨浥輕塵，客舍青青柳色新；勸君更盡一杯酒，西出陽關無故人"的詩句，就是說，出了陽關，就是中國之外的地方了，《西遊記》裏描寫唐代玄奘西天取經，第一個要倒換關文就是辦簽證的，大概就在這個地方。

四、樓蘭：古道西風

羅布泊、古樓蘭以及後來很多考古發現，證實了古代文獻的記載，也探明了這一道路上各個古代王國的具體位置，比如樓蘭遺址，就是公元前 176 年才見於歷史記載，前 77 年就改名為鄯善的一個小國，並不好找。於是，人們的注意力都集中在這裏。確實，近年這條道路上的考古發現也最多，考古學家，甚至是普通旅遊者都在那兒有發現，像甚麼沙堆裏埋的佛像、手寫古卷、西域人的木乃伊，還有古代城市的牆垣、陶罐、陶瓶等等。直到現在，有的旅遊者還能在那裏找到古物。像八十年代我看見日本 NHK 和中央電視台的一個攝製組，就曾經在那裏找到了佛像。

那是一片相當神秘的地方，也是藏着無數秘密的地方，有蔚藍的天空，到處是閃亮的沙礫，使大地在陽光下閃閃發亮，風起的時候飛沙走石，風平的時候又一片寧靜，讓人根本不知道那裏充滿了殺機。但是，過去的歷史就埋藏在那裏的沙礫下面。我的一個朋友 —— 北京大學教授林梅村 —— 就研究過這個地方埋藏的歷史，據他說，那裏過去是很熱鬧的，像現在很有名的塔克拉瑪干沙漠南緣發現的尼雅遺址，就包括了寺院、官署、住宅、種植園，證明它就是漢魏時代的"精絕國"，當時是一個很興盛熱鬧的城市。在古樓蘭和這條路的其他地方，都發現過很多古代遺物，有具有古希臘羅馬風格的，也有具有古印度風格的，其中，很著名的是小河遺址出土的、考古學家戲稱的"樓蘭美女"。2011 年，我去賓夕法尼亞大學博物館，剛好展出她的複製品，粗粗看去，

敦煌壁畫睒子本生

新疆尉犁營盤墓出土男屍　　敦煌壁畫涅槃變

敦煌 275 窟北涼佛像　　新疆庫車出土八至九世紀摩
　　　　　　　　　　　　尼教經卷殘片正反面

那具女屍大概一米五的個子，金黃頭髮，所以有人說，她可能是雅利安人種，穿着羊皮衣，毛帽兩羽。據有的學者推斷，她的死亡年代約在距今三千八百八十年前後，這證明這個地方在漢魏甚至更早更早以前，就是非常重要的東西通道。

這條經歷了幾千年的通道，依靠着綠洲中的水源的支持，漸漸成了宗教徒和買賣人的必經之路。但是，究竟後來它是怎麼漸漸衰落的？誰也說不清，除了前面我們提到的阻隔，也就是異族崛起和政權更迭造成這條路徑的隔斷，以及海上貿易的發達的影響之外，沙漠、戈壁、荒野，走這條路越來越艱難，也許，也是人類自己過度開採水源、砍伐林木，遭致老天的報復的結果吧，現在那裏好些地方綠洲不再，已經是千里荒漠。

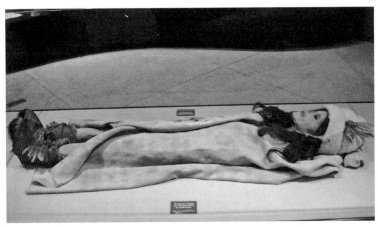

賓夕法尼亞大學博物館展出的小河遺址出土樓蘭美女古屍（複製品）

五、佛教自西來：普遍的看法

從漢代到唐代，有很多西域人經過這條道路到過中國。特別是唐代，歷史記載中，唐代長安人很喜歡胡風，好像胡人帶來的是時髦，就像現在城市裏流行染西洋人的黃頭髮和吃東洋人的壽司一樣。那個時候在長安、洛陽可以看到很多胡人，他們有的是高鼻深目捲髮，也有的膚色很黑，在西市有很多波斯人，裏面很多是做珠寶生意的商人、耍雜技的藝人。他們也是各種宗教的信仰者，如景教徒、祆教徒、摩尼教徒，所以，他們帶來了西方的各種文化，包括唐代流行的胡旋舞、《菩薩蠻》曲以及胡人相貌的鎮墓天王。在這裏面，最多的當然是佛教徒。由於在西晉以前，漢人基本上是不能出家的，所以，早期佛教徒主要是這些外來和尚，在考察早期中國佛教最重要的資料《高僧傳》裏，記載最早來華的一些僧人，以及早期佛教譯經的譯者，確實多半是來自康居、安息、天竺、月氏的異國人。大家知道，古代佛教徒裏面，凡是姓康、安、竺、支……的，大體

克孜爾第 32 窟西域供養人像
（柏林博物館藏）

上就是那邊的人，其中，姓支的來自大月氏，在今俄羅斯、阿富汗、巴基斯坦交界處，姓安的來自安息，在今伊朗，姓竺的是天竺人，即今印度，姓康的是康居人，在今塔吉克斯坦、烏茲別克、阿塞拜疆一帶，都是"中亞西亞或南亞的胡人"。所以，古往今來大多數人都相信，佛教傳來主要就是經由從西邊這條路徑來的，這些人一定曾經經過這些地方到達敦煌，然後再進入中原。

從二十世紀三十年代後期出版的湯用彤（1893－1964年）《漢魏兩晉南北朝佛教史》到 1959 年出版的荷蘭人許理和（Erik Zürcher，1928－2008年）的《佛教征服中國》，再到八十年代任繼愈（1916－2009年）的《中國佛教史》，連同日本人寫的很多中國佛教史，都接受這種說法。而大家都熟悉的故事，像白馬馱經到洛陽，南北朝和唐代的法顯、玄奘到印度取經的歷史，更從一個側面證實了"佛教從西方來"這一說法。北京大學季羨林先生（1911－2009年）關於"浮屠"和"佛"的語言學研究，也證明早期中國關於"浮屠"的稱呼，和中亞古代語言有關，那麼，佛教肯定是經過中亞一帶傳來的。

看來，這個佛教西來說沒有甚麼疑問。歷史常常就是這樣的，人們一次次地敍述，事情一次次地被強調，後來的人一次次地聽到，於是，這種事情就成了確鑿不疑的"定論"。就像現在電影、電視劇裏的角色一次次出鏡，彷彿就成了"歷史人物"一樣，包公黑臉、關公紅臉，忠奸分明的臉譜成了想象與回憶中的歷史，提起諸葛亮，就想到了在小說《三國演義》、三國戲像《借東風》《空城計》和現在電視劇中，"羽扇綸巾"加上三縷長鬚的樣子。

其實，有時候彷彿是"定論"的"歷史"是有疑問的，歷史常常變成故事，故事常常變成歷史。在佛教傳來的問題上，就有人提出了這樣一些疑問：第一，西漢東漢之間天下大亂，中國與西域的交通，在王莽時代前後曾經斷絕，直到東漢永平十六年 (73) 才恢復，而傳說中的漢明帝求法，佛教傳來，大約在公元一世紀的五六十年代，恰好就正是隔絕的這一時期，佛教真的可以順利地在道路斷絕的時代進入中國嗎？佛教為甚麼不可以通過其他途徑傳來呢？第二，《史記》《漢書》《後漢書》裏都講到西域，這些根據從張騫到班勇多人出使記錄寫成的資料中，都缺乏西域佛教的記載，而從歷史記載中可以看出，西域人好像並不相信佛教，倒是相信其他宗教的可能性大。當然，佛教從這條路傳來的證據也不是沒有，二十世紀初，在和田也就是于闐故國一帶發現過佉盧文佛經；在和田的買力克阿瓦提佛寺遺址還發現過泥塑的小佛像；民豐的尼雅遺址也發現過綿布上的小菩薩像；大谷探險隊也曾經在吐魯番的吐峪溝發現過公元 292 年譯的佛經《諸佛要集經》漢文寫本。不過，這些東西的年代都很晚，大約已經是在二至三世紀了。

那麼，為甚麼在一世紀的時候，佛教不會從海上傳來，從南方傳來，而一定要從西面過來呢？一個說法如果沒有反駁的意見，就說明它已經成了人們的共識，或者換個說法叫"定論"。一件歷史的事情成了"定論"，就說明這個問題的研究已經山窮水盡，有個詞叫"蓋棺論定"，就是說死了進了棺材了，才可以有定論。其實，可能有時候死了也不一定可以論定；相反，如果還有言之成理甚至是持之有故的質疑，那麼，説明這個問題還有繼續討論的餘地，這個領域還有研究的必要。學術上的問題成了"執"，就有些不好辦了，佛教有個詞叫"我執"，就是那種固執己見的意思，所以佛教認為要想進入超越境界，就要"破我執"。古代中國人常常講的成語裏，有畫地為牢，有刻舟求劍，有鄭人買履，都是諷刺固執和愚昧的意思。可是，儘管佛教從西域傳入的路線得到相當多的文獻的支持，是不言而喻的歷史存在，但是這個問題遠沒有到畫句號的地步。

近來一些研究者的研究，使我們注意到，早期中國與印度之間還可能存在着另外的通道，沿着商人無孔不入的貿易通道，佛教這種信仰可能也會從各種途徑，而不是一個途徑向中國滲透。

六、真的是這樣么？伯希和、
梁啟超與胡適的疑問

大家都知道敦煌的故事。在一百多年前，敦煌的一個姓王的道士，無意中敲一敲背後的牆，發現聲音異常，於是打開這面牆，這就使一個寶庫被發現了。敦煌藏經洞的文書，是中國最值得驕傲的文物，和二十世紀五十年代中東的庫蘭發現死海文書的意義是一樣的，幾萬卷千年以前的各種文書被發現，解開了歷史的好多謎。可惜的是，大批最好的東西都被英國的斯坦因（Marc Aurel Stein，1862－1943 年）和法國的伯希和（Paul Eugène Pelliot，1878－1945 年）

拿走了，差不多是兩萬卷，分別藏在大英博物館和巴黎圖書館。肯定，很多人都痛恨伯希和，說他是劫奪敦煌文書的法國人，不過我們不要太過於對他有仇視之心，因為公正地說，他的確是二十世紀初最有水準的西方漢學家。他在 1920 年發表在河內出版的《通報》(*T'oung Pao*) 上的《牟子考》提出，在公元初，恐怕不只是一個西域的

伯希和

通道，雲南與緬甸之通道，二世紀時交州南海的通道，大概也應當是佛教傳來的途徑。他懷疑地說，如果佛教都是從西面來，為甚麼最早一部中國人關於佛教的書，卻偏偏寫在南邊兒靠海的廣州呢？

　　還有一個人，梁啟超 (1873－1929 年)，他是清華大學的教授，是中國十九世紀末二十世紀初最了不起的思想家與學問家，也是那個時代重要改革派思想家，對中國影響極大，在現代學術方面

梁啟超

也是開創者。他雖然對每個問題都研究欠深入，但幾乎在每個領域都有他天才的想法，他很會吸收各種信息，尤其是日本方面的成果。他在《佛教之初輸入》附錄二裏說道，"佛教之來，非由陸而由海，其最初之根據地，不在京洛而在江淮。" 這可能是從日本學者那裏學來的，也可能只是一種想象和猜測，不過他很聰明，也很敏銳。

胡適

第三個人是胡適（1891－1962 年），胡適大家都熟悉，他是新文化運動的開創者，也是中國最能夠開拓思路與領域的學者，他極敏鋭，但在正式提出證據時，又比較慎重。雖然在正式發表的文章裏他沒有説，但是早在 1937 年 1 月，他看湯用彤的《佛教史》稿本時，就寫了一封信給湯用彤，説佛教從海上來的説法，不可以完全否定。他舉了幾個例子，比如《太平經》一系的道教，多起自齊地，就是山東半島，最早作《包元太平經》的甘忠是齊人，信徒賀良、李尋是齊人，作《太平清領書》的于吉和他的信徒襄楷是齊人，如果承認《太平經》和佛教有關，那麼，這些和《太平經》相關的都來自齊，是否就有海路傳來的可能呢？他又説，到了二世紀，笮融在江南的佛教傳播，多達“五千餘人戶”，牟子在交州見很多沙門，不也證明這一海路的可能嗎？進一步，他還提出了尚有蜀（四川）印（印度）一路，就是説，佛教也有從印度經過雲南到四川的可能性。到了 1952 年 2 月 7 日，他還在寫給後來當了哈佛大學教授的楊聯陞的信裏説：“我深信佛教入中國遠在漢明帝之前，我也深信佛教之來，不止陸路一條路，更重要的是海道，交州在後漢晚年已是佛教區域，所以佛教大概先由海道來，由交廣到長江流域及東海濱，先流行於南方。”

其實，就連湯用彤，也沒有完全否定佛教自其他通道進來的可能。在他的名著《漢魏兩晉南北朝佛教史》裏，他只是説，北方佛教多來自中亞，而且他又說，從中亞傳來的印度北方的佛教，可能和海路傳來印度南方的佛教不同，印度西北方向的佛教，多大乘佛教，所以般若、方等等經典從這邊傳來。而從海路傳來，在南方先登岸的佛教就不一樣。他說，在南朝的時候，佛教多由海路而來，但多來自印度南部，那裏卻是小乘佛教為主的區域。所以，像錫蘭、緬甸、暹羅、馬來半島、南洋群島等，都受那一種佛教的影響，而中國接受的也應當是巴利文經典系統。那麼，這些天才學者的懷疑是否有道理呢？有的。雖然證據還不多，但也引起了再一次討論。近來，有人再次提出了佛教傳來的路線問題，這當然是要打破傳統的一條道路的說法。

那麼，有甚麼新的根據呢？以下就是一些蛛絲馬跡。

七、另闢蹊徑：猜測和可能

在地圖上，我們可以看一看歷史上的"中國"，它的疆域變化雖然很大，但是大體上是以"九州"為中心的。東部面臨大海，有想象的蓬萊、方壺、瀛洲，李白《夢遊天姥吟留別》裏說："海客談瀛洲，煙濤微茫信難求"，那邊是浩淼的大海，只有古代人想象中的"日出扶桑"。西部為高原，有帕米爾高原，有雪山戈壁，唐代詩人岑參的《走馬川行》裏說："輪台九月風夜吼，一川碎石大如斗，隨風滿地石亂走"；《白雪歌》裏又說："北風捲地白草折，胡天八月即飛雪。忽如一夜春風來，千樹萬樹梨花開。"崑崙、天山都是相當高的雪山，可是又有很多奇特的熱泉、火焰山，岑參在《熱海行》裏說是"岸傍青草常不歇，空中白雪遙旋滅"，就是寫這種漢族人少見的奇特景象。北部呢？是冰天雪地，加上有匈奴、突厥、回鶻、契丹、女真以及後來的滿族，古來常常有和親的故事，像昭君出塞之類，但漢族人從來沒有試圖越過北部的大草原去更北的地方。而南部有的地方是茫茫叢林，古代人想象那裏有瘴氣與疾病，不僅在漢代張騫通雲南就曾經失敗過，小說傳說中諸葛亮七擒孟獲而縱之，其實，也是因為漢族人無法把自己的勢力伸展到那個地方。到了唐代末年征雲南失敗，就曾經引起了唐王朝的衰落，所以後來雲南有南詔大理國。金庸小說《天龍八部》寫的段家，實際上是在宋代，那時的雲南不歸宋朝管。雲南這些地方真正被中央政府控制，是在元代。那個地方也是交通不便的，大家讀艾蕪《南行記》就可以明白。這樣，中國的四方都有一些自然邊界，不像非洲和美洲的國界是人為劃的直線，而是自然形成的邊界，這種邊界本身就是阻隔，看起來，中國很容易形成封閉的"天下"。

　　不過，我們還是相信，很早就有人開始想方設法地外出與其他異文明溝通了，包括古代傳說中的周穆王到西邊崑崙山見西王母，鄒衍想象大九州，《山海經》想象更遠的四方，都表達了一種要超越邊界和自然障礙的精神。因此，在西域的通道之外，就還有其他的一些通道，把古代中國和四方聯繫起來。溝通海外可能會另有蹊徑，研究海外交通的思路同樣也需要另闢蹊徑。

八、西南通道：想起了馬幫和史迪威公路

首先，是胡適說的"蜀印"即從四川經雲南到緬甸、印度的通道。先說一段過去的故事。在"二戰"時期，日本佔領了大半個中國，當時的國民政府退到西南地區，而西南向外的陸路通道，就是通過雲南到緬甸，國民政府就全力以赴，和英美聯合修滇緬印公路，因為當時中緬印戰區美軍司令是史迪威（Joseph Stilwell，1883－1946年），所以這段公路也叫"史迪威公路"。我看了一些當時人的回憶，那時修路真是經歷了千辛萬苦，因為太難了，深山峽谷，高低不平，洞窟不斷，而且經過非漢民族地區，按照古代傳說，那是蠻夷和瘴癘之地。儘管現在那裏已經是旅遊的好地方，可是在這以前，交通主要是通過馬幫。雲南馬幫有悠久歷史，他們走的路亦是現在毒品傳入的途徑，沿着山谷江河，很崎嶇難走，而當年的史迪威公路，也是順着這些路來修的。

有意思的是，中國大部分江河都是東西向，像長江、黃河、珠江、淮河等等，但是，只有這裏的江河不同，瀾滄江、怒江、金沙江和橫斷山脈的走向改東西向而為南北向。古代人行走常常要沿着江河，不會硬去翻山越嶺，而且沿着河走總會有水源，有人居住，由於這種特別的地理環境，使經過雲南南下緬甸的通道成為可能。

那麼，這條路甚麼時候開始通的呢？不很清楚，但一定很早。在《史記‧大宛列傳》中，有一段記載說，當時發現在身毒國，就

是現在的印度，居然有筇竹杖、蜀布，人們就在想，這些東西是怎麼到的那裏？所以想到，可能在西域輾轉的通道之外，還有一條從四川到印度的道路，那麼，最近的當然就是往西南走。漢武帝想到這一點，就派張騫等四路人馬去探路，很遺憾的是派出去的四路人馬都受阻，有的被土匪殺了，有的找不到路。但是，實際上路還是有的，商人可能是最能探險的人，為了生意，他們始終要冒險。

而從現在留存的各種資料也可以知道，西南通道是有兩條路：

第一條是從成都經臨邛道、始陽道、氂牛道，到邛都、越嶲（在今西昌，川滇藏交界處），到雲南的會理，經過博南道到雲南（今祥雲）、大理一帶，再到永昌郡（保山），然後分成兩路，一路經過哀牢（現在的騰沖一帶），再經過永昌道到八莫（Bhamo）進入撣國（緬甸），一路是經過密支那（Myitkyina）直接進入印度的東北部。

另一條道路是從僰道（今宜賓）經過朱提（昭通）到谷昌（現在的昆明），經過博南道到雲南（今祥雲）、大理，再到永昌郡。之後和上一條路匯合，經過現在的緬甸到印度，甚至可以到大夏（今阿富汗喀布爾北），再到大秦，這條道路一定會經過印度。

那麼，有甚麼證據說明這兩條路很早就有呢？有人列舉了一些可以參考的證據：第一，據說公元前四世紀印度《治國安邦術》《往世書》中記載了中國絲綢，比佛教傳入中國早四個世紀，而且在公元前三世紀的時候，印度幾部聖書像《羅摩衍那》《摩訶婆羅多》都提到了中國人（Cina），有人研究說，這大概主要指的就是西南、西北中國的人。但不管是甚麼地方的人，這證明早在佛教

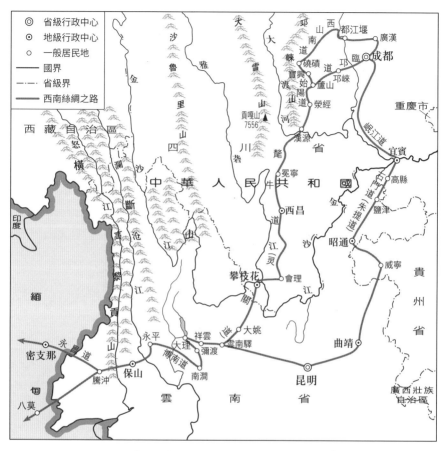

西南絲綢之路示意圖（星球地圖出版社繪製）

傳來的東漢明帝時期（58−75 年）之前，就已經有中國與印度的交通了。第二，他們是通過甚麼道路交往的呢？是否就是這兩條路呢？《三國志》卷三十注引魚豢《魏略》説："又有水道通益州、永昌，故永昌出異物。前世但論有水道，不知有陸道。"《魏書》卷一〇二中，在介紹大秦國（黎軒）時說它"東南通交趾，又水道通益州永昌郡，多出異物。"交趾就是現在的兩廣越南一帶，而永昌就是現在的雲南保山一帶。《華陽國志‧南中志》裏說，東漢永平年間，永昌就有"儌越（緬甸）、身毒（印度）之民"，《後漢書‧郡國志》裏說，永昌有"琉璃""光珠""犀象""猩猩"，這就是前面說的"異物"，而這些異物大概都是從更遠的西邊貿易來的。正是在傳說佛教傳入中原的東漢永平年間，由於哀牢王率眾內附，漢朝設了永昌郡，那麼，是否有可能這時西南方向的這兩條通道已經開通了呢？

此外，最近還有一些新的線索，似乎可以作為一些間接的旁證。首先，據說商代中原煉銅的銅礦石，來源是在雲南，包括一些做科技史的和考古學的學者像金正耀、李曉岑、李學勤都指出這一點。過去一般都以為，要到戰國楚

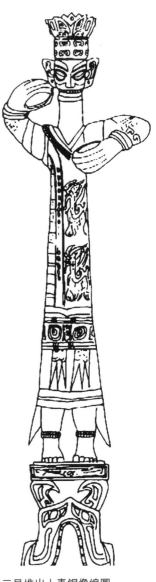

三星堆出土青銅像線圖

國時候，中原和雲南才有正式的交通，而且人們不相信這種交通能力有多大。其實，内地和西南的交通可能更早，規模也更大。現在我們越來越覺得，我們可能低估了古人，古代有很多"奇跡"，為甚麼叫做"奇跡"？就是我們現代人按照現代的技術水平，倒推過去，以為過去不會有這麼高的技術和知識，所以把它叫做"奇跡"，其實，這是按照進化論來看問題的，也許古人並不像我們想象的那麼無能。其次是四川廣漢三星堆的啟示。三星堆是九十年代了不起的考古大發現，在發現的古物中，比如權杖、面具、立身像均似埃及法老墓，卻與中原的殷商有些不同，這讓我們無法解釋。這一發現在廣漢，大家都知道，在四川和中原之間，四川北部陝西西部之秦嶺的阻隔，並不比從雲南通往緬甸簡單，李白的《蜀道難》就説："蜀道難，難於上青天。"傳説西南蜀國、巴國，是靠神靈開道才修出來的棧道和小路，連諸葛亮都要發明木牛流馬才能轉運糧草，可是殷商時代就有這樣高度發達的煉銅術，又有這麼奇異的形象和風格，這意味着甚麼？再次，從發現的佛教文物來看，四川樂山麻壕和柿子灣崖墓的漢代佛像、彭山崖墓之一東漢的菩薩像，這是在中國境内發現的最早的佛教圖像之一，是否可以證明，西南並不一定需要從中原，而可以從緬甸、雲南傳入佛教？最後，我們還要注意，至今大理、西雙版納一帶的佛教還是與内地不同的小乘佛教，屬於南傳佛教系統，和緬甸、老撾、泰國的相近。那麼，是否可以説明雲南和緬甸，通過緬甸到印度東部或斯里蘭卡，很早就有佛教的傳播途徑呢？

彭山崖墓佛像

九、南海通道：《牟子理惑論》的啟迪

現在，再來看有關南海中外航道交通的説法。

中國南方，一直有着與外界交流的傳統，但是到底有多早，我們不好説。有人説，商代用來占卜的大寶龜並不是中國土產，而是馬來西亞、越南之產，還引用了動物分類學家的説法，這究竟是否可靠，要由動物學家和考古學家來證明。不過，我們相信，到了漢代，海上交通能力應當是很發達了，沿着海岸線航行，應當沒有問題，大家都聽説過秦始皇時代徐福渡海的故事，這是否是真的，我們不知道，日本人很相信，而且中國徐州的某地，現在也搞了徐福村，當然主要目的在刺激旅遊。不過，日本九州出土的倭奴國王印，可以證明至少在漢代，中國人航海到日本是不成問題的。當時，南方如廣州、交州的商業已經開始發達，商業是最具活力與冒險的動力源。《漢書‧地理志》記載南海和東南各國有商業通航，《漢書》卷二十八《地理志》粵地條，更是明明白白記載西漢黃門譯使船到過黃支，又説黃支國自從漢武帝（公元前二世紀）以來曾晉見獻禮，而黃支國就是印度南部。"黃支國，民俗略與珠厓相類，其州廣大，戶口多，多異物，自武帝以來皆獻見。"那個地方的人，現在在馬來西亞也很多，皮膚很黑。可見，印度和中國大概很早就有來往了，那麼，為甚麼不能從這條海路傳來佛教信仰呢？

沂南八角柱"童子項光像"拓片

從伯希和以來，很多學者都舉了一些文獻與考古的證據。其中最重要的是三方面：首先，第一部中國人關於佛教的論著叫做《理惑論》，又叫做《牟子》，是東漢人牟融所寫的。據説牟子是在交州生活的人，交州就是現在的兩廣越南一帶，南臨南海。那麼，就讓人去想，為甚麼最早的佛教著作產生在那裏，而不是產生在內地或者靠西邊的地方？其次，中國最早的大規模佛教石刻，在連雲港的孔望山，是東漢佛教摩崖石刻，連雲港臨東海（當然，現在也有人説孔望山的摩崖石刻未必是佛教，可能是道教）。而山東臨沂、沂南、滕縣的有關

東吳建衡三年（271）紹興"童子項光磚"拓片

佛教考古發現，也說明沿海地區佛教流傳很早，沂南八角柱"童子項光像"，頭背後有光圈，是佛教的特色，滕縣的"六牙白象"，更是佛教的傳說中的吉祥物形象。再次，雖然有白馬馱經到洛陽的傳說，但是文獻記載佛教比較多的，還是南方的資料，比如《高僧傳》裏面的《笮融傳》《康會傳》，證明三國吳地佛教最盛，而且長江下游之佛教文物頗多，一個有明確記載的就是建初寺，這也旁證了佛教從海路傳來之可能性。大家都知道，後來傳說中達摩來中國，也是從海路來，先從廣州上岸，然後北上到金陵去見梁武帝的。

十、數路並進：佛教如何傳遍亞洲

印度孔雀王朝的阿育王時代，也就是公元前三世紀，佛教得到王權的支持在印度興盛起來，阿育王尊崇佛教，傳說他建造了八萬四千座佛塔。大凡一個宗教興盛，總會向外拓展，佛教也一樣，隨着阿育王的開疆拓土，向外派出宣傳佛教的使團，佛教逐漸向外傳播，傳播的途徑主要是南北兩路。

一路是北路。從印度向北，經過中亞的貴霜帝國（包括現在阿富汗、巴基斯坦），然後是西域（也就是現在的新疆），再分成南北兩路向東。北路從克孜爾、輪台、焉耆、高昌，高昌就是吐魯番，然後再到伊吾，伊吾就是哈密，從伊吾向東經過玉門關，就到了中國內地了。而南路呢，則是從尼雅、且末、若羌，經過陽關，進入中國內地。兩條路交匯到敦煌。大家注意，這就是為甚麼前面我們講，玉門關和陽關是古代中國的門戶，敦煌是古代中國的咽喉。如果你注意到從中亞經由西域到內地的佛教石窟，你就會發現，這些石窟從西往東，正好呈現佛教從西域過來，一步步深入中國內地的腳步。先是敦煌莫高窟（366 年），接着是酒泉的文殊山、張掖的馬蹄寺、武威的天梯山，然後再往東，就有了永靖著名的炳靈寺和天水有名的麥積山。這一路傳播的佛教，以大乘佛教為主（也包括小乘禪學），在中國內地逐漸發展，然後又經過中國的東北，再傳播到朝鮮半島和日本，從江南逐漸傳到兩廣，再傳到交州（越南北部）。

另一路是南路。很早，阿育王就派上座部佛教南渡大海傳到獅子國（錫蘭，即今斯里蘭卡），後來，佛教又經由海路進入蘇門答臘、爪哇、巴厘。七世紀，中國的義淨和尚（635−713 年）在《南海寄歸內法傳》裏記載，他乘船到室利佛逝也就是現在的蘇門答臘巨港，那時候南海的佛教就已經非常興盛，"南海諸洲，咸多敬信"，而且"所有尋讀，乃與中國不殊"。宗教史學者指出，在好幾個世紀的時間裏，在這些地方，可能從印度傳來的佛教和印度教是並行不悖的，一直到十三至十四世紀的滿者伯夷王國（十三世紀末建立於爪哇島東部的王朝）還是這樣，如今世界上最大的佛塔遺跡，中爪哇的婆羅浮屠（Borobudur Temple Compounds），就是由九世紀中葉爪哇夏連特拉王國建造的。同時，從印度向東，佛教可能也很快經過前面我們說的西南通道，從緬甸滲透到雲南、四川，逐漸在這些地方滋生，至今雲南很多地方還是流傳與漢傳佛教不一樣的上座部佛教，他們的僧侶、佛寺、佛像，都和內地不一樣，可能一面是從緬甸來的，一面是從西藏來的。到了十一至十四世紀，上座部佛教

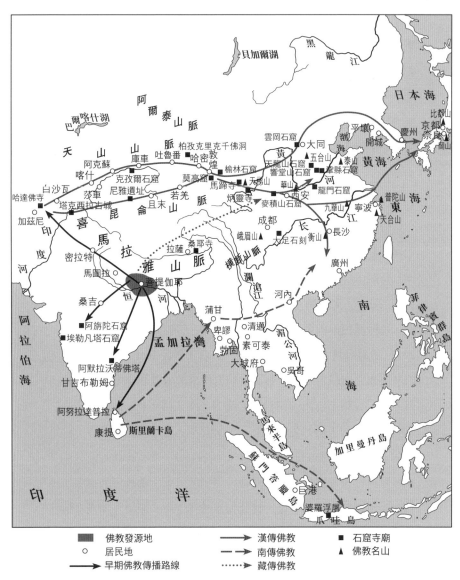

佛教亞洲傳播路線圖（星球地圖出版社繪製）

更成為緬甸阿努羅陀王朝的主要宗教，同時，佛教也逐漸進入暹羅和老撾，滲透到整個東南亞，最終在真臘（柬埔寨），上座部佛教，也就是我們說的南傳佛教，和安南（越南）的漢傳佛教面對面。

順便說一句，在南北兩路之外，還有從印度直接北上的第三路，就是在漢傳佛教和南傳佛教之外獨自發展的藏傳佛教。據說，在七世紀中葉，吐蕃之王松贊干布（617－650年）在來自唐朝的文成公主和來自尼泊爾的毗俱胝公主兩個妻子的影響下，開始信仰佛教，隨即派人到印度學習梵文和佛經。到八世紀中葉，吐蕃王赤松德贊（742－797年）又迎請來自今印度比哈爾邦的瑜伽中觀學派僧侶寂護（725－788）及弟子蓮花戒（約740－795年）入藏，建立了吐蕃第一座佛寺桑耶寺。這時候，漢傳佛教的禪宗，也有一位大乘和尚摩訶衍（生卒年不詳）來到桑耶寺，和蓮花戒進行辯論，但是最終漢傳佛教沒有獲勝，而融合了外來印度佛教和本地苯教的蓮花戒則取得信任，奠定了後來流傳一千多年的藏傳佛教的基礎。關於漢傳佛教和印度佛教在桑耶寺的辯論，法國學者戴密微（Paul Demiéville，1894－1979年）寫了一本《拉薩僧諍記》，對這個爭論有非常詳細的研究，這裏就不仔細說了。

十一、結語：條條大路通世界

無論是一個民族還是一個國家，不可能把自己封閉起來，自己玩兒自己的，在文化傳播和交流上，總會有很多不同的渠道。

這些不同的渠道，有時就給他們帶來了很多不同的文化。比如，古代中國和東面的日本有着非常多的來往，像漢代歸化人的傳說、倭國金印的發現，說明在季風條件下，中國和日本的往來很早就很暢通。到了隋唐以後，聯繫就更多了，飛鳥時代的美人、奈良キトラ古墳，都證明了古代中國對日本文明的影響。而倭刀在宋代的傳入，則說明日本對中國的反影響。至於朝鮮半島，那更是和中國陸地連在一起的國家，朝鮮民族出自箕子的傳說，以及好太王碑，都說明這種文化的"連帶"關係，到現在，遼東與渤海灣的文化關係也是很緊密的。而南面的東南亞諸國如印尼等等，西南面的印度以及西面的中亞各國，也在很早很早就已經與中國有了來往。連更遙遠的歐洲，也有證據顯示在六朝時代，已經和中國有大宗貿易往來，現在出土的很多古羅馬的東西，像金幣、玻璃器皿等就是證據。就連基督教，也早已經在唐代傳入中國。可見，中國不是一個自古就封閉的"天下"。最近有人從基因分析說，中國人來自非洲，也有人從考古發現認為，早在先秦就有中外交通，這當然都是需要證實的東西，但至少我們相信，古代中國並不是封閉的，而且古代中國文化，也需要外來的因素推動它的變化。

地理地質學界有所謂的"板塊漂移說"，一個大陸，由於某種力量分成

大秦景教流行中國碑

幾塊，或幾塊大陸由於互相碰撞擠壓成為一塊，據說喜馬拉雅山脈就是這種碰撞擠壓形成的"造山運動"的結果。思想史上的交流也是如此，世界視野的拓寬必然引來文化交融與衝突，文化交融與衝突則必然導致思想世界的變化。

一般來說，在意識形態逐漸定型與固定的時代，思想世界內部就已經不再具有自我更新的資源。而這時的世界拓展與思想碰撞，就給一個相對封閉的思想世界帶來了一些外在的，但又是新鮮的變革動力。在中古時代的中國，最重要的外來文化和思想資源就是原產於印度的佛教。佛教傳來，成了中國思想世界自我調整的契機，漢代以後中國思想史在很大程度上就是佛教的傳入與中國化，道教的崛起及其對佛教的回應，中國傳統思想對佛教不斷的融匯，以及在這種對固有資源的不斷再發現過程中，持續提出新思路。

【參考論著】

1. 梁啟超：《佛學研究十八篇》二《佛教之初輸入》，中華書局重印本，1989年。
2. 呂澂：《中國佛學源流略講》第一講《佛學的初傳》，中華書局，1979、1993年。
3. 湯用彤：《漢魏兩晉南北朝佛教史》第一分第二章《永平求法傳說之考證》，中華書局重印本，1983年。
4. 任繼愈主編：《中國佛教史》第二章第三節《兩漢之際佛教的輸入》，中國社會科學出版社，1981年。

5. 季羨林:《浮屠與佛》,《中央研究院歷史語言研究所集刊》第二十本,
   1947 年;《再談浮屠與佛》,《歷史研究》1990 年第 2 期。

6. 周一良:《牟子理惑論時代考》,載《魏晉南北朝史論集》,中華書局,
   1963 年。

7. 俞偉超:《東漢佛教圖像考》,載《先秦兩漢考古學論集》,文物出版社,
   1985 年。

8. 林梅村:《樓蘭:一個世紀之謎的解析》,中共中央黨校出版社, 1999 年。

【 閱 讀 文 獻 】

1.《魏書》卷一一四《釋老志》(中華書局校點本)

及開西域,遣張騫使大夏還,傳其旁有身毒國,一名天竺,始聞有
浮屠之教。哀帝元壽元年,博士弟子秦景憲受大月氏王使伊存口授浮屠
經,中土聞之,未之信了也。後孝明帝夜夢金人,頂有日光,飛行殿庭,
乃訪群臣。傅毅始以佛對。帝遣郎中蔡愔、博士弟子秦景等使於天竺,
寫浮屠遺範。愔仍與沙門攝摩騰、竺法蘭東還洛陽,中國有沙門及跪拜
之法,自此始也。

2.《資治通鑒》卷四十五漢明帝永平八年

初,帝聞西域有神,其名曰佛,因遣使之天竺求其道,得其書及沙
門以來。其書大抵以虛無為宗,貴慈悲不殺;以為人死,精神不滅,隨
復受形;生時所行善惡,皆有報應,故所貴修煉精神,以至為佛。善為
宏闊勝大之言,以勸誘愚俗。精於其道者,號曰沙門。於是中國始傳其
術,圖其形象,而王公貴人,獨楚王英最先好之。

佛教征服中國，還是中國征服佛教？

引子：從山門逛到藏經閣

上一講我們講了佛教如何傳遍亞洲，這一講裏，我們開始講佛教本身的內容和影響。

有句話，不記得是誰講的，大概總是一個很有名的人吧。他說，中國學問裏面，有兩種學問不可以輕易做，一個是佛學，一個是紅學，就是說這兩種學問都是沒完沒了的無底洞。紅學是紅學家自己把它弄玄的，可佛學卻真的是特別複雜和深奧。可是沒辦法，今天要討論的話題恰恰就是佛教，是印度的佛教與中國的佛教。大家都知道，佛教是從印度來的，內容很複雜，思想也很深奧，儀式也很具有象徵性，不僅印度佛教流派很多，甚麼上座部、大眾部，甚麼大乘、小乘，而且中國佛教也是學派和宗派很多，顯、密兩大系統裏面，顯宗中就有三論、華嚴、唯識、天台、淨土、律宗、禪宗，各各都不同。過去，有人說佛教有十宗、有人說有十三宗，就連一個禪宗裏面，也分了好多派，甚麼北宗、南宗、牛頭宗、保唐宗，在一個南宗裏面，又會有洪州、荷澤等等不同。再分下去還有，我就不再開中藥舖羅列了。

為了簡單概括地了解佛教，我只挑重要的來說，用中國古代成語來說，這也算是"管窺蠡測"，用現代話講，這好比去選點"旅遊"。我呢，權且算是導遊，導遊不可能甚麼都介紹，導遊自己也不可能甚麼都知道，所以，就專揀重要的說。好像領你進了一個佛教的廟，就會介紹說，這是山門。其實，山門應該叫三門，象徵着離開貪、嗔、癡，進入正、覺、淨之門，也可以說，象徵着從此進入智慧、慈悲和方便之門，所以，它也叫無相門、無作門或空門。意思是你進了這裏，就要離開塵世，進入無生無相的空門了。然後，導遊還會向你介紹山門兩側的四大天王，有西方廣目天王、南方增長天王、北方毗沙門天王、東方持國天王。接下來你再看，坐在那裏對着你哈哈笑的彌勒，兩邊對聯寫的是："大肚能容容天下難容之事，笑口常開笑天下可笑之人。"他的背後是韋陀，那個護法神，手持金鞭的那個神。好了，進了這個門，轉過去，看看兩邊的鐘樓、

佛教四天王像之一
（日本東京國立博物館藏）

鼓樓，走過放生池的橋，才是前殿，進了前殿，後面最大的才是大雄寶殿，大雄就是佛了。其實，早期印度的大雄是耆那教的聖人，但是，後來也把佛陀叫做"大雄"。再往後，就是法堂、藏經閣等等。

我今天講佛教，恐怕不能登堂入室，只是匆匆從山門到藏經閣，一路穿過，只能零零星星，介紹一鱗半爪的，就算是隨喜逛廟吧。

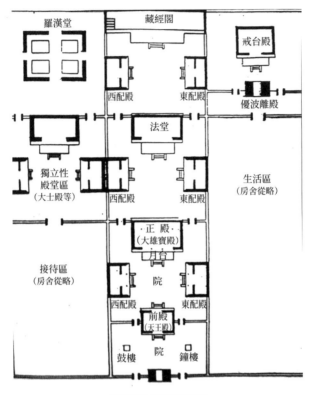

羅漢堂

藏經閣

戒台殿

西配殿　　　東配殿

優波離殿

法堂

獨立性
殿堂區
(大士殿等)

西配殿　　　東配殿

生活區
(房舍從略)

正　殿
(大雄寶殿)

月台

接待區
(房舍從略)

院

西配殿　　　東配殿

前殿
(天王殿)

鼓樓　　院　　鐘樓

漢傳佛寺的基本佈局

一、印度佛教的傳說

　　大概離現在兩千五百多年前，在公元前六世紀時，在古代印度北部今尼泊爾南部，有一個小國，叫迦毗羅衛國（Kapilavastu），這裏有個王子，叫悉達多‧喬答摩（Siddhartha Gautama），傳說他和別人不同，是自母親右脅而降生的。雖然他也曾娶妻生子，但是，他卻常常深思人生和宇宙的大問題，在巡視國中的時候，有所感觸，於是離家出走，到處訪問與學習，終於領悟了人世間的真理。他就是創造佛教的釋迦牟尼（Śākyamuni），也就是我們熟悉的佛陀（Buddha）。佛陀本是"覺者""智者"的意思，傳說，人類可能有三種"覺"：一是"自覺"（自我有充分認識的能力），二是"覺他"（使其他眾生也得到覺悟），三是"覺行圓滿"（智慧與能力都圓滿）。佛教傳說中，聲聞、緣覺的羅漢有"自覺"，可以通過聆聽教誨，獲得機緣而解脫；菩薩有"自覺"也能"覺他"，可以在世俗社會拯救眾生脫出苦海；只有佛陀則三種"覺"都有。當然，凡人三種都沒有，不能覺悟，所以又叫"有情眾生"，只能等待佛、法、僧的拯救。

據說，佛陀曾經苦苦思索如何使人類從苦難中解脫出來的真理。這時候，以恆河流域為中心的印度一帶，正流行着各種各樣的思想與學說，其中，有三種思想成為佛陀的資源，和後來佛教有密切關係：

第一是婆羅門的祭祀知識。古代印度四種姓裏面，婆羅門（古僧侶）是最高一等，他們掌握了祭祀的知識，也就是說他們是憑着文化的壟斷權力，成了社會的上層。為了獲得善終長壽，子孫滿堂，得到富足生活，婆羅門有種種向神靈的祭祀。祭祀的時候，有時候會用血

克孜爾壁畫中的右脅而生

牲甚至人作為祭祀品，所以他們不僅關心現世，還產生了對人的來世轉生的期望。在佛教產生時代，佛陀可能受了他們對生命在現世、來世生死輪迴的觀念的影響，但是，佛陀也發現，婆羅門祭祀神靈，從根本上來說只是依他力，就是被動祈求，沒有主動地爭取超越，這是佛陀不滿意的地方。

　　第二是瑜伽的技術與知識。瑜伽的各種方法，包括八支實修法的身心鍛煉。甚麼是八支實修？就是（一）禁制，慎五戒（殺、盜、淫、妄語、貪慾）；（二）勸制，勤修清靜、滿足、苦行、學誦、念神等；（三）坐法，相當於禪定；（四）調息，即調整呼吸；（五）制感，控制感覺與外界分離；（六）執持，心凝於一境；（七）禪那，經過四禪階段；（八）三昧，達到瑜伽的最高境界。這本是一種古代的養生保健方法，但在古代印度趨向神秘，也側重於身體與精神的更新狀態。它裏面有身體控制的方法，也有沉思與反省的內容。從身體放鬆，調理呼吸，心靈沉潛，直覺體驗，一直到對終極的體驗與精神對肉體的超越。這都給佛教提供了修行的方法和解脫的途徑——但是，瑜伽缺乏關於這種修煉方法的必要的思想學說基礎，為甚麼要這樣修行呢？道理何在呢？恐怕單純的瑜伽知識不能讓人滿意。

雲岡石窟 20 號佛像

第三是耆那教，這是筏馱摩那（Vardhamāna，前599—前527年）創建的一種早期宗教。早期耆那教的原始教義中，對"輪迴"有強烈的關心，他們認為"靈魂"的因果報應是不可避免的，為了祛除"靈魂複製"時的污點，他們要求自我犧牲，不殺生，非暴力，這種苦行和自律的人生態度，也給佛陀創建佛教倫理提供了資源——可是，佛陀會想，怎樣才能靠自己的行為來解脫生死輪迴？甚麼方法才能使自己的行為得到應得的報償呢？

佛陀就在這樣的知識、思想和信仰世界中生活。據說，他學習了各種學說，但是覺得這些都不能了卻生死大事，不能真正永恆解脫。所以，他吸收了各種學說，又自己苦苦思索。終於有一天，在尼連禪河邊的畢缽羅樹就是菩提樹下，苦思冥想之後，忽然大悟，找到了真正永恆的解脫之道。據說，他覺悟的時候大地震動，按照佛教的想法，這當然是宇宙又開出一片新天地，世界終於找到永恆的真理了。

那麼，佛陀"覺悟"了甚麼呢？

二、佛教對人生的基本判斷：十二因緣

佛陀四處訪學和苦苦思索中，想到的首先是人生很痛苦。每個人的人生都是痛苦的，彷彿人生就是一個不斷循環流轉的苦難歷程，從生到死，從死到生，處於"生生不息"的"輪迴"之中的"人"，好像沒有辦法逃出這種苦難的纏繞。這一生如此，下一生

麥積山 44 窟西魏佛像

也如此。所以，有人說，西方宗教的基礎是"罪"，來自神話和傳說，好像基督教的根本基礎是和伊甸有關的，人有原初的"罪"，人類從一開始就經受不了誘惑，生下來就犯了錯誤，所以，他要懺悔、禮拜、禱告，在人生道路上也要不斷地向主的代表牧師告解，領取聖餐，感受主的存在，乞求主的寬恕，因此才能堅定信心，永遠相信上帝。而佛教則不同，有人說佛教的基礎是"苦"，佛教觀察人生和社會，得出的看法是人生皆"苦"，因為"苦"，所以人要擺脫苦難，就要修行佛法，超越塵世，拯救自己的精神，因此他們相信佛教，也是因為他們覺得，佛、法、僧三寶可以帶領自己走出六道的輪迴怪圈，得到苦難消失的"超升"。

那麼，究竟導致這種"苦"的根子在甚麼地方呢？當年佛陀想來想去，就是在琢磨這一條。他覺得，根子就在人的心中，因為人心底裏與生俱來的就有"無明"，這"無明"也叫做"癡""愚惑"，是導致人不能自覺的根本。一個人由於不懂佛教道理而只擁有世俗知識，所以這種"無明"就牽引着他一步步在苦難的泥潭中走，在三世輪迴中永遠不能解脫。據《大乘起信論》說，因為世界一切現象都是虛妄幻想，只是由心而起的。而人又有這種"無明"的"妄心"，看到這些就以假為真，弄假成真，便起了分別、貪婪、愛惡、攫取、佔據的念頭，於是才導致了苦難，所以無明是"根本煩惱"之一。按照佛教的想法，世上的金錢、美女、美食、華衣都只是虛妄，是水中月、鏡中花。可是，人一旦被"無明"支配，那種"沒有理性光明，處在暗昧之中"的狀態，就會使人有慾念。人有了慾念，就需要有可以千方百計去奪取的能力，老話講"巧取豪奪"，就是一種能力，所以就有了"行"（即人潛在與明顯的行為能力，就是把這些念頭付諸實際行動的能力）。人從一有意識開始，就有了獲得滿足的能力，小孩子也要吃好的，也會有爭奪食物的想法。說到想法，就是人有了"識"（指認識與分別的能力），知道甚麼是好的，甚麼是不好的，可以分別甚麼肥、甚麼瘦，就有了"挑肥揀瘦"的可能和"挑肥揀瘦"的想法。感覺到了好壞肥瘦，就會把它說出來，這就有了"名"（指確定與分別事物的語詞與命名，並通過名而確認事物的能力），就是通過命名，把天下的萬事萬物分了高下美醜，並且給各種東西賦予了名稱，甚麼棉、毛、絲和化纖，甚麼燕窩、魚翅、鮑魚和白菜、蘿蔔，甚麼窮、富、上司、下屬、紅黃藍白黑等等，然後按圖索驥，喜新厭舊，嫌貧愛富，愛美嫌醜。可是，人僅有行為能力、分別能力和概念能力並不夠，這種判斷，來源於人對面前的世界產生的各種感覺，這就是佛教說的"六入"。人是經過眼、耳、鼻、舌、身、意，得到的感覺和認識，所以眼、耳、鼻、舌、身、意，又叫六根，由六根起"六識"，就是色、聲、嗅、味、觸、意。所以，"六入"也就是六種主觀與客觀接觸的渠道，六種感官引起的六種感覺。有這種感覺是因為接觸，所以下面就是“觸”，就是指身與物、心與境的接觸，由眼、耳、鼻、舌、身、意六根與外界接觸，接觸以後會有種種感受，所以有“受”。“受”指接觸後感覺到的病癢、苦樂、憂喜、好惡等等，於是有“愛”。這個“愛”不是我們理解中的愛情、愛好，而是執着的獲取慾望，也就是產生了貪婪、慾望、渴求，這就由內在的感受轉向了外在的獲取，所以下面有“取”。這就是由愛慾而產生的熾熱而固執的獲取行為，其中又分“慾取”“見取”“戒禁取”等，見《俱舍論》，這裏不細說。於是，由於人的執着和愚昧，本來是空幻假相、鏡花水月的世界，就在人的渴求、慾望和不斷攫取中，幻化成了真實的世界，結果，“無”就成了“有”。“有”是甚麼？就是“存在”，即看起來好像存在的世俗世界。佛教所謂“三界”即慾界、色界、無色界，均在“有”中。一旦如此，人也就以為，真的生存在這個原本主觀幻想建構的世界中了，這叫“生”。“生生不息”這個成語，原本的意思，其實就是人永遠在三界內輪迴地生存，永遠無法解脫，不是現在說的永恆努力的意思。可有“生”必然有“死”，最後，人生下來，一個必然的結果就是“老死”。而老死之後又將進入下一個輪迴，除非他從佛教的道理中獲得“無生”或“涅槃”，這才能“跳出三界外，不在五行中”。

大家數一數，以上的“無明”“行”“識”“名”“六入”“觸”“受”“愛”“取”“有”“生”“老死”，一共十二個環節，就叫做“十二因緣”。所謂“緣”是關係或條件的意思，佛陀認為，世上一切本質都是虛幻，一生又一生，永遠像在住旅館一樣，雖然表面看來很好，實際上卻沒有“家”。沒有實在的東西，一天又一天，又好像在做夢。夢幻當然很好，可是黃粱一夢、南柯一夢，畢竟不是真實的。在我們面前燈紅酒綠、紛紛紜紜的現象和事物，其實都是內心無明的"因"與各種關係與條件的"緣"偶然湊合而發生的，這就叫"緣起"。可是這種暫時的、虛幻的湊合，由於被人的"無明"當作真實，於是勾引出了人的渴求、慾望，彷彿"望梅止渴"一樣，求之不得，徒生煩惱；求之而得，又永

石刻浮雕佛像

不滿足，於是"飲鴆止渴"。所以，它成了人生苦難的根源。

三、解脫之道："苦集滅道"四諦

有人會問，人生活在虛幻的世界中，充滿了渴求與慾望，為甚麼就是苦難呢？人生活在夢裏不也很好嗎？就像人做夢一樣。可是，"人生如夢如幻"，"夢裏不知身是客"，一個人日有所思，夜有所夢，在夢中以為真的成就了富貴或者英雄。其實"南柯一夢"只是虛幻，唐代小說裏也說"是黃粱飯尚未熟也"。因為終究是要醒的，醒來以後，面對着俗世冷清和困厄，再追憶過去的幸福和繁華，不是很痛苦么？中國古代有很多帶"夢"的詞，都有這一重意思，像"紅樓夢""海上繁華夢""十年一覺揚州夢"等。

不過，佛教想得更深刻一些。佛陀考慮的是人類如何從根本上超越生死的大問題。他是這樣想的。人生之所以有痛苦與煩惱，像死亡的恐懼、貧窮的苦惱、世俗的慾望，主要是因為有"我"。而"我"這個個體生命由於"無明"的存在，始終看不透這個世界的本質是虛幻，所以始終是有愚癡的我。由於"我"這一生命，又由不滅的靈魂（識神）不斷輪迴延續，所以，人始終在痛苦中不能解脫。要解脫，首先就要破除弄假成真的"有"，抑制生產幻想世界的"愛"，這樣就進入"無我"，也就不會固執地確立"我"（我執）。沒有"我"或"我執"，就不會落入"輪迴"。於是，一切的起點與關鍵，就在於人有"愛"，有"慾望"。佛教說，眼貪好色，耳耽妙聲，舌嗜上味，鼻嗅名香，身觸細滑，意貪諛讚；《佛本行經》裏也說，這種慾望是導致自己的心靈被惡魔誘惑的原因，"山羊被殺因聲死，飛蛾投燈由火色，水魚懸鈎為吞餌，世人趣死以境牽。"這裏所謂的"境"，就是境界，"境界"在佛教裏面不是一個好詞。這是說，人的感覺、知覺由因緣引起的"境界"是幻想世界，常常對那些有"我執"的人是一種擋不住的誘惑，他們總是想為"我"撈一些享受。可是，假如人能像面對猛獸的烏龜一樣，"藏六如龜"，把所有的慾望和貪婪都克制住，那麼，就沒有甚麼能害他的。你們看克孜爾壁畫中的這幅畫，魔王波旬想腐蝕佛陀，讓他墮落，所以派了三個女兒，變得妖妖嬈嬈，很漂亮，但佛陀卻根本不受那個誘惑，他一眼看去，只看到這三個變化了的美女，本質上就是"革囊盛血，腹大如鼓"的醜東西，所以心如止水一樣。佛教說，毒害人們的三種東西（三毒），就是

敦煌壁畫《降魔變》（魔王波旬與三女之故事）

克孜爾 76 窟壁畫《降
魔變》局部（柏林印度
美術館藏）

"貪""嗔""癡"，也就是貪婪的慾望，憤怒與嫉妒的心情，執着頑固的念頭。第一個就是"貪"，貪婪、貪心、貪圖，都是使自己墮落的根源。

可是，世俗的人都有很多種願望與理想，古代人說三不朽（立德、立功、立言），追求的是名望、讚譽和後世的榮耀；也有人說是"金榜題名時，洞房花燭夜"，這是期待現實的幸福；也有人期待着"五子登科""家財萬貫""壽比南山"。可是，佛教覺得這一切都是虛幻，好像"鏡中花，水中月"。受了佛教影響的人，常常會講"人生如夢""世事無常"，就是說那些東西是過眼煙雲，都是虛幻。比如，傳說明代才子唐伯虎就曾經寫過一首《一世歌》：

> 人生七十古來少，前除幼年後除老。
> 中間光景不多時，又有炎霜與煩惱。
> 花前月下得高歌，急須滿把金樽倒。
> 世人錢多賺不盡，朝裏官多做不了。
> 官大錢多心轉憂，落得自家頭白早。
> 春夏秋冬捻指間，鐘送黃昏雞報曉。
> 請君細點眼前人，一年一度埋芳草。
> 草裏高低多少墳，一年一半無人掃。

同樣，古人對"酒""色""財""氣"的批判，也表現了這種對世俗慾望的懷疑。大家可能都讀過《紅樓夢》，《紅樓夢》裏有一首《好了歌》，說"好"就是"了"，也是佛教"無常"的意思。它開列出來的"功名"(古今將相在何方,荒塚一堆草沒了),"金銀"(終朝只恨聚無多,及到多時眼閉了),"姣妻"(君在日日説恩情,君死又隨人去了),"兒孫"(癡心父母古來多,孝順子孫誰見了),都是一般人心中常有的"慾望"和"愛念",但從本質上來説,從永恆的時間上來説,卻是沒有意義的虛幻。所以,佛陀琢磨了四項基本真理,叫做"四諦"或"四聖諦"(Catursatya)。

其一曰苦諦。佛教持一種對人生的悲觀態度,認為世俗生活就是苦難,人在時間中流轉生存,必須忍受這種痛苦,"和不愛的東西會合,與可愛的東西分離,追求不到慾望,慾望之後還是更高的慾望。"所以一切皆苦,沒有工作苦,有工作累得苦;無家苦,有家也苦;無官做心裏苦,有官做小心爭奪心裏也苦。而且這種"苦"並非一世可以結束。佛教説"三世輪迴",就是説不自覺的人永遠在這三世(前世、現世、來世)中循環,在"六道"(地獄、畜生、餓鬼、阿修羅、人、慾界天上)中往復。

其二曰集諦。指造成世間人世苦難的原因,指由"無明"引出的"惑"或"業"。人由於有"無明",身、口、意(行為、語言、思想三業)就成了集合起一切煩惱的"因",在"因果報應"中不斷處於苦難中,"渴愛伴着慾望,導致生死輪迴,沒有自覺。"對於一切的"渴愛",由於追逐的是幻相,所以只能説它是望梅止渴,或者是飲鴆止渴。

其三曰滅諦。指苦難的消滅,但這並不是要人去死亡,而是指人的意識,應當處於寂靜的沉潛的狀態,不為一切外在誘惑所觸動,彷彿像沒有反應一樣,心如古井水,波瀾誓不起,這叫"斷滅"。佛教修行的目的，就是要斷滅引起苦難的心理和慾望的根源，拋棄一切念頭與慾望，處於心靈絕對的寂靜境界之中，達到解脫輪迴與苦難的"涅槃"狀態。

其四曰道諦。指超越苦難，達到涅槃的種種理論與方法。經過這種理論與方法的修行，使人處於沒有痛苦和煩惱，不在三世六道輪迴中的超升境界。

四、解脫之法："戒定慧"三學

那麼，佛教達到"涅槃"的方法是甚麼？很多很多，大致可以歸為三大類，也叫"三學"，即戒、定、慧。

"戒"，用世俗的話來講就是節制，是用外在的紀律、規範，對人的行為、語言、思想採取強制性的約束。例如，佛教規定不許妄語就是不許撒謊吹牛，不許殺生包括所有的有生命的東西，不許犯淫亂、不許偷盜，這些都屬於佛教的波羅夷（大罪過）。如果是佛教徒犯了戒，就要進行處罰。佛教通過這樣的方式，為了誠實、和平，為了不傷害他人和一切生命，也為了自己在這種平和的心情中安頓心靈。佛教的戒律很多，佛教三藏中，講理論的經、解釋理論的論之外，就是律了。中國流傳的律也很多，來自各個不同的部派，規定也很細。大家都熟悉的傳說裏面，豬八戒就是要守八種戒條的，《西遊記》第十九回《雲棧洞悟空收八戒，浮屠山玄奘受心經》裏，豬怪對唐僧說："我受了菩薩戒行，斷了五葷三厭。”五葷即五辛，《梵綱經》説是大蒜、薑、蔥、蘭蔥、興渠；《天台戒疏》下卷説是大蒜、韭菜、蔥、小蒜、蘭荽。三厭，指雁、鶩、雉。也許，不少人看過電影《少林寺》，影片最後在寺裏受戒，那個剃度的老和尚要問一系列的問題，比如“不殺生，盡形壽，汝今能持否？”説的就是不許傷害任何生命，包括自己的身體。佛教有許多種戒律，像四分律、五分律、摩訶僧祇律等等，很大部頭，佔了佛經好大一部分。

　　“定”，用現代語言來説，就是用自己心靈的力量對自己的慾望感情進行自覺的約束。佛教除了追求寂靜空靈的心境目標之外，還有種種技術與方法，比如大家都知道“打坐”即“禪定”。現在大家都説是氣存丹田，眼觀鼻、鼻觀心，凝心入定，其實，佛教的“定”遠比這複雜得多，現在如果有和尚教你，要氣聚丹田，眼光散視，但不可閉眼，頸部微微前傾，放鬆脊樑但又要挺直腰部，雙腳交叉疊於大腿兩側，你覺得能做到嗎？其實不是很容易的。你是否真的能夠心裏沉寂，意念專一？另外，還相傳有五大禪法：數息、因緣、不淨、慈悲、唸佛。如果真的入了定，還要經歷四種階段或四種境界。有“初禪”，就是忘卻周圍的事物或現象，儘管此時還能有隨意與具體的思維活動，但注意力已始終集中在沉思的目標上了。在這種安祥狀態下，享受着肉體的舒適和精神的愉悦，這時開始離開慾望、情怒、不安、煩躁；到“二禪”及“三禪”，人逐漸進入非想非非想境界，只有意念集中在自我感覺的舒適與愉快上。最後到達“四禪”境界，在意識中，意念逐漸彌漫開來，不再有專注處，只有無哀、無樂、無思、無慮的輕鬆、超脱，

"我"已經化為整個世界，空曠的感覺擴大，擴大到無邊無際，周圍身與外界融合為一片柔和的光明。這就是"禪"，而禪宗就是從這些修行方法中，漸漸衍生和發展出來的，既有理論又有實踐的一種流派。

"慧"，就是以理性對人生因果關係和宇宙本來面目進行分析、反思，從而達到一種洞察宇宙與人生的智慧，因而在理智上得到解脫。比如從"一切皆空"出發，分析一切皆為幻相，如夢、如幻、如影、如雷、如泡，因而能自覺遵從清明的理智，拋開執着的情慾與迷戀的感情；再比如從"三界唯心"出發，分析事物與現象的本質只不過是感覺的合成，從而拋棄對外在表象的執着，回歸純粹的心靈境界。

以上十二因緣（以及六慾、三毒），四諦（以及三世輪迴、六道、三業），三學等等，就是佛陀當年在尼連禪河邊菩提樹下所覺悟到的真理，他對於宇宙本原，對人生狀態，對解脫途徑的思考，就成了佛教的基本思想。後來的佛教雖然有了很大的發展，演化出種種說法，但出發點卻還是在這些基本教義中。

佛教的書裏傳說，當佛陀覺悟到這些道理時，天龍環繞，大地震動，而且佛陀到了這個時候，才真正達到了佛教自己說的"天上地下，唯我獨尊"。

紐約大都會博物館藏天龍山唐代菩薩像（作者攝）

五、佛教傳入中國

佛教傳入中國是甚麼時候，從哪條路來的？現在還有很多疑問。上一講裏，我們已經討論過了。大體上來説，是在公元一世紀時，從西域（中亞和新疆）就陸陸續續有佛教的消息傳來，從西南和南海，漸漸也有一些零星的傳入了。一些來中國貿易的商人，可能就是佛教徒，他們到中國來做生意的時候，很可能已經傳入了一些佛教思想與知識。

中國古文獻記載，東漢明帝永平八年（65），楚王劉英曾經在宮裏祭祀過佛陀，説明佛教已經傳入上層，當時把佛叫做"浮屠"，把和尚叫做"桑門"，大概佛教已經成了一種新信仰。一百年後，到了二世紀，就有很多事情證明，佛教已經在中國流傳開了。比如東漢桓帝延熹八年（165）曾經在宮中祭祀老子和浮屠。特別是漢桓帝建和元年（147）和二年（148），兩個中亞來的僧人支婁迦讖（支讖）和安世高分別到了洛陽，各自傳來了佛教的不同知識。大月氏人支讖先譯了《佛國經》，後來又譯了《道行經》，他的弟子支亮和支亮的弟子支謙更譯出了很重要的《首楞嚴經》《維摩詰經》，把大乘般若學説引進了中國；安息來的安世高則譯出了三十五部四十一卷佛經，其中包括《安般守意經》，他與周圍的安玄、康僧會、嚴佛調等，一道譯了很多經典，把小乘禪學引進了中國。這兩批來自中亞的和尚，分別把大乘般若學和小乘禪學引進來，開創並且影響了後來中國佛教的方向。再晚一些，漢獻帝初平元年（190），丹陽人笮融在廣陵、彭城一帶建佛寺，立銅佛像，教授誦讀佛經，據説有五千人參加。可見二世紀末時，佛教已經很流行了。

不過，早期中國士大夫和民眾信仰者所理解的佛教，實際上一開始都不那麼準確和完整，這並不奇怪。所有對異文化的理解一開始都會"郢書燕説"，用現代的時髦詞語説，就是"有意義的誤解"，這種誤解包含了創造。最初，中國士大夫用傳統中國尤其是道家的詞語來比附佛教道理，比如用"無"來理解"空"，用"道"來比擬"涅槃"，用"智"來説明"般若"等，這就叫"格義"。經過道安（？—385 年）、鳩摩羅什（？—409 年）和慧遠（？—416年）等無數佛教中人的翻譯、解釋和闡發，差不多在東晉以後，中國上層文化人才漸漸對佛教理論有了深入的理解和體會。而民眾呢？從一開始，他們是把佛陀當作一個神仙來供奉，把佛教當作可以解除困厄、驅使鬼神、讓人長生不老的宗教來信仰的。

千萬不要看不起這樣的傳播。每一種異文化傳入，都要經過本土人的解釋、想象和演繹。這就好像翻譯一樣，沒有自己的語言，就無法翻譯外面的語言，有了自己的文明，就能想象和解釋外來的文明。相傳是第一部闡釋佛教的漢文著作，東漢人牟融所寫的《理惑論》裏説，佛就是"覺"，這好像沒有錯。可是，下面就很神奇了，他説佛是甚麼"恍惚變化，分身散體，或存或亡，能小能大，能圓能方，能老能少，能隱能障"，就好像孫悟空一樣，可以"蹈火不燒，履刃不傷，在污不染，在禍無殃。欲行則飛，坐則揚光。"這聽上去就好像是神通廣大的神仙。而對於"佛法"的理解呢？則把它想象成為道家所説的"道"，可是他們又説佛法"導人致於無為，牽之無前，引之無後，舉之無上，抑之無下，視之無形，聽之無聲，四表為大，蜿蜒其外，毫釐為細，間關其內。"

所以聽上去，三寶裏面，"佛"就是一個神通廣大的神仙，"法"就是一種無所不能的本事，而"僧"當然常常被當成一種有巫術或神通的法師。

六、異域的禮物：新思想和新知識

不過即使是這樣，在佛教傳入中國的時候，也帶來了異域的新知識和新思想。面對佛教的衝擊，有人很驚愕，他們原來以為，周公、孔子已經把天下的知識和真理都窮盡了，可是，怎麼還會有這些東西，於是追問說："周孔何以不言？"這一來，佛教所帶來的這些從來沒有聽說過的新知識和新思想，就給古代中國帶來了文化震撼。

對於一般信眾來說，他們可能比較受震撼的是以下幾個方面：

第一，身雖朽，神不滅。過去中國雖然也有"骨肉歸於土，魂氣無不之也"的說法，但並沒有關於這種魂魄去向的明確說法。他們相信身體的死亡，可是沒有想到靈魂永恆的話，會到哪裏去。"無不之也"這樣的說法，像是讓鬼魂四處飄蕩。可是佛教卻說，人的"肉體"是會消滅的，就好像電腦的硬件，人的"識神"則彷彿軟件，他們說得很清楚，這就像植物之有種子一樣，又好比薪盡火傳，人的識神會轉到來世，依附下一個肉體之身，繼續着一個人的人生之旅。所以，人的死亡與生存，只是一個"輪迴"，人的生命過程，卻是一個綿延的過程，會經歷前世、現世、來世，不停地流轉延綿。要注意，這就和傳統中國把禍福因果關係算成是一代又一代的承負關係不同了，古代中國思想中的"承負"，是上一代的罪愆善行由下一代人承受，這一代人不會承受，所以沒有對這一代人的思想和行為的強烈約束力。大家都知道的范縝《神滅論》，就是針對這種說法來的，在南朝齊梁之間尤其是梁武帝的時候，有過很激烈的辯論，但是在民眾中，好像大多數人還是接受了佛教的說法，在一千多年裏，民間都相信"輪迴"。

第二，地獄與六道。自從公元 187 年康巨譯《問地獄事經》以後，在幾百年裏，佛教的地獄故事就逐漸和傳統中國的泰山故事、後來道教的北陰酆都大帝故事結合起來，成了關於人死以後想象的主要來源。本來，古代中國人都相信，泰山主死，泰山下的蒿里為死後世界，人們會唱《薤露之歌》送死者，又會用隆重的喪禮來送行。可是至於死以後的狀況，想象並不多。而佛教，當然也包括後來的道教，一直渲染着死後世界的恐怖，而這種很有威懾力的恐怖，又正好用來規範人世間的行為、語言和思想，讓他遵守倫理、道德或戒律的規則，不要亂說亂動。據佛教說，現世造孽的人，死後就要在地獄接受審判，並受到種種折磨，傳說中有孟婆茶、鐵面判官、牛頭馬面以及火牀劍樹、刀山鋸台之刑。在佛教中常常有這種宣傳地獄黑暗與恐怖的經典繪畫和通俗唱導，

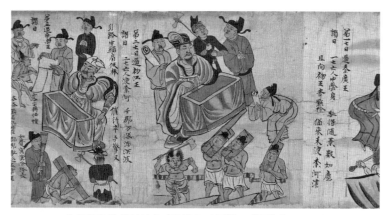

大英博物館藏敦煌本《佛說十王經讚・附圖》(S. 3961)

它使人心驚膽戰，毛骨悚然，因而也使人在做惡事時，心理上受到一些制約與懲戒，各位請看敦煌本《佛說十王經讚》，這十殿的說法後來很流行的，老百姓雖然宗教知識不多，可是對這十殿卻很熟悉，後來到處都有這種圖像，像清代台灣就有這種圖像，只是把在陰間的人都畫成了清朝人的樣子。

不光在地獄裏受苦，人還要繼續他的苦難旅程。轉世投胎吧，又根據一個人前世善惡，有六種可能，也就是"六道輪迴"，六道是哪六道？一是地獄，這不必說。二是畜生，傳說像天蓬元帥投錯了胎變成了豬，中國民間賭咒時常常也會說："讓我下世投胎變王八"，"讓我變牛變馬"，都是說六道輪迴時落了第二道。三是餓鬼，餓鬼在想象中，也是很悲慘的，所以民間常常有上供、燒錢，而佛教有"施食"的儀式。四是修羅，修羅是指專門與佛陀作對搗亂，又總失敗的惡人。五是人間，就是說來世仍變成"有情眾生"，還在生死輪迴之中。六是天上，這裏說的天上雖然很好，但也未能超越生死，仍在六道中輪迴。佛教宣傳說，人始終是落在這六道裏，生生不息，反覆受難的，就是這裏所說的"天上"，也並不是能夠超越的境界，而是相對來說比較好的結果罷了。

第三，善惡與報應。過去中國也有"報"，最早的"報"是祭祀先人，報答他施恩於後人，先有先人的"施"，後有後人的"報"。王國維《觀堂集林》卷九《殷虛卜辭所見先公先王考》是很有名的文章，他考證出甲骨卜辭中有殷商先王，名為甲、乙、丙、丁等等，可是這些名字外面有個框，就念作報甲、報乙等等，他說，其實這就是"壇墠或郊宗石室之制"，就是子孫對先人的"報"。後來，楊聯陞在香港中文大學講演《中國文化中的"報""保""包"之意義》的時候，就專門解釋了這個問題。但是，古代中國只是先施後報，所謂"積善之家必有餘慶"。後來，道教又有"承負"的說法，說前輩做的善惡之事，本人並不一定承擔責任，但是結果將由後輩子孫來承受。這兩種古代中國的傳統說法裏面，報、承都不及本身，所以對本人並沒有約束和警戒的力量。可是，按照佛教的說法，人有"過去""現在"和"未來"，或叫"前世""現世"和"來世"，這三世卻是連續不斷、互為因果的，三世都是你本人的輪迴。"凡為善惡，必有報應"，所以，人要在世時就"廣種福田"。甚麼叫種福田？就是為來世預先種下幸福的種子，來世才能有好的收穫，這就像俗話說的"種瓜得瓜，種豆得豆"。如果這一世種下的是災禍，那麼，來世就只能收穫倒霉，就像一首老歌裏所謂的"誰種下仇恨他自己遭殃"。

那麼，人怎麼才能種下福田呢？一方面是做善事。甚麼是善事？最初是指度人為僧，開鑿佛像，抄寫或唸誦經卷，建造寺廟，也就是供養佛教，後來也接受中國傳統的觀念，把做符合倫理道德的事情，如賑濟、孝敬、忠厚、忍辱負重等等，都算在了善行之中，所以後來佛教也弄甚麼思過記善，就是懲惡揚善的記錄；另一方面是指每個人的自覺，如果他能皈依三寶（佛、法、僧），遵持五戒（去殺、淫、盜、妄語、飲酒），那麼他就會減去罪孽，多得善果；如果更進一步能夠出家，嚴守佛教非常複雜的戒律，約束所有世慾的行為，能夠在禪定中保持身心清淨、心靈平和，能夠在義解中領悟“一切皆空”“萬法唯識”，鏡花水月，終是虛空的道理，他就能夠超越六道輪迴，得到“不退轉”也就是不再退回世俗輪迴老路上去的智慧，達到“涅槃”的境界。古代中國因果報應的故事極多，如《金瓶梅》《紅樓夢》《西遊記》等小説裏都有，而這些通俗戲文和小説裏面有，就説明它已經成了一般民眾的普遍觀念。

法國吉美博物館藏晚唐五代絹畫
《阿彌陀淨土》

七、天下更大、時間更長：佛教的宇與宙

除了上面這種三世輪迴、因果報應的說法之外，佛教還有一個關於時間和空間的觀念影響也很大。

古代中國人在空間上，通常只是關注自己這個族群活動的地域，充其量是承認通過書寫文字和口耳相傳知道的那一個空間，也就是"九州"。人們往往把它叫做"天下"，又叫"六合"。六合就是東、南、西、北、上、下，以為"六合之外，可以存而不論"。而在歷史方面，總是上溯三皇五帝，最多再想象出一個盤古，"自從盤古開天地，三皇五帝到如今"嘛。

可是，自從佛教傳入中國，卻告訴中國人關於時空還有另一套道理。甚麼道理呢？那就是時間是無限長久的，空間是無限擴展的。"天地之外，四維上下，更有天地，亦無終極。然皆有成有敗。一成一敗，謂之一劫。自此天地以前，則有無量劫矣。"這是《隋書‧經籍志》裏引用佛教所說的一段文字。

這個佛教所說的空間，就是所謂的"三千大千世界"。據《智度論》卷七說，就算有一千個日月，一千閻浮提（大洲，部洲），一千座須彌山（在佛教傳說中，一個小世界的中心大山叫須彌山），一千個四大天王處，一千個三十三天，也只是一個"小千世界"。一千個小千世界合起來，還只是"中千世界"。一千個中千世界合起來，才叫"大千世界"。中國只是在一座須彌山下一個閻浮提即南贍部洲上的一個國家，而環繞着這座須彌山的，就有四大部洲，如果是大千世界，該有多大呀。

佛教《法界安立圖》之《南瞻部洲圖》

　　而佛教説的時間呢，則叫"無量無邊劫"。一個劫是世界漫長的一成一毀，中國道教傳説中的"滄海變桑田"算是長的了吧，但是這遠遠長不過天地的一成一敗。《法華經》中的《化城喻品》用了一個比喻説，這就好像人磨墨，墨磨得很慢，如果磨完三千大千世界的泥土這麼多的墨，才只是一點，把這些一點磨完，才只是過了一"劫"，如果時間是無量無邊的"劫"加起來的和，你説它是多麼漫長。

　　也許你會問，佛教為甚麼要把空間説得那麼大，把時間説得這麼長？簡單地説，這是為了反襯人的渺小和生命的短暫。佛教説，每一個人都只是在一個有限的時空中生存，所以，人很渺小。如果你希望永恆，就需要佛陀這樣的聖人來拯救，使自己出離三界，超越在時空之外。但是，普通有情眾生畢竟自己不能超越時空和生命，人生活在世界上，世界在劫數中，每一劫都會有一個終結的時候，這就是“末世”，每到“末世”，由於人愚鈍而且作惡，壽命也漸漸變得短促，最後“朝生夕死”。佛教的《智度論》卷三八還說，那時還會有“飢餓、刀兵、疾病”，宇宙間又會有大水、大火、大風的災變，把一切都洗滌之後，天地重新恢復。這時，有一個佛會出世來拯救世人，“更立生人，又歸淳樸”。這和天主教很像，天主教也有這種關於“末世”的說法，只是具體表達不一樣。

按照佛教的說法，只有虔誠的佛教信仰者，他們供養行善，唸誦經典，才能逃脫“末世”厄運，超生天上，躲過災難。據早期佛經《阿含經》說，自有天地宇宙已來，已經經歷了六劫，也就有了六佛，這就是毗婆尸佛、尸棄佛、毗舍浮佛、拘那孫佛、拘那含牟尼佛、迦葉佛，現在正在世間開劫度人的，就是第七尊佛釋迦佛。所以，大家常常可以看見佛教寺廟的大雄寶殿中供七佛。而未來呢，則有彌勒佛，彌勒佛就是現在每個廟裏都供的那個大肚皮、笑嘻嘻、據說“大肚能容，笑口常開”的胖菩薩。

八、沙門不敬王者，可以嗎？

按照佛教的想法，要想得到佛教的拯救，有三個條件。第一，人們應當背離充滿世俗慾念的家庭與社會，以出家與世俗生活劃出界限；第二，應當按照佛教徒的宗教規則生活，以種種宗教性的聖潔生活來區別於世俗生活；第三，這種聖徒式生活只是一種代價，其意義在於以此獲得佛陀、菩薩、僧人的接引，使信仰者獲得拯救，超越生死。因此，在佛教的世界裏，個人、家庭、國家的價值是低於佛教的價值的，佛教超越了世俗世界，超越了生與死的輪迴，它有一個神聖的世界，當然這個世界的價值要高於平凡的世俗世界。所以，宗教權力至少是可以與世俗皇權並立的，甚至還應該佔有社會等級與價值的優先位置，信仰者可以不尊敬皇帝，不尊敬父母，但不能不尊重佛、法、僧三寶。

這也是佛教給漢族中國人饋贈的新思想和新知識之一。東晉時的和尚慧遠，就堅持着這樣的宗教理念，所以和當時的政治統治者，尤其是桓玄（369－404年）展開了一場辯論。在桓玄看來，世俗社會的制度來歷久遠，天經地義，象徵國家權力的君主與天地一樣，具有絕對的權威，君主的尊嚴和權威是社會秩序的保證，一旦動搖，社會就會發生混亂，所以，佛教徒也應當尊敬和服從世俗的皇權。但是，慧遠卻寫了《沙門不敬王者論》來為佛教辯護，他提出，如果一個人在家在社會，當然應當服從皇權，禮敬父母，但是，出家的佛教徒則是"方外之賓"，應當可以"遁世以求其志，變俗以達其道。"在各種文章中，他反覆暗示説，身體和生命只是幻，宇宙與社會只是空。這就是根本所在了，如果你承認人生的本原和價值只是"空相"，那麼，人的現世生存就是沒有價值的，如果你承認宇宙和社會的一切只是"虛幻"，那麼社會的現實秩序也是沒有意義的，如果承認人的生存是一種苦難的、連續的"因果",那麼父母的養育之恩、家庭的血緣之情、君主的治理之德,都不具有天經地義的合理性。按照這個邏輯推下去,人何必尊重世俗社會的秩序與禮儀?但是,在古代中國可不行,正如釋道安(312—385年)所說:"不依國主,則法事難立",要想在漢族中國地區推行佛教,就要依靠皇權。這就有矛盾了,中國的皇權是籠罩一切的,沒有任何力量可以對抗皇權。所以,佛教只能退避三舍。何況宗教教團對教徒即民眾的控制,已經傷害了世俗皇權的政治權力,宗教教團的擴張,已經形成與世俗政權爭奪的經濟利益,宗教教團的龐大,已經造成與世俗政權對抗的軍事勢力,所以桓玄才說,佛教對於世俗政權的根本問題,是"傷治害政"。

這是一個宗教是否可以優先於世俗,信仰是否可以淩駕於政治的問題。大家知道,在歐洲中世紀,宗教象徵的神聖權力,是與王權象徵的政治權力雙峰並峙的,但是這並不吻合漢族中國的傳統。也許神權和王權並存,可以在歐洲和印度通行,但是不能

法國藏北魏石刻《禮佛圖》

紐約大都會博物館藏北魏《孝文帝禮佛圖》浮雕局部

在中國生根。印度佛教的這種傳統，是否可以在中國繼續？顯然不行。由於中國和印度的歷史差異，在中國，外來宗教絕不能優先於中國本來的倫理信條與道德規範，特別是在"孝"和"忠"的方面，中國上層文人不能接受佛教的觀念，皇權也絕不能認同佛教的思想。因為在古代中國，"家"和"國"是不言而喻的實在，以"孝"為核心的血緣親情是一種自然的感情，建立在這個自然感情的基礎上的人性，是維持家庭、社會以及國家正常秩序

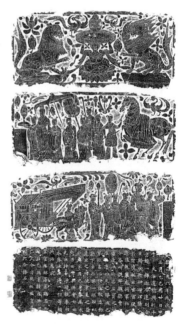

北魏石刻《禮佛圖》拓本

的基礎，如果動搖了這個基礎，那麼一切秩序都將崩潰。

所以，儘管慧遠很雄辯，但是，這場辯論卻是不平等的，結論在開始的時候就確定了，這就是佛教必須服從中國倫理和政治。從五至七世紀的歷史來看，中國這個語境，使得佛教發生了根本的轉化，佛教要在中國生存，就不能不適應中國。因此，他們只能無條件承認政權的天經地義，承認傳統倫理的不言而喻，承認佛教應該在皇權之下，並在這種範圍內調整佛教的政治和倫理規則。所以，到了七世紀的中國，佛教應當禮拜君親，佛教必須服從朝廷，這個原則經過官方的確定，漸漸成了不言而喻的規矩。

在這個時代，佛教一方面廣泛地融入中國思想世界，一方面它的思想也相當地"中國化"了。所以我們說，不是佛教征服了中國，而是中國改造了佛教。這一點我們後面講禪宗的時候，還會再次講到。

九、佛教啟示錄

不過應當說，佛教影響中國民眾非常深非常深，在中國歷史上還沒有一個宗教像佛教這樣深入地影響着中國。很多很多的中國人，都從佛教那裏知道，自己面前的世界是一個充滿苦難的世界，每個人都面臨着輪迴的人生，過去、現在和未來都有善惡因果報應，人們必須期待佛教的拯救，這對於在痛苦中生存的人來說，一方面讓他們悲哀，一方面也給予希望，更教育了很多道理，所以在漢代以後，很多佛教信仰者接受了它的價值觀和生活觀，在那個時代留下來的文獻和遺物中，在很多歷史書籍裏，都可以看到它的影響。

接受了佛教思想的中國人，同樣也接受了佛教關於解脫的方法，比如開石窟、修寺廟、建佛像、抄經卷。那個時候，無論是南方還是北方，都修建了大量的石窟、寺院。在常見的文字資料中，像楊衒之的《洛陽伽藍記》中記載了很多洛陽的壯麗寺廟，杜牧詩裏也說："南朝四百八十寺，多少樓台煙雨中"，他寫的是江南，比如金陵棲霞寺等。當時流行着捐宅為寺的風氣，連貴族也捨出宅院來建造金碧輝煌的寺廟。同時，無數人都在虔誠地、誠摯地用信仰支持着他們的生活，不惜金錢和時間，開鑿着巨大的佛窟，在堅硬的岩石上，一斧一鑿地建造佛像，用種種方式、大量金錢，雕刻着巨大的佛像，讓我們從西往東數吧，像克孜爾、敦煌、麥積山、大同雲岡，一直到洛陽龍門。他們不是在做藝術創造，而是希望用這種虔誠與堅忍來表達信仰，以換得自己、自己的家庭以及周邊的平安和幸福，我們看當時造像供養人的題記就可以知道這一點。同時，在當時的民眾信仰者中，還有一種唸誦佛經或抄寫佛經的信仰習慣。據說，不斷地唸誦佛經，如《法華經》《維摩詰經》《阿彌陀經》，或者不停地唸誦佛號，心中同時存念於佛菩薩，可以靜下心來，可以除厄解困，也可以使在地獄六道中的親人減輕苦難，甚至可以在唸誦中看見西方極樂世界，往生淨土，超越輪迴。而抄寫經典，也據說有很多功德，可以贖去親人過去的罪過，可以預種未來的福田，特別是刺血寫經，金字寫經，更能感動佛陀，得到功德，所以至今還留下那個時代抄寫的大量佛典。

重要的是，佛教關於世界、人生和自然的種種觀念逐漸進入了普通信仰者的思想世界，並且改變了中國的傳統，這些改變是：第一，使中國人從追求"貴生"即長生，到追求"無生"即出世；第二，從相信"承負"，到相信"報應"；第三，它的善惡標準與內容，由於受中國的影響，等於擴大了儒家倫理的控制範圍，因此有着維護傳統社會秩序的意義；第四，它也在少數有堅定信仰和深刻理解的人那裏，確立了一種與現實利益無關的信仰與崇拜。不過，更主要的是它影響了民眾的信仰，使他們對現世生活抱了一種虔誠、一種謹慎、一份小心，也對來世幸福，懷了一線希望、一種幻想，以及一絲警覺。

龍門石窟盧舍那大佛

【參考論著】

1. 趙樸初：《佛教常識答問》，北京出版社，2003 年。
2. 任繼愈：《中國佛教史》第一、二、三卷，中國社會科學出版社，1985–1988 年。
3. 鐮田茂雄：《簡明中國佛教史》，鄭彭年譯，上海譯文出版社，1986 年。
4. 芮沃壽：《中國歷史中的佛教》，常蕾譯，北京大學出版社，2009 年。
5. 許理和：《佛教征服中國》，李四龍、裴勇等譯，江蘇人民出版社，1998 年。
6. 白化文：《漢化佛教與佛寺》，北京出版社，2011 年。

【閱讀文獻】

1.《魏書》卷一一四《釋老志》

　　凡其經旨，大抵言生生之類，皆因行業而起。有過去、當今、未來，歷三世，識神常不滅。凡為善惡，必有報應。漸積勝業，陶冶粗鄙，經無數形，澡練神明，乃致無生而得佛道。其間階次心行，等級非一，皆緣淺以至深，藉微而為著。率在於積仁順，蠲嗜慾，習虛靜而成通照也。故其始修心則依佛法僧，謂之三歸，若君子之三畏也。又有五戒，去殺、盜、淫、妄言、飲酒，大意與仁、義、禮、智、信同，名為異耳。云奉持之，則生天人勝處，虧犯則墮鬼畜諸苦。又善惡生處，凡有六道焉。

2.《弘明集》卷二宗炳《明佛論》

　　中國君子明於禮義，而暗於知人心，寧知佛心乎？今世業、近事，謀之不臧，猶興喪及之，況精神我也？得焉則清升無窮，失矣則永墜無極，可不臨深而求，履薄而慮乎？……彼佛經也，包五典之德，深加遠大之實，含老莊之虛，而重增皆空之盡。

3.《弘明集》卷五慧遠《沙門不敬王者論》

在家奉法，則是順化之民，情未變俗，跡同方內，故有天屬之愛，奉主之禮。禮敬有本，遂因之而成教。本其所因，則功由在昔，是故因親以教愛，使民知有自然之恩，因嚴以教敬，使民知有自然之重。……出家則是方外之賓，絕跡於物。其為教也，達患累緣於有身，不存身以息患；知生生由於稟化，不順化以求宗。求宗不由於順化，則不重運通之資；息患不由於存身，則不貴厚生之益。此理之與形乖，道之與俗反者也。

似佛還似非佛：話說
《壇經》與禪宗

引子：本來無一物，何處惹塵埃？

先講禪宗史上的一個著名傳說。這個傳說，可能很多人都聽說過。

相傳在公元 674 年，也就是唐高宗還在位的時候，在嶺南新州（今廣東南海）出了一個砍柴人，姓盧。那個時候的嶺南是"化外之區""荒蠻之地"，是流放犯人的地方，被看作是沒甚麼文化的地方。唐代韓愈被貶到潮州，就寫詩說："一封朝奏九重天，夕貶潮州路八千"，被貶到潮州，運氣不很好，他才歎氣這樣說。宋代蘇東坡則寫"日啖荔枝三百顆，不辭長做嶺南人"，肯做嶺南人是有條件的，要有荔枝吃才肯做。

這個姓盧的砍柴人，當時就住在這個時代的邊緣地區。據說，有一天他砍完柴，把柴擔到城裏去賣，聽見有人唸《金剛經》，突然一下，他好像觸了電一樣，覺得"心花開放"。於是就問這個唸經人，你唸的是甚麼經？唸經人告訴他，我唸的是《金剛經》。他又問，你是從哪裏學來的？唸經人說，我是從湖北學來的，湖北黃梅雙峰山東山寺，有一個叫弘忍的大師，是禪宗第五代祖師，人們叫他"五祖"，很有學問。於是，這個姓盧的砍柴人就跑到了湖北去拜見弘忍學法。可弘忍見面，就問了他一句，說："你是南人（就是南方人），又是獦獠（"獦獠"即"蠻夷"，是對少數民族的蔑稱），你到我這來學甚麼？"這個姓盧的砍柴人很機智地回答說："我雖不識字，又是南人，又是獦獠，但是，人雖有南北，佛性沒有南北。"弘忍一聽，覺得他不錯，就把他安排到磨房裏去踏碓舂米，隨眾聽法。

八個月後，就在這個東山寺，發生了一件禪宗史上的大事情。弘忍年紀大了，要給這個東山法門挑選接班人。條件是每個人寫一首詩，佛教叫做"偈"，這首詩要表明你對佛教的理解。弘忍門下的人想來想去，大家都覺得，算了，我們也都別寫了，因為弘忍門下有個非常傑出而且年紀很大的學生叫做神秀，接班人非他莫屬。這個神秀也當仁不讓，寫了二十個字在牆上，"身是菩提樹，心如明鏡台，時時勤拂拭，莫使有塵埃。"意思是，身體就好像智慧的樹（菩提是佛教詞語，意為智慧），心靈就像明鏡一樣，你要經常地對它進行擦拭，不要讓它有灰塵。

大家一看都讚歎不已，都說這二十個字真是精練得不得了，完整地說出了佛教道理。可是，有人唸給這個姓盧的砍柴人聽，這個姓盧的砍柴人卻說："好則好矣，了則未了。"意思是好是很好，但是不徹底。他問有沒有人肯幫我寫幾個字，我也來一首，不管好壞你們也寫在牆上。於是，他就唸了兩首，其中第一首非常重要，他反駁神秀說，"菩提本無樹，明鏡亦非台，佛性常清淨，何處惹塵埃。"意思是說，智慧本來就沒有樹，明鏡也不是實在的明鏡，人的那個心靈中的佛性本來就是乾乾淨淨的，哪有甚麼塵埃呀！這後面兩句"佛性常清淨，何處有塵埃"，在後來通行的各種本子裏面被人改了，改成"本來無一物，何處惹塵埃"，意思是，本來甚麼東西都是虛假的，沒有甚麼真實的本質，所以，哪會招惹甚麼塵埃不塵埃的。傳說弘忍聽到這個事情，看到他的這首詩，半夜三更就把這個姓盧的砍柴人悄悄叫到房裏來。弘忍說：我給你講《金剛經》，然後把象徵着佛教禪宗真理和權力的衣鉢給你。但是有一條，自古傳這個憑信——就是傳授這個權力象徵的衣鉢——都會引起很多爭鬥。你沒甚麼文化，又沒甚麼力量，又是後輩，你得了衣鉢以後趕快往南跑。聽了弘忍講《金剛經》後，這個姓盧的砍柴人便越過九江，一直往南，回到他的老家。他不敢輕易出來，一直躲在獵人堆裏。據說他吃飯只吃“肉邊菜”，雖然還沒有正式剃度成和尚，但他也不敢壞了佛教吃素的規矩。

十幾年過去了，弘忍已經去世，神秀紅透半邊天。按照後來的一種記載說，大概是在公元689年，那個時候是武則天管事兒的時代了，這個姓盧的砍柴人終於出山了。有一天他到了廣州，看到南海寺一個很有名的和尚叫印宗，正在講經說法。印宗問他的學生說，風吹幡動，你們給我講一講，是風在動還是幡在動？於是學生七嘴八舌，有的說是風動，有的說是幡動，只見這個姓盧的砍柴人大步走上前來說：“風也不動，幡也不動，是人心自動。”印宗大師頓時大吃一驚，馬上就走下來，恭恭敬敬地請他坐在上面演說佛法。這個時候，他剃了頭髮受具足戒，成為正式的和尚，公開亮出了禪宗正統的旗幟。這個姓盧的砍柴人，法名叫惠能，就是我們後來知道的開創中國禪宗南宗的重要人物“六祖”，因為他在中國的禪宗祖師譜系中排在第六位，第一位是從印度到中國的菩提達摩。

這就是禪宗史上的一個著名傳說，可信不可信，有很多人懷疑。但是，這個故事裏面所包含的兩首詩偈，卻包含着非常深刻的象徵性意義。

少林寺達摩像碑（1920 年
日本常盤大定拓本）

漫畫《風動幡動》

百餘年前的韶州曹溪南華寺五祖殿與六祖塔

一、六祖之爭的思想史意義：
從印度佛教到中國佛教

這個傳說到底有甚麼象徵性意義呢？

第一個方面，就是象徵着原來在印度佛教的基本立場，轉到了中國佛教的基本立場了。換句話說，就是佛教中國化了。神秀的那首偈語，代表了印度佛教以來，一直奉行的一種傳統觀念，就是說，人所面對的這個世界，是分裂成兩個的，一個是混濁的、庸俗的世俗世界，但另外還有一個清淨的、超越的、自由的心靈世界。儘管你說"身似菩提樹，心如明鏡台"，你的主觀世界是非常乾淨的、非常超越的，但你常常禁不住外面世界的誘惑，世俗世界不斷地給你搞精神污染，不斷地用各種各樣的名利、各種各樣的美色來誘惑你，使你的心不能清靜和純潔。這就像現在的人說的，"外面的世界真精彩，心中的世界真無奈"。佛教為了讓心中的世界始終能夠平靜，保持一種"心如古井之水"的"不動"境界，就一定要把外面那個混濁的或者說世俗世界和心靈世界隔開，所以，佛教告訴人們，你的心就像一面鏡子，當灰塵不斷地落來時，你就要不斷地擦拭，不擦，你的心就會蒙上灰塵，就會髒，然後你的整個心靈和整個人生就變得毫無意義，變得很庸俗。

這個思想代表了傳統佛教的一個想法，叫做"法有我空"，佛教所說的"法"是現象世界，"我"是主觀世界，佛教要說的是有這樣兩個對立的世界。我最近聽流行的歌曲，有一首歌裏面有這麼兩句很符合"法有我空"的思想，叫做"在混濁的世界中，心還那麼清徹"，這個人不知道有甚麼想法，如果外面的世界真的那麼混濁不堪的話，他的心是不是能夠明徹是很有問題的。但有人確實想堅持心靈的清徹和純潔，宋代周敦頤的《愛蓮說》，就提倡"出淤泥而不染"，儘管外面都是污泥，你可以"不染"，但是大家想想看，有一點是很難做也是很難過的，就是外面混濁不堪或者説充滿了各種各樣誘惑的時候，要使心像古井水一樣保持那種靜止的狀態，至少也是一種痛苦。所以佛教的《妙法蓮華經》裏面有一個故事叫做"火宅"，説人間世界就像一個着了火的大院子，你要想在那個着了火的大院子裏面保持你的寧靜是何等困難，好比這個地方到處都着了火了，唯有你這個地方不着火，那是不可能的，所以這裏面就存在着一個矛盾：法有我空，我怎麼空？用"時時勤拂拭"，就是經常勤於擦拭，就很麻煩也很艱難，最終能不能保持心靈的寧靜也還是一個問題。

但是，六祖惠能的偈語卻講了這樣一個道理，非常乾脆利落，就是説，一切都是虛幻的，既沒有智慧樹一樣的身體，也沒有甚麼透徹如明鏡的心靈，法也是空，我也是空，外面的世界和心中的世界一樣，都是空，都是幻相，這樣就把佛教大般若學的"空"這個概念推向了極端。

二、説"空"：空空如也

我這裏順便講一下甚麼叫"空"。理解佛教思想，理解禪宗思想，如果不懂得甚麼叫"空"的話，恐怕很難理解佛教和禪宗。

簡單地説，"空"可以分成三層來理解。

第一，現象世界中的一切都沒有"自性"。"自性"是佛教的一個非常專門的概念，沒有自性不是説它"無"，是説它沒有實在的本體，只是因緣和合的幻相。所以《金剛經》裏面説，一切"如夢、如幻、如泡、如影、如電"，最後一個是"如如"，就是説"如甚麼東西"也是假的，也只是"如"，就是"如如"，都是虛幻之相，都是由於外面的"緣"和內在的"因"相結合產生的。內在的"因"是你自己"無明"產生的"妄想"，外在的"緣"是使妄想成真的一些條件。這因緣合成的現象世界沒有永恆性，都在不斷生和滅的過程中。關於這個道理，我想只能用比喻來解釋，按照佛教的説法，"空"是不可説的，一説就錯。如果我這裏還要勉強地來説，那麼，只能用一個很勉強的比喻説，世間的一切就像放映電影，電影是聲、光、電的綜合，影像要顯現出來，它必須有一個銀幕，必須有一塊布，上面才能演出無數令人感到悲哀、感到歡喜、感到激動的畫面。在佛教看來也同樣如此，外面的世界是由眼、耳、鼻、舌、身、意，就是眼睛、耳朵、鼻子、舌頭、身體、意識的感覺和知覺組合成的，它並沒有一個實在的本體，而你的心靈，就好像是那塊銀幕的布，接受了這些東西以後就產生了一個幻影，如果人一旦真的是全身心投入了，相信這是真的，就會跟電影裏面的虛幻情節同悲同喜，付出你的感情，付出你的代價，為古人落淚，為整個故事產生各種各樣的情感，然後你會耗盡你整個生命跟它在裏頭厮混。

佛教有個非常著名的故事"盲人摸象"，現在很多人不了解它原來的意思。"盲人摸象"原來的意思並不是說每個人只知道局部不了解整體，故事本來的意思是要人了解沒有真實的實在。大象只是長鼻子、大柱子一樣的腿、像鼓一樣的肚子、像繩子一樣的尾巴合成的，世界也只是由色、聲、味、嗅、觸加上意合成的，並沒有一個真實的存有，人所感知的、看到的、聽到的，甚至摸到的，都是那些局部感覺綜合而成的。佛教說"四大皆空"，"四大"就是指地、水、火、風，或者叫土、水、火、風，宇宙就是四大合成，但它又是幻相。有一次，我看到一個寺廟裏的對聯，我認為那個對聯很精緻，它說："影外影為三等幻，夢中夢是兩重虛。"實際上，按照佛教的觀點，很多東西都像是夢裏面的夢，由妄想和慾望構造的一個假相，其實，一切現象世界都是沒有"自性"的，這是空的第一個要點。

再說關於"空"的第二個要點。因為你看到好像真實的現象世界，本來是沒有自性的幻相，是各種因緣和合的，所以它本身就是"空"，就像電影一樣。但是，畢竟它是電影，所以是五彩繽紛的"色"，儘管是本來虛妄的"空"，但是，它卻與"色"一樣，所以，佛教引申出來的道理就是"色即是空，空即是色"。三千大千世界都是由於幻相，也就是色、聲、嗅、味、觸、意，也就是眼、耳、鼻、舌、身、意所接受的感覺和知覺構成的。"色"就是形狀，"聲"就是聲音，"嗅"就是氣味，"味"就是味覺，"觸"就是觸覺，"意"就是意識的感覺。由於一切都是由這六種感覺和知覺構成的，所以又可以說"色不異空，空不異色"，幻相與空相，並沒有本質的差別。按照佛教的說法，一切是沒有自性的，唯一存在的，就是這個

"沒有自性"，而沒有自性的存在就是一切，所以在《般若波羅蜜多心經》裏面這十六個字"色即是空，空即是色，色不異空，空不異色"，大概很多人都背得很熟，但是，要去深切理解，卻不大容易。

最後說第三個要點。"空"的觀念要落實到人的精神狀態，就是說，在佛教中這個"空"還是一種最終的意識狀態，是人排除對於現象世界的一切虛妄的認識以後，所產生的一種清靜的狀態。它不光是外在於人的宇宙本質存在狀態，而且也是內在心靈的本質的最終境界。因為你理解這種宇宙和人生的本質，就可以掃除心中對於現象世界幻相的迷戀和執着。當你排除了你的迷戀和執着以後，你對很多東西就不會產生那種求之不得、憂心如焚的焦慮狀態，所以，白居易有一首詩講："生去死來都是幻，幻人哀樂繫何情"，它的意思翻譯過來就是說，看戲替古人掉淚，聽歌替今人擔擾，其實一切都是幻覺，你何必為它付出情感呢？如果不付出感情，也不被它迷惑，人的心靈不就很清淨了么？

三、漸修：神秀代表北方的禪

神秀和惠能的這兩首偈語，象徵着對於"空"這種概念的理解，一個是傳統佛教的理解，還在"法""我"對峙的裏面，追求法有我空；一個是中國式佛教的理解，把"法""我"打成一團，都徹底瓦解，一切都是"空"，這就預示着中國禪宗在很多方面就要取代和超越傳統的印度佛教了。

為甚麼呢？因為這種理解很快就會順勢引申出佛教思想和理論上的變化，就是作為一個宗教，它的修行、救贖和解脫途徑的變化。神秀接受的傳統佛教認為，外面的世界對於我來説，每天都有很多污染，我每天都要擦心靈這面鏡子，每天都要洗自己的臉，所以，有很多自我修行的辦法，比如説，自我約束、自我懲罰、自我教育等等。早期的佛教希望通過這種方式得到解脫，他們有"戒"，就是守戒律；有"定"，就是習禪、靜坐；有"慧"，就是通過分析的法門，從"一切皆空"或"萬法唯識"的角度，來理解現象世界都是幻相，了解一切慾望都是由於人的"無明"引起的，通過自己的理性分析，得到對宇宙、對人生的一種覺悟。早期的佛教修行是非常艱苦的，比如説早期佛教的"戒"，就要對自己有種種約束，不能吃酒吃肉，不能娶媳婦，不能説別人的壞話和吹牛；又比如説"習禪"，我們現在的人説坐個禪太容易了，可我深知那是不容易的，不信試一試就知道，你們能不能夠把兩隻腳心向上，而且兩腿交叉着放在兩側大腿上，然後心中排除一切雜念，很少有人能夠做到，除非專門練過的人，但是這是必須的，而且不能閉眼，閉眼會睡着，但是，眼睛又甚麼都不能看，看一樣東西則會引起一種知覺的活動，你試試看。

石刻"達摩面壁圖"拓本

佛教早期的這些自我修煉的法門，對於一個具有七情六慾的人來說，是相當艱苦的。早期佛教預設，在你的心靈之外，另有一個超越和光明的世界，人在追求那個超越和光明的世界時，需要通過種種自我懲罰的方法，因為這實際上是在跟佛陀做一種救贖的交換，你要用這種方法來求得佛陀對你的世俗生活的一種寬容和原諒，或者說得到佛的"印可"。但是，你如果沒有這種自我修煉，那你就不可能進入佛陀認可的世界。這是早期佛教的一種傳統觀念決定的，早期佛教一直認為，人之所以會變壞、墮落、沉淪在煩惱之中，是因為人的心靈受到外在的五陰黑雲所覆蓋，五陰就是眼、耳、鼻、舌、身合起來的五種感覺，這五種感覺本來是假的，但是你天生有"無明"，所以總以為是真的，因此你就會受它的蒙騙，就對這些東西執着得不得了，你想吃、想喝、想貪，甚麼都想要，就起了很多貪婪醜惡的心思。很多人都看過《西遊記》，《西遊記》裏面，孫悟空跟虎力、鹿力、羊力大仙鬥法的時候，鹿力大仙用刀一剔，撈出一顆心來，孫悟空自己也拿刀在自己肚子上一劃，卻撈了好多心來，一看都是黑的。人問怎麼你的心那麼多，而且都是黑的。他說，你看有好色心，有貪心，有害人之心，有好勝之心……。這倒是個好的比喻，其實人確實有這麼多心的。

　　所以早期佛教認為，人的心都是被五陰黑雲所覆蓋，你要想清除這個五陰黑雲，你就得苦苦地去清洗、苦苦地去鬥爭，用我們大陸"文革"時代的一句話來講，就是"鬥私批修"，你要狠狠地"鬥私"，要"靈魂深處鬧革命"，你得做好多事情來消滅自己的種種慾望和感情。早期禪宗最相信的《楞伽經》裏面就説：人的心本來是平靜的，之所以會風雲起伏、騷動不安，是外界的誘惑，就好像平靜的大海為風浪所掀簸。要想到達彼岸，就要苦苦修煉，壓制慾念，使自己的心靈回歸平靜狀態。據説神秀活了九十多歲，他臨死的時候説，我告訴你們，所有佛教的道理只有三個字，第一個字是"屈"，受委屈的"屈"；第二個字是"曲"，彎曲的"曲"；第三個字是"直"。他的意思是甚麼呢？就是人要想從人變成佛，要想從混濁的世界進入那個清靜的世界，就要像蛇入竹筒，一條彎彎曲曲的蛇進入了一個竹筒子，首先要彎曲，要曲身而入，這個身體呢，本來就是彎曲的，它入竹筒才能變成直，但是你想，一條彎彎曲曲的蛇進入了一個直的竹筒子愣是撐直了，能不難受嗎？的確，早期的宗教是要人難受的，他認為只有你難受才能夠得到佛的認可，所以這是一個痛苦的、艱難的，或者説是執着的宗教修行方法。而且，特別要注意的是它只能漸進，不能一蹴而就，所以一般研究禪宗的人都同意，神秀所代表的早期禪宗的思想是"漸悟"，或者説"漸修"，就是漸漸修行的方法，而且信仰者多少還要靠別人（他力）來指引他、拯救他。

四、頓悟：惠能代表南方的禪

但是，由於惠能認為一切都是"空"即虛幻，所以這一下子，對污染的抵抗就不必要了，因為按照這個思路往下想，連這個污染本身也是虛幻的了。惠能說，佛性本來就是清淨的，哪裏會有甚麼污染不污染呢？所以，他就把修行者從苦苦的修行中間給解放出來了，不需要修行，一切都是假的。據說，他認為人常常處在迷惑中，其實人只要一悟，只要一明白，就明白過來了，甚麼都是虛幻的，修行也是虛幻的，修行不也是人為的嗎？人為的事情只能給心靈帶來更多的負擔。惠能這種"佛性常清淨，何處惹塵埃"的觀念，實際上是把早期佛教的那種苦苦修行的方法，一下子全拋棄了，他使人們有了一個新的解脫方式，這個解脫方式就是不必解脫，回頭看去，原來此岸就是彼岸。

如果說，以前的修行是從此岸到彼岸，你得慢慢游過去，坐船過去，很辛苦。這回可就好了，此岸就是彼岸，可以不用那樣苦修也可成佛了，這個時候才叫大徹大悟。這個變化很重要，從後來禪宗發展的結果來看，惠能的這個思路使中國禪宗有了自我拯救的新方式，同時，也使得佛教不再像是宗教，只是一種精神信仰。宗教畢竟是要人服從和相信，要有一些嚴格的戒律，有一些嚴格的修行方法，而且要有全身心的崇拜對象，否則，要宗教組織、要師傅傳授、要團體紀律幹甚麼呢？但是，當惠能這麼一解釋，就像現在流行的詞叫做"消解"，一下子就把它全部抹掉了，因為不再需要神靈，不再需要佛陀，也不再需要戒律，也不再需要組織，也不再需要師傅，也不再需要各種各樣的方法，在意念中一個轉向，就可以大徹大悟，所以，做禪宗信仰者就變得很輕鬆了，換句話說，禪宗的宗教性質就越來越淡了。

神秀和惠能這兩首偈語代表了一種思路的轉換，這種思路的轉換，可以說是從印度佛教立場到中國道家立場的轉換。因為早期印度的佛教，是提倡個人艱苦修行的一種宗教，但是中國的老莊呢，基本上是追求心靈自由和超越的一種思想，它非常適合中國一些上層士大夫的心理，也很容易被那種害怕艱苦修行、推崇自由超越的中國士大夫所接受。大家都知道，《莊子》的第一篇，也就是《莊子》影響最大的一篇，就是《逍遙遊》。"逍遙遊"三個字，都是從"走"字偏旁的，就是茫茫大地，隨便你走，不能有一點束縛。你讓我走路，可成天的一會兒是紅綠燈，一會兒又是人行道，警察又管着我，還得罰款，那多難受呀？如果落了個白茫茫大地真乾淨，隨便走來走去不更快活嗎？中國接受老莊思想的士大夫，特別嚮往這種好像絕對自由、絕對超越的路數，所以，他們特別提出的一個説法，就是"無心是道"，對甚麼事情都"無心"。有心你就有執着，有執着你就有痛苦，有痛苦你就活得不自由，所以他要求的是無心，而無心的最後狀態是甚麼呢？按照中國老

廣東南華寺保存至今的六祖惠能真身

莊的説法，是自然而然，適意放鬆，這個自然適意的狀況，絕對不是説把自己捆得跟個粽子似的，動也不敢動，吃也不敢吃，睡也不敢睡，然後在那兒修行，像禪宗説的"睡時不肯睡，百般須索，吃時不肯吃，千番計較"，這當然不自由。

當禪宗的惠能也提出這樣的自由超越之路的時候，熟悉老莊的士大夫就很容易接受惠能所開創的南宗禪佛教。

五、《壇經》的故事

有一個外國學者叫許理和，他是荷蘭萊頓大學的教授，2000年我訪問萊頓的時候和他見過面、聊過天。他研究中國佛教，也研究基督教入華，寫了一本關於南北朝佛教史的書，我覺得它的精彩不亞於中國學者湯用彤先生的一本佛教史著作《漢魏兩晉南北朝佛教史》。但是，他這本書的書名，用中文翻譯過來叫做《佛教征服中國》，很多人對這個名字很不以為然，我也在《中國思想史》裏説到，不是佛教征服中國，而是中國征服佛教。其實，整個中國佛教，特別是影響知識分子最大的禪宗，後來的思路就是沿着惠能所開創的這條思路走的，而惠能所開創的這個思路只不過是披着佛教的外衣，實際上是長在老莊的根上的。神秀的偈語和惠能的偈語，實際上就意味着印度禪學到中國禪宗的分界線。所以，記錄惠能説法的《壇經》這本書，實際上在中國思想史上非常重要。在中國佛教裏，歷來都是把印度傳來的佛經叫做"經"，這是因為佛教的起源在印度，"外來的和尚會唸經"，"如是我聞，佛說如是"才是正牌經典。但有一本書是唯一的例外，那就是惠能的《壇經》，這本由中國人自己的講演記錄整理而成的書，也被稱為"經"。

那麼，《壇經》這部書是怎麼回事兒呢？

據說，惠能在廣州南海出山以後，他的團體迅速地發展。於是，他到了現在的廣東韶關（當時叫做韶州），在韶州大梵寺裏面開宗説法。韶州一個姓韋的刺史就帶着幾十個官員和一些儒者，據說一共有一萬多名信仰者，一起來聽惠能的講演，盛況空前，這部《壇經》就是當時開壇講演的記錄，記錄的人叫做法海，是惠能的學生，不是傳說裏面鎮住白娘子的那個法海。法海記錄了惠能的講演，就是《壇經》，這本書一直就這麼流傳下來，一千多年以來，這個説法是沒有疑問的。

但是，後來因為二十世紀初在敦煌的一次文獻大發現，這部書突然有了問題。因為在敦煌發現的古文書裏面，有一些禪宗的古書，這些禪宗的古書給我們提出了很多問題，讓人懷疑《壇經》到底是不是真的記載了惠能的言論？它是不是後人偽造的或刪改的？敦煌的發現，使《壇經》的真偽、內容、思想突然成了問題。

我們知道，在古代歷史書裏的確有很多假的歷史，而很多真的歷史，有時卻是靠一些偶然的機會被突然發現的。比如說，咱們現在能知道古埃及有這麼多燦爛的文化，還有這麼多文明的創造，在很大程度上是由於一個偶然的事件。十八世紀末，大概是

1799 年，拿破崙遠征埃及的時候，帶了五萬多軍人，還帶了好多學者，他們在戰敗撤退到尼羅河三角洲西北修工事的時候，無意中發現一塊刻了幾種古文字的石碑，這個地方叫做羅塞塔村，所以後來也把這塊碑叫做羅塞塔石碑，到了 1822 年，經商博良（Jean François Champollin，1790－1832 年）破譯，人們才讀懂了古埃及文，從而再現了古埃及的歷史。因為那塊石碑上面，剛好古埃及文字和古希臘文是對比刻在一起的，幸好人們那個時候還懂古希臘文，所以，拿古希臘文和古埃及的象形文字一對，譯出了古埃及文，古埃及的象形文字一個個被確定以後，又來讀其他的象形

敦煌寫本《壇經》首頁

文字的資料，才慢慢地揭開了六千多年的古埃及史。另外，比如說《聖經》，現在都說《聖經》是怎麼怎麼的，但近代關於《聖經》的真正大發現是在二十世紀五十年代。有一次，一個放羊的農民在死海邊上一個叫庫蘭的地方趕羊的時候，無意中拿了一塊石頭往山洞裏面一扔，只聽得山洞裏面發出瓦罐被打碎的聲音，正是這一聲響，使人們發現了現代所謂著名的"死海文書"（Dead Sea Scrolls）。這死海文書是公元以前，也就是耶穌誕生以前，後來形成《聖經》的另一些文本，這才讓現在的人知道很多我們過去並不知道的東西。

同樣，在中國也有兩次非常了不起的發現。一次是甲骨文的發現，我在第一講《漢字型塑了"中國"？》裏就講過，當時河南安陽的農民用地下挖出來的骨頭來騙人，把它說成是"龍骨"，是包治百病的靈藥，拿到北京來賣，後來碰到一個對古文字很感興趣的官員，叫做王懿榮，他買來這個東西後大吃一驚，因為他發現上面有他不認識的文字，他覺得這可能是古文字。從此中國的甲骨文才揭開了中國三千五百年前的秘史。還有一次就是跟我今天講的內容有關係的敦煌文書。1899 年，在敦煌有一個王道士，有一天無意中敲了敲他坐的地方後面的牆，覺得牆空空地響，於是他把它打開，發現了一個小房間似的洞窟，裏面密密麻麻地堆滿了文書。這個洞是在公元十世紀下半葉封起來的。這些文書突然被發現了，陸陸續續地，英國的斯坦因，法國的伯希和，還有日本的、俄國的探險隊，都來這裏買走或者說是騙走了許多文書，直到最後，中國人才發現這些是無價之寶，但是當中國官方去收集這些文書的時候，只剩下不到一萬卷了。現在，英國大英博物館藏有近萬卷，是最漂亮最完整的一部分，在法國巴黎圖書館收藏的是最有價值的近一萬卷，在俄國聖彼得堡也收藏着近一萬卷，大體上是較零碎的，其中有許多過去沒有公開，最近才由上海古籍出版社出版了一部分，叫《俄藏敦煌文獻》，全世界共收藏有幾萬件敦煌文書，我國有一萬多卷，大多存放在北京的國家圖書館。

伯希和在敦煌藏經洞

六、胡適的發現：《壇經》的著作權出了問題

言歸正傳。正是因為敦煌文書的發現，人們才對《壇經》的真實性提出了很多問題，最早提出問題的是胡適。二十世紀二十年代末三十年代初，胡適接連寫了好幾篇文章，認為《壇經》不是惠能所作，而是惠能的學生神會編出來的，他的結論使全世界研究禪宗史的人都目瞪口呆。

胡適的論證是這樣的：第一，公元八百多年的時候，有個人叫韋處厚，他寫了個碑叫做《大義禪師碑銘》，說神會的學生和他學生的學生"竟成壇經傳宗"，他認為，九世紀的人講這句話，說明《壇經》是神會編出來用來做傳宗憑證的。第二，敦煌文書裏面還發現了很多神會的資料，神會講的很多道理和《壇經》講的是一樣的，可以證明《壇經》可能是神會編的。第三，使禪宗真正在中國取得絕對優勢的是神會，所以神會炮製《壇經》，確立一個死去的權威。畫人不太容易，"畫鬼最易"，炮製一個死去的絕對權威是很要緊的。所以，胡適寫的《荷澤大師神會傳》中最後講了這幾句話："南宗的急先鋒，北宗的毀滅者，新禪學的建立者，《壇經》的作者，這就是我們的神會，在中國佛教史上沒有第二個人有這樣偉大的功勳和永久的影響。"

　　胡適這個人極聰明、敏銳、清楚，而且好發新見，胡適一生在中國創立了很多新的思想，他可能在各個領域都有錯，但他在每一領域都開創了新的方向，確實是個了不起的人。但是在這件事情上，胡適好像有點證據不足。首先，用《壇經》當傳授的憑證，是《壇經》中說過的。《壇經》中說："不得《壇經》，即無稟受"，沒有《壇經》就不算南宗的弟子，大概神會也只是沿襲了老傳統而已，可能惠能在世的時候就已經肯定《壇經》作為他們這一派的憑證，所以這不能夠作為證明。其次，老師和學生的話相似，不一定是學生炮製了老師的話，也可能是學生抄了老師的話，這也是不能作為絕對證明的。第三，確立禪宗的地位不應就是禪宗的創立者，歷史上有很多著作都是在著作人去世很久以後，才成為絕對權威的經典的，比如說《論語》。

當然，我們也應該承認，胡適敏銳而且勤奮，有很多想法都是有啟發意義的，他提出的很多新的見解也不是胡編亂造的。胡適看書很認真，直到晚年，還在拿着禪宗的文獻慢慢看，還不斷地寫文章，不斷地寫筆記，在他的日記裏面有很多這樣的記載。所以，胡適關於《壇經》的考證裏面，確實還有一個疑問始終得不到解決，因此他的質疑也無法根本推翻。這就是《壇經》最後暗示，惠能死後二十年，將有一個人要繼承惠能為禪宗的復興大聲呼籲，這說的恰好就是神會的故事。神會在開元二十年也就是公元 732 年，在靠近東都洛陽的滑台大會上宣佈，惠能這支禪宗要取代神秀那支禪宗，而且要跟神秀對抗，這件事情的發生正好是在惠能死後二十年。如果不是神會在事後編寫，怎麼可能惠能在當時就預言二十年後的事情？胡適的這一條疑問，好像始終沒有被推翻。所以，我們很多人都相信這樣一個比較調和的結論，就是原來可能有一本《壇經》，是惠能說法的記錄，但是，後來神會在這裏面摻了很多自己的思想，加了很多東西，包括對神會的預言，

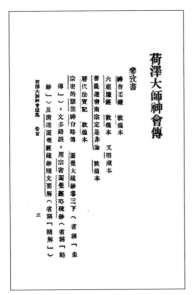

胡適《荷澤大師神會傳》書影

而神會一支後來曾經很興盛，所以他們傳的《壇經》就成了禪宗的經典。很可能是這樣。

那麼，我們現在看到的《壇經》，究竟是不是最早的樣子呢？即使不是惠能時代的原本，那麼是不是神會時代的修訂本呢？顯然也不是的。現在在敦煌發現的《壇經》，抄寫的時間大概是公元 780 年左右，是惠能死了六七十年後，神會去世二十多年後抄寫成的，這個抄本只有一萬二千字，有兩個卷子，一個藏在大英博物館，一個藏在敦煌博物館，顯然已經不是原本了。但是這還是早的，因為在日本京都的興善寺，還藏有一本北宋初期抄成的《壇經》，這個時候已經是一萬四千字了，多出兩千字來，和敦煌的抄本又不一樣了。到了北宋中期，一個叫做契嵩的著名和尚又做了一個校訂本，這時候已有兩萬字，又多出六千字。而此後流行的，又是元代人校訂並且分了篇章的一個版本，在敦煌、日本的各種版本發現以前，大家都是讀這個本子，沒有誰有疑問。這個版本是元代的兩個和尚宗寶和德異分別依據契嵩的本子編成的，有兩萬三千多字，又多出三千字，共分成十章。第一章講惠能出家的經過和南宗的建立過程；第二章講般若學的"空"；第三章回答當時韋刺史對他的提問；第四章講"定"和"慧"是一回事；第五章是講坐禪，講坐禪不僅僅是打坐，而是心靈不起念頭；第六章講甚麼叫無相懺悔；第七章介紹了惠能的各個弟子怎麼樣得到了徹底的覺悟；第八章是講甚麼是漸修，甚麼是頓悟；第九章是講禪宗跟政府的關係；第十章記載惠能臨死的時候對各個弟子的講話。

這就是我們現在能夠看到的各種禪宗版本的內容，可見，這部中國佛教自己的經典是漸漸形成的，是不斷增加修訂出來的，我們一定要了解，所謂的"歷史"和"經典"，有時就是這樣被書寫出來的。

七、《壇經》的關鍵詞之一：自淨

要理解《壇經》，先要理解《壇經》中的若干關鍵詞。

第一個關鍵詞叫做"自淨"。惠能在《壇經》裏面講，智慧就是般若之智，世上的人本來自己就有，"般若之智，世人本自有之"，"世人性本自淨"。

任何一個宗教的目的，都可歸納為兩個字"救贖"。佛教拯救世俗世界，有兩重界限是一定要遵守的：第一是信仰程度的界限，首先要使得有文化、有知識、有道德、有信仰的人得到解脫，然後才輪到普通信仰者，而不信仰的人是不能得到拯救的，否則他沒法分誰有信仰誰沒有信仰，這是常識，按照佛教的說法，是使"上根人"先得到解脫；第二是信仰與非信仰的界限，他要對真正的信仰者承諾，而拒絕異端，否則真正的宗教信仰，就沒有意義和價值了，也不能勸誘人們保持信仰。一個宗教要保持自己的存在，它必須做到這兩點。

說到信仰，就要注意，在所有的宗教裏，信仰的起點和信仰的終點是不是一回事？顯然不能是一回事。作為一個宗教，如果信仰的起點和終點是一樣的，就等於瓦解了自己，宗教還有甚麼必要存在呢？所以，早期佛教一定要強調一點，就是信仰的起點和信仰的終點是不一樣的，人性跟佛性也是不一樣的，人對於佛教的信仰，就在於提升人性而趨近佛性。他遵守種種戒律，進行種種修煉，都為了使人性向佛性趨近。

但是，從中國的南北朝以來，有一個思想一直非常強烈地在瓦解這個觀念，這就是"人人都有佛性"的思想。南北朝的佛教史上，有兩件事情是非常重要的，一件是關於是不是人人都有佛性的討論，這個討論涉及一個經典，叫《大般涅槃經》，這個《大般涅槃經》本來是在北方流傳，當時有一個人叫竺道生，他在公元五世紀初到了南方，告訴人們即使是有罪的人也有佛性，叫做"一闡提有佛性"。當時，南朝的京都金陵輿論大嘩，他被攻擊得不成樣子，只有少數人支持他。直到《大般涅槃經》傳到南京，大家才相信，原來他的說法是有依據的。第二件事情和《楞伽經》有關，《楞伽經》是禪宗早期所依據的重要經典，《楞伽經》提出了一個看法，每一個人心中都有如來藏，如來藏都是清淨的，清淨的如來藏在每一個人的心中，所以禪宗的第一代宗師達摩也說"含生同一真性"。由於肯定了人人都有佛性，於是解脫和超越的關鍵，就漸漸地不再是別人來拯救自己，而是自己來拯救自己。一般的佛教修行思路還是依靠外在的苦行，要通過自己對自己約束來拯救自己，但是，由於惠能非常強調"自淨"，認為沒有必要用苦苦的修行，在本來就清淨的心靈上"頭上安頭"。

甚麼是"頭上安頭"？用佛教的話來說就是"佛頭著糞"，在佛的頭上潑糞，那不是污染嗎？沒有必要多此一舉。這樣，人心和佛性就等同了，信仰的起點和終點就重疊了，於是，修行和學習也就不太需要了。

八、《壇經》的關鍵詞之二：無念、無相、無住

這就涉及我們所說的第二個關鍵詞，就是無念、無相和無住。

既然每個人心裏面都有本來清淨的佛性，成佛的關鍵在你如何在自己心裏"自淨"，那麼，你怎麼樣使心靈清淨達到佛的境界，就是一個很重要的問題。惠能在《壇經》中提出來，要以"無念為宗，無相為體，無住為本"。"無念"並不是甚麼都不想，而是"念而不念"。所謂"念而不念"，就是不執着於自己的每一個念頭，古代老莊學說裏有一句話叫做"物物而不物於物"，就是把物當作物，但是不把自己的思想束縛在物上面，被外在的"物"牽着跑。佛教經常用這種比喻，就是人的心像一面鏡子，天地萬物都在鏡子裏面照出來，但是鏡子裏面何嘗有萬物呢？但是，更重要的是它並不拒絕萬物，人的心就應當是這樣，如果你要拒絕萬物，拼命地跟混沌的世界保持距離，你的心就會處在一種非常緊張的狀態。佛教不希望你處在緊張的狀態，而是一種所謂自然的、放鬆的、適意的狀態裏面。他告訴你連鏡子都忘掉，那才最好。所以，禪宗有兩個著名的，而且是文學性很強的句子："雁無遺蹤之意，水無留影之心"，或者叫"水無沾月之心，月無分照之

意"。就是説，大雁飛過湖泊，並沒有想到把影子留在湖泊上，湖面印照出大雁的影子，湖面本身也並非有意要留住大雁，完全是一種偶然的遇合；水和月亮兩個很清澄皎潔的東西互相照映，但是，水並沒有要沾月亮的光，月亮也並非有意要把自己的光分給湖面。

按照禪宗的説法，人應該對一切都採取一種"無念"的態度，就是雖然有"來往"，但是不"執着"。所以，佛教有一句話叫"無執"，佛教認為，人之所以會有痛有煩惱，就在於人有"我執"，就是"有我之心"，最徹底的，是連"無念"也不要在你的心裏面。"無念"就是不固執、不留戀、不沉湎，隨意而自然，是一種自然而然的狀態。英語的"自然"和中文的"自然"是很不一樣的，中文的"自然"這兩個字，首先應該理解為"自然而然"，也就是自己是這樣的，沒有誰逼你；但是，你也不要"我非不進入你這個境界"。你要拒絕一個境界，實際上也就肯定了一個境界，於是，你的心就會兩分，佛教是要你超越兩分世界的。這是無念。

那麼"無相"呢？同樣是"於相而離相"，用話來解釋是很困難的，也許可以叫做看而不看，聽而不聽。如果你閉目塞聽，你就會很痛苦，因為人畢竟是有種種視聽感覺的，禪宗所要求的"無相"的境界是甚麼？就像風過耳、影過眼，不被任何形、色、聲所束縛，自由的意義是能夠隨心所欲，是自我感覺到空間的寬闊無邊。我有時候跟人講兩句話，一句是，自由並不是你想幹甚麼就幹甚麼，而是你在意識裏感覺到你的精神空間非常寬闊；第二句是，自由不是想幹甚麼就幹甚麼的自由，而是拒絕幹甚麼的自由，這才是真正的自由。所以，"無相"實際上不是一種偏執的拒絕，而是一種隨意自然、毫無掛念的自由。

同樣，"無住"就是在一切現象中不停留自己意識的腳步。《壇經》裏面講，在一切現象上不要固執、不要留戀、不要停留，如果你有一念停留，那麼你所有的"念"就被停留。所以它講，"於一切上，念念不住即無縛也。"惠能有一個隔世傳人叫做馬祖道一，他有一次在山上和另外一個禪師有一段對話。這個禪師說，你要修行，要解脫束縛。他就反問道：誰給了你束縛？有人說，要擦乾淨心裏面的髒東西，他就說，有誰弄髒你了？他的意思是，一切都是虛幻的，只要你不把它當作是實在的，使自己的意念束縛在它上面，你就不會被這個東西束縛住。蘇東坡有一次登山，他看見山很高，山頂上有一個寺廟，心裏面很悲傷，想：我真是爬不上去了呀，但是同時心裏面又想，我今天一定要爬上去，於是就不停地爬。到了半山的時候，他在一個叫做松風亭的地方休息，他轉回頭想了一句話，這句話很重要，就是"有甚麼歇不得處"。這意思是：我幹嘛一定要被爬上去這個念頭束縛住，搞得我那麼緊張？他後來又有一句話叫"吾心安處是吾鄉"，人真正的故鄉是甚麼地方呢？凡安心處就是故鄉。還有一次他生病時，也說"安心是藥更無方"。這個就基本上把禪和佛教的思想，完全地轉到了中國老莊的"自然"思路上來了。其實，這也就是禪宗的基礎，老莊和禪宗發展到極點，都是這條思路，人應該處在自然的、適意的、隨意的狀態裏面，這時人的心靈是放鬆的，你會感覺到一種輕鬆，佛教認為這是一種永恆的感覺。

九、《壇經》的關鍵詞之三：不立文字

第三個關鍵詞是"不立文字"。

《壇經》裏面有好幾處說到這句話，你對於終極境界的體驗和觀照，應該是"自用智慧觀照，不假文字"，這個問題比較難講。

大家知道，語言文字是對現象的命名，而且是使現象世界呈現在人們面前的符號。套用海德格爾的話"語言是呼喚物的，物只能在語言中呈現。"我們每一個人不可能了解和觀察一切，我們所了解的這個世界，大多是由語言文字符號傳遞到你的腦子裏的。用佛教的話來講，"名者，想也"，當一個詞出現在你的面前，就引起你的聯想。比如我說"瓶"（vase）這個詞，這個聲音和這個字的形狀呼喚你的思維裏面出現的是一個瓶的形狀，但實際上並沒有真正的瓶，就像"望梅止渴"中的"梅"一樣，當你聽到並想起"梅"，就會不由得口舌生津。語言在你的心目中構造了第二個世界，它是處在你的心靈和真實世界之間的，這個東西可能是一扇門，有時候是從這個世界到那個世界的通道，但也有可能它關上以後就阻隔你從這邊進入那邊。語言文字對於人和世界來說也是這樣的，它有可能使你了解世界，但也有可能使你誤解這個世界。

對於佛教禪宗來說，語言文字傳遞的並不是最終境界，也不一定是真實世界。首先，在禪宗思想裏面，最關鍵的是要讓人體驗那種自由超越的終極境界，而這種終極境界是不可以言說的。我們經常會在生活中碰到沒法說的感覺和體驗，所以佛教經常講"不可思議"。思想是靠語言來思想的，可是，確實有那種最高境界的感受和體驗是不可思議，或者不可言說的，就像成語中說的"不可名狀"，或者口語中說的"說不出的快活"。禪宗很早就主張以心傳心，不立文字，就是因為語言文字常常在人心裏面產生了一種阻隔，使人不能用自己的心靈體驗到最終境界。其次，因為自從人類有理性以來，人類的理智就支配着對世界的理解，形成一個不證自明的框架，這是一種理解方式，而這種理解方式通過語言固定下來，就成為我們所說的"理性"。可實際上，它對世界的理解和描述，也有可能是誤導。《紅樓夢》裏有一句話叫做"真事隱去，假語村言"，由於人不太可能事事都直接以經驗去了解，所以，你只能藉助於理性，通過語言文字來了解這個世界，但是，文字所說的那個世界真的絕對正確嗎？

禪宗要在"無念、無相、無住"裏面體驗這個終極境界，就非常反對人們用語言來描述，因為語言描述的這個世界，並不是你自己的親身體驗，也未必是真實世界，更不是佛教要你去追求的終極超越世界。因為那個世界是不可言說的，只能用心去體會，中國傳統裏面好像就有這樣的思路，像老子就說："道可道，非常道"，所以後來人們也說，終極的真理"不可說，一說就錯"。

不可說的東西怎麼把握，語言不可表達的東西怎麼表達？禪宗一方面提倡"以心傳心"，直接用本心來領悟；另一方面他還是得用語言來告訴你，於是，他採取了很多方法。我們要特別說明，"不立文字"，它的原本意思是不確立文字的權威性，並不是"不要文字"。禪宗為了瓦解人對文字語言產生邏輯和聯想的習慣，到了中唐以後，逐漸形成了後來所謂的機鋒、公案、詩偈、反諷等反語言的語言形式。其中，有三個最常用的方法。

第一個方法是單刀直入，乾脆不要文字，這是最簡單的一種方法，也是最基本的一種方法，對於萬事萬物，你都直接體驗，語言有時候就在你中間產生一種障礙，這時你拋開這種語言是必要的。在明代小說《笑得好》裏面有一個著名的故事：有一個很傻的差人押送一個犯罪的和尚，他記不清自己都帶了甚麼東西，他的妻子就教他唸個順口溜：「包裹雨傘枷，文書和尚我。」途中，和尚把傻子灌醉，剃光他的頭逃走了。第二天早上他醒來，按例唸「包裹雨傘枷，文書和尚我。」和尚哪？一摸頭，原來也在，「可是我呢？」有時我們接觸這個世界，經常出現的一個事情就是「我到哪兒去了？」通過語言文字來了解這個世界，實際上語言文字是別人告訴他的，不是自己親身去理解的，所以，世上的人們經常也會忘記「我」到哪兒去了。西方現象學有一句名言：面向事物本身。禪宗在文字上的思想，跟現代西方哲學的一些思想是很像的。這是第一種方法。

第二種方法，在沒辦法的情況下也得用文字，用文字破壞文字，用語言來破壞語言。《壇經》裏面講到，人問你「有」，用「無」來回答；問你「無」，用「有」來答；問你神聖，要用平凡來回答；問你平凡，要用神聖來回答。他用矛盾的、不通的、彆扭的語言來破壞你對語言的習慣性執着。因為人對於語言都有一種下意識的遵從習慣，事實上，這只不過是語言規定性的一種表現，人要是盲目服從語言，那麼也許就要上語言文字的當。反過來想一想，「問道於盲」也許並不錯，這個盲人不知道「東」還是「西」，也許告訴你向前走，向右拐，再向前走，你就會憑自己的感覺自己去找路了。唐代有一個趙州和尚，別人問他住在哪裏，他答："趙州東院西"，東院是哪裏？西是木字旁的"棲"，還是東西的"西"，他也不給你回答。在這類經常出現在禪宗的話裏面，又有兩句著名的話："仰面看波斯，面南看北斗"，完全是矛盾，整個兒不通。還有一首偈語叫"空手把鋤頭，步行騎水牛。人從橋上過，橋流水不流"，這些都是用語言破壞語言的例子。因為正面講，合着邏輯地講，你就會被語言誤導了，你想不通，那最好，你自己去看，去體驗事物本身。

第三個方法呢？就是借用文學語言來瓦解日常語言。中唐以後，很多有文化的人信仰禪宗，他們把文學語言尤其是詩歌語言，引進了禪的對話，不僅使禪的對話充滿了生機，也使禪的對話彷彿藝術語言。因為這種文學語言不是直接的、客觀的、精確的描述，而只是表現一種感覺，所以不會落入"說一是一，說二是二"的文字魔障，很適合禪宗的口味。所以，他們參禪有悟的時候就說"雲在青天水在瓶"，感悟到自然的時候就說"一條界破青山色"，意識到語言的障礙時就說"相逢欲相喚，脈脈不能語"。而且禪師自己還常常把對話和說解寫成了富於文學意味的詩，像甚麼"山花開似錦，澗水湛如藍"，像甚麼"孤猿叫落中岩月，野客吟殘半夜燈。此境此時誰得意？白雲深處坐禪僧。"你如果從後來的禪語錄中看，很多這種充滿深刻智慧的宗教語言，也逐漸成了一種文學語言。

這就是第三個關鍵詞，也就是"不立文字"。

十、《壇經》的關鍵詞之四：頓悟

　　既然人的解脫的關鍵在於人的自身，人最重要的是"自性清靜"，而且能夠做到"無念、無相、無住"，能夠拋開語言文字，那麼，人在一剎那間在意識的轉換中，就可以達到很高的境界。惠能及其後來的傳人們認為，既然一切都是"空"，既然一切外在的修心養性都不需要，那麼，也不需要拒絕過去被認為是庸俗的、實在的世俗世界。他們覺得，只要在自己心上"無念、無相、無住"，信仰者就可以超越和解脫，在心靈意識的轉換裏面，達到一種自己感到輕鬆的境界。這就是被後來人稱之為"頓悟"的法門，而這種"頓悟"的法門，就是分別中國佛教和印度佛教的一個重要的標誌。

　　在公元五世紀末六世紀初，著名的詩人謝靈運作了中國第一篇有關中西思想比較的文章《辨宗論》，他說西方人（印度）容易受宗教性的約束，而不能在裏面理解和覺悟到"理"；而華人"易於見理，難於受教"。所以，中國人一定要"頓悟"。由此可見，中國佛教在謝靈運時代就已經講到"頓悟"了，不過這個口號一直到惠能時代，才被明確揭出來，並且作為中國禪宗的一個旗幟。由於有了這個旗幟，中國佛教後來就一直提倡"自己解脫自己"，認為一個人在剎那間的意識轉換裏面，就可以達到超越和解脫。

　　這裏有一個有名的禪宗故事。據說有一天，禪宗大師馬祖道一還沒有領悟的時候，曾經在那兒苦苦地坐禪，希望自己能夠解脫，他的老師南嶽懷讓看到他，就找了塊磚，跑到他面前在石頭上使勁地磨，馬祖和尚被攪得很煩，就問：你磨磚做甚麼？老師答：磨磚做鏡子。馬祖問：磨磚怎能成鏡？老師就說：磨磚不能成鏡，坐禪又豈能成佛？南嶽懷讓的意思是甚麼呢？就是說，一切都在你的心裏面，如果你的心靈意識不能夠轉換，不能夠意識到自心清淨，你坐又怎能坐出佛來？一切都要在一刹那的意識轉換中，自我體驗到自性清淨，於是自己就清淨和超越了，這才是禪宗。

這"頓悟"的道理，你明白嗎？

十一、禪宗影響中國：文化、藝術與生活

唐代，特別是中唐以後形成的禪宗南宗，對中國人尤其是中國士大夫影響確實很大，這影響大概可以歸納為四個方面。

第一，最重要的，從中國宗教史的角度講，禪宗的形成對於佛教的意義是"非宗教化"。甚麼是"非宗教化"？就是使得佛教越來越不像宗教，很多學者都指出，禪宗是一個最不像宗教的宗教。這個表現在：第一它破除偶像崇拜；第二它瓦解儀式制度；第三它去除修行之苦；第四它把宗教信仰者生活藝術化。這一點不僅影響了佛教自身，而且還影響了中國的精英階層。因為一切彷彿過眼煙雲，包括所有的外在約束，包括修行，都是虛幻的，完全要由心靈來頓悟，所以，他們對修行、對戒律、對經典閱讀、對偶像崇拜是非常反感的。剛才我們引用南嶽懷讓和馬祖道一"磨磚

豈能成鏡"的故事，就說明成佛是靠內心自覺，不是靠參禪打坐。後來，禪宗對這種認真打坐、迷信偶像、死讀經典的做法都很看不起。比如有一個丹霞天然禪師，冬天看見佛像，就把它拆了燒來取暖，這就是"丹霞燒木佛"。有人問你怎麼能燒佛取暖呢？他反問說，這裏面有舍利嗎？沒有舍利怎麼是佛？大家都知道，佛陀火化之後是有舍利子出來的，沒有舍利子說明那只是木頭。還有一個德山宣鑒禪師，說得更難聽，他說世上沒有甚麼祖也沒有佛，達摩就是有狐臭的老男人，文殊菩薩就是擔糞的漢子，達到佛教的高級境界的，都是一些笨蛋，他說菩提、智慧、涅槃，都是拴驢的樁子，剩下的那些菩薩、羅漢都是守墳的鬼，不能自救。同時，他們也鼓吹不必死死修行。有一個人去修行，天天給禪師端茶、倒水、送飯，做了三年，禪師也不給他講真理，他急了就說，我來你門下三年，為甚麼你一句道理都不給我講？禪師就說，你端飯來我就吃，你端茶來我就喝，你給我行禮我就給你回禮，你還要甚麼？所以，後來禪宗走向了"平常心是道"，就是追求自然適意、沒負擔、不固執、沒有慾望約束心靈的境界。這個生活取向影響了中國很多士大夫，使得很多中國士大夫走上了尋求自然放鬆的道路。

當然，我們也要看到，它如果走到極端，就會走向放蕩、走向放任。從宋代到明代的禪宗史就有這個趨向。但從根本上來說，禪宗是瓦解了佛教的宗教性，我經常講，南宗禪宗看上去是佛教，實際上恰恰是瓦解佛教的急先鋒。因為一個宗教如果沒有戒律，沒有組織，沒有儀式，沒有崇拜對象，沒有經典理論，這個宗教就瓦解了，它也就不能成為一個非常強大的宗教性力量。

第二，在傳統士大夫的人生觀和價值觀上，禪宗實際上對儒家的精神世界是一種補充，也是一種補救，使得士大夫可以在責任和放任、入世和出世之間，找到一種自我協調、自我放鬆的方式。大家知道，儒家傳統是入世，是對社會負責任。比如孔子，他一定要恢復周禮，恢復"君君臣臣，父父子子"的秩序，他主要的貢獻以及他的成就感，基本體現在社會上。"達則兼濟天下"，這是儒家的理想。儒家首先要"立德"，其次要"立功"，最不行你還要"立言"，所以你的成功與否，要靠社會的承認，你的價值都要在社會上體現。雖然在先秦，中國也有老子和莊子對其進行批判，試圖給士大夫提供另外一種東西，但是顯然是不夠的。大家都記得，莊子曾經說過一個故事，楚國國君邀請莊子到楚國做令尹，就是宰相。莊子就問來的使者說，聽說你們楚國廟堂上有被祭祀的千年烏龜，是不是呀？使者說是。莊子就說，你如果願意當這個千年死烏龜就去當，我只願意當在泥地裏面慢慢爬的活烏龜。這就是莊子的想法，莊子認為人需要從社會責任和世俗政治逃離。莊子的這些思想，到了禪宗被發揚光大，因為禪宗也有一套追求自然和放鬆的道理。大家都知道，佛教是給人以解脫，但是禪宗是怎麼說的呢？有人說怎麼能得解脫？禪宗說"本自無縛，不用求解"，你只要放下一切，你就是自由的，所以說沒有人捆綁你，你要放鬆，做到平常無事，好像"屙屎送尿，著衣吃飯，睏來即眠"，這就是解脫了。

這對士大夫的影響是很深的，士大夫受到禪宗影響，他們就會有一個自我解脫的方法，在沉重的社會責任之外，能夠找一個自我放鬆的空間。比如，在杜甫那裏，他的理想是傳統儒家的，就是"致君堯舜上，再使風俗淳"，可是，這就要你做很多事情，負很多責任；但是，在王維那裏可能就不一樣，"獨坐幽篁裏，彈琴復長嘯，深林人不知，明月來相照"，在沉重的社會責任之外，他還有逃避的空間，有放鬆的時候。後來很多中國士大夫都有這種經驗，而在禪宗這裏，它就是給你提供心靈逃向另外一個空間的理由，"平常心是道"嘛。所以，中國士大夫調適心理很重要的方面，就在於他一方面可以有入世的儒家精神，另一方面又必須要有一個能自我放鬆的禪宗和老莊的思想。

第三，禪宗對中國文學和藝術影響很深。中國古代藝術，比如我們講琴、棋、書、畫。琴是指音樂，古代的音樂就已經有一種理論，叫"絲不如竹，竹不如肉"，絲就是弦，絲不如竹，因為絲還是經過人加工的，而竹是完全用植物只鑿幾個孔吹的。"竹不如肉"，肉就是人的聲音。這裏的道理，其實就是漸近自然，越接近自然就越高明。到了禪宗，它的自然觀念就更把它發揮到一個極致，所有的東西都不需要刻意地追求技巧，技巧是二等的，境界是一等的，所以，你要彈無弦琴，這才是它的最高境界。我們再來看棋，下圍棋最高的境界是"流水不爭先"，但是實際上，下棋就是步步爭先，落了後手就完了，可是在棋的理論上，最高境界卻是"流水不爭先"。大家看日本、中國的棋手，他們手中往往有一把扇子，上面寫着"流水不爭先"或者"平常心是道"。下棋都是爭輸贏的，可是它卻叫你不要爭，要順其自然，這個有沒有道理呢？也有一定的道理。我們都知道下棋要計算，計算是一個理性行為，是一個充滿了劍與火的互相殺戮的理性行為，可是受到禪宗影響的中國人也好，日本人也好，下棋的人都知道，最高境界是感覺，不是計算，這個跟禪宗道理是相通的。再說書法和繪畫，同樣也是如此，如果練書法的人永遠都是刻意於"永字八法"，間架結構如何整齊，畫的線條如何好，那永遠成不了大師。按照中國文人的理論，大師經常是眼忘手，心忘眼，運筆自然揮灑。啟功先生寫的字是非常規整的，但是我曾聽啟功先生說過，甚麼間架結構都不重要，只要自然就好，一定要自然。中國的繪畫，也越來越走向不追求色彩，不追求形似，只是靠墨色濃淡，表現的是一種心境，典型的中國的山水畫和花鳥畫，比如八大山人的畫，畫得都不像。可是如果你畫得很像，沒準兒大家都貶低你，說這只不過是照相機而已。真正追求的，是一個自然的意境，是超出理性和文字之外的東西。當然，它也尋求一種清遠的、幽深的意境，大家可以看到，宋代以後的山水畫，基本上都是一種幽靜清遠的境界。像范寬的《雪景寒林圖》、北宋王詵的《漁村小雪圖》，所謂"煙嵐古樹""寒江獨釣"，這裏常常沒有煙火，沒有人跡，這些都是禪宗所追求的"空""靜"的境界。所以山水畫裏面人都非常小，而且不佔重要的位置。

後來很多人推崇的中國藝術最高境界，基本上都是這樣的。比如王維的詩，"空山不見人，但聞人語響"，空山沒有人，但遠遠好像聽到有人聲；"返景入深林，復照青苔上"，夕陽重新照到森林裏面，照到了青苔上，好像是一個沒有人的境界，但是並不是絕對的死一樣的寂靜。大家可以體會，"人閒桂花落，夜靜春山空。月出驚山鳥，時鳴春澗中"，這幾聲鳥叫，才能夠反襯幽深和安靜的山林，如果都是絕對的靜是不行的，一定是一個很放鬆，但又很自然的安靜狀態。錢鍾書先生當年寫過一篇很有名的文章《中國詩與中國畫》，中國詩以杜甫為最高，那是因為詩歌承擔着社會責任，杜甫是儒家的代表。中國畫是超越的，追求一種空靈境界，所以它以王維為最高。

順便說一句，就連武俠小說中，武術最高的境界也是無招勝有招。大家可能都看過金庸小說《倚天屠龍記》，裏面說臨戰前，張無忌向張三豐學劍法，張三豐問他忘了劍法嗎？他說忘了三四成了，張三豐繼續讓他練，然後再問他忘多少？他說全忘了，全忘了就是最高境界了。老莊和禪宗在這一點上相通，禪宗一定是說，第一你要去除你具體的技巧和文字；第二你要進入一種空靈的狀態；第三是要達到物我兩忘的境界。這就是禪宗追求的空、幽、深、遠的境界。

最後一點，是禪宗對於中國文化，也是對世界現代文化的影響，是思維方式。據一些哲學家說，對於現代理性思維來說，禪宗是一個補救。千奇百怪的禪宗語錄，成為非常另類的、特別的思考方式，它對於今天的思維世界，尤其是西方科學和理性，也許會有特別的衝擊和啟發。西方的理性思維是以形式邏輯為基礎的，它必須合乎知識邏輯，古代中國是按照道德理性來思考問題，它也要合乎道德邏輯。可是禪宗要你回歸到內心，體驗到一個更加超越的境界，所以，它不希望你被理性和語言所束縛。我經常開玩笑說，聽見"醬肘子"這三個字的時候，馬上就會覺得那是北京很有名的天福號，這就跟"望梅止渴"故事裏說的，曹操當年講前面是梅林，使得士兵流口水，解決了口渴一樣，會讓人聯想起好吃的。但有人認為，望梅能止渴其實是人們落入了語言圈套和邏輯聯想。所以，禪宗那種千奇百怪、不合邏輯的東西是衝擊常規的，是以非常對正常。

但是，誰能說正常就永遠是正常？大家也知道，西方的理性和科學，這些年來大家也都看出一些問題，都希望有補救的方法。從一百多年前開始，日本的學者到了美國，像鈴木大拙就用英文來描述禪宗思想，給了西方一種另外的資源。和鈴木大拙同時，日本京都學派的西田幾多郎也發明了"無的哲學"，後來還有一個比他們兩個稍晚一點的久松真一，都在努力向西方傳播禪宗的思想。同時，在西方也有一批人，覺得要補救西方思維的僵硬缺點，所以也從他們的角度努力引進和解釋佛教和禪宗，比如雅斯貝爾斯，他曾經研究佛教，對禪宗也很有興趣，還專門寫了一本關於佛陀的書。另外，心理學家弗洛姆跟鈴木大拙合作，寫過一本書叫《禪與心理分析》，德國哲學家海德格爾也對禪宗、老莊很有興趣，他有一篇講《甚麼是無》的文章，提出要"詩意地棲居"等。由此看來，這些現代西方哲學之所以可以超越現代理論，也許是他們借用了禪宗那些非邏輯和非理性的思維，也許禪宗確實可以是現代一種別樣的思維資源。

最後，我給大家唸一段禪宗語錄。有人問禪師甚麼是佛教的最根本的道理，他回答是這樣的："仰面看波斯，面南看北斗。"

波斯在西邊，為甚麼要仰面看？北斗在北邊，為甚麼要向南看。可是，為甚麼南就是南，北就是北？為甚麼上就是上，下就是下？禪宗就是要打破你對語言概念的執着，因為南、北、上、下只不過是一個詞，是一個約定俗成的符號，並沒有那麼永恆的規定性。這個意思，你明白嗎？

【 參 考 論 著 】

1. 胡適：《中國禪學的發展》，原為 1934 年的演講，載《胡適講演集》，現收入《胡適文集》(歐陽哲生編，北京大學出版社，1998 年) 第十二冊。
2. 印順：《中國禪宗史》，江西人民出版社，1990 年。
3. 鈴木大拙：《通向禪學之路》，葛兆光譯，上海古籍出版社，1989 年。
4. 葛兆光：《增訂本中國禪思想史 —— 從六世紀到十世紀》，上海古籍出版社，2008 年。
5. 小川隆：《禪思想史講義》，彭丹譯，復旦大學出版社，2017 年。

【 閱 讀 文 獻 】

1. 慧能《壇經校釋》(郭朋校釋，中華書局本)

（神秀偈曰）身是菩提樹，心如明鏡台。時時勤拂拭，莫使有塵埃。
（惠能偈曰）菩提本無樹，明鏡亦非台。佛性常清淨，何處有塵埃。

2.《壇經校釋》第二○則

自性常清淨，日月常明，只為雲覆蓋，上明下暗，不能了見日月星辰，忽遇惠風吹散捲盡雲霧，萬像森羅，一時皆現。世人性淨，猶如清天，惠如日，智如月，智惠常明。

3. 神會《菩提達摩南宗定是非論》（楊曾文編校，《神會和尚禪話錄》）

我六代大師，一一皆言"單刀直入，直了見性"，不言階漸。夫學道者須頓見佛性，漸修因緣，不離是生而得解脫。譬如其母，頓生其子，與乳漸養育，其子智慧，自然增長。頓悟見佛性者，亦復如是，智慧自然漸漸增長。

若教人坐，"凝心入定，住心看定，起心外照，攝心內證"者，此障菩提，今言坐者，念不起為坐，今言禪者，見本性為禪。所以不教人坐身住心入定。若指彼教門為是者，維摩詰不應訶舍利弗宴坐。

大慈大悲觀世音：民眾的佛教想象

引子：大慈大悲與救苦救難

2000 年的秋天，我短暫客居在歐洲一個叫魯汶的小城裏，小城的中心廣場用石頭鋪成。歐洲的城鎮中心，照例都有華麗的市政廳和威嚴的教堂。每天下午，我都到這個廣場閒坐，看風捲雲飄，看鴿子飛過，有時也到教堂裏"隨喜"，聽着風琴的緩緩奏鳴，看着彩繪玻璃上的聖經故事畫像，在莊嚴蕭穆的氣氛中體會信仰者的心情。

魯汶市中心這座聖彼得教堂（St Peter's Church），在歐洲大概是一座中等的教堂，並沒有甚麼特別之處，只是那裏的一座聖母像，卻讓我想了很多，為甚麼呢？因為她太像我們熟悉的觀世音菩薩。我在想，她真的與觀音菩薩有關聯嗎？或許，只是因為我這個中國人，經驗中有熟悉的觀世音，所以凡是看到這種女神塑像才會聯想到觀世音菩薩？

先把歐洲的聖母放在一邊，說說東方的觀世音菩薩吧。可能大多數中國人都會知道，觀世音是一個非常慈祥可親的女性形象，現藏台北故宮博物院的一幅宋代繪畫《觀世音菩薩像》，就將觀音畫得很美。觀音菩薩有好多好多種化身，有千手千眼觀音，有魚籃觀音，有童子拜觀音。特別是小說《西遊記》流行以後，大家都知道，這個觀世音菩薩不僅美麗，而且神通廣大，孫悟空收伏不了的妖怪，她可以來收伏，像偷唐僧袈裟的黑熊怪，還有通天河的魚精，連孫悟空頭上的緊箍，也是她給安上的。而她身邊的童子，據說是牛魔王和鐵扇公主的孩子，叫紅孩兒，在觀音菩薩收

比利時聖彼得教堂中的聖母像　　　台北故宮藏宋人所繪觀音像

服他之前，孫悟空本事再大，也有點奈何他不得。

　　不過，那些都是小說故事。實際的社會生活裏，觀世音菩薩的影響也很大。在中國佛教有四大名山，據說分別象徵地、水、火、風，分別有四大菩薩，也就是地藏（地，安徽九華山），文殊（騎獅，風，山西五台山），普賢（騎象，火，四川峨眉山），觀音（水，浙江普陀山）。如果你去民間做一個民意調查，比一比哪一個最有影響，那一定還是觀音菩薩，佛教的佛、菩薩、羅漢裏面，大概除了阿彌陀佛、彌勒佛之外，就數她最有名了。在很多佛教廟裏，都有她的塑像，大多是手持楊柳枝，以甘露清涼淨水灑向人間。

　　觀音或者觀世音菩薩的名望為甚麼這麼大？她為甚麼得到這麼多信仰者的崇拜？這還要從歷史講起。關於觀世音菩薩的歷史故事很多，裏面的問題也很多，比如，為甚麼他在印度本是男身，到中國變了女身，這裏面有甚麼奧秘？他是怎樣和中國歷史上的"妙善傳説"聯繫起來的，究竟是甚麼道理，民間把她叫"三皇姑"？她在晚明是怎麼和日本的天主教連在一起，並且代替了被禁止的聖母而被虔誠的日本教徒崇拜？今天，就要説一説這些歷史故事。當然，我們更要讓各位想一想這樣幾個很特別的問題：第一，觀音由男性變成女性，背後是甚麼原因？第二，在中國西藏、內地和日本的觀音信仰中，有甚麼文化的差異和背景？第三，觀音信仰是如何與中國民間信仰混融的？

一、佛教經典裏的觀世音菩薩

　　觀世音菩薩的信仰，據説，在公元的第一個世紀起，就在印度流傳。"觀世音"在梵文（Avalokiteśvara，阿縛盧枳帝濕伐邏）裏，前半是觀看、顯現的意思，後半是聲音的意思。"菩薩"在梵文（bodhi-sattva，菩提薩埵）裏面，前半"菩提"是智慧，後半"薩埵"是"有情眾生"，意思就是以智慧解救眾生的大士。所以通俗地講，"觀世音菩薩"就是視覺和聽覺中都能感受到的，以智慧拯救眾生的菩薩。

在大約東漢三國的時候，提到他的佛教經典像《法鏡經》(東漢安玄譯)、《維摩詰經》(吳支謙譯) 剛剛被翻譯過來，他被翻譯成"窺音"。到了西晉竺叔蘭等人譯《放光般若經》，他又被譯成"現音聲菩薩"，而竺法護譯的《正法華經》，則叫他作"光世音"，在很長時間裏，他都被稱為"光世音"。後來，偉大的佛教翻譯家鳩摩羅什 (344－413 年) 翻譯的《妙法蓮華經》的第二十五品《普門品》，才把他譯作"觀世音菩薩"，因為這個《普門品》譯本盛行，"觀世音菩薩"的名號才漸漸地在民間流行起來。

那麼，為甚麼這一品經特別流行呢？還有一個故事。據說大約在公元四世紀的時候，北涼國主沮渠蒙遜生了大病，醫生沒有

《普門品》書影

辦法，各種藥都不靈，這時有一個外來的和尚曇無讖（385—433年）勸他唸這個《普門品》，他照辦後，果然病就好了，所以，他下令讓民眾都讀這品經文，於是它便流傳開來。那個時候，五胡十六國在中國北方天天打仗，各種民族如匈奴、鮮卑、羯、羌等都進來了，政權變更得很快，社會十分動蕩，人要尋找一種安寧，所以，有一個觀世音菩薩出來，很容易讓人信仰。到了唐代初期，因為要避唐太宗李世民的諱，所以就簡稱"觀音菩薩"了。順便說一下，所謂"避諱"，就是遇到比自己地位和等級高的人，不能直接書寫或稱呼他的名字，要缺筆、缺字，或者改字、提行、空格等，這就叫"避諱"，是為了表示恭敬。比如，康熙皇帝叫玄燁，所以清朝的時候，也把"玄"寫成"元"，"玄而又玄"就成了"元而又元"了，把觀世音叫成觀音，就是為了避開李世民名字中的"世"字。

　　這個菩薩，在佛教中，是顯教和密教都尊敬的。順便再說一下甚麼是顯，甚麼是密，"顯教"就是傳說中可以公開傳授的佛教，古代中國如大小乘各派，甚麼三論宗、天台宗、淨土宗、華嚴宗、律宗、禪宗都是"顯教"，他們有好多道理教導信仰者，雖然也有一些儀式，但更主要是依靠自覺的修行，如戒、定、慧等；"密教"是秘密傳授的佛教，據說有很多技術、方法、崇拜等，是秘不示人，只能師徒秘傳的。這裏包括中國內地、西藏和蒙古的喇嘛教以及傳到日本的真言宗，他們有"曼荼羅""阿字觀""咒語"，有秘密的修煉方法，還有"身口意三密相應"等，充滿了神秘的色彩。不過無論顯、秘，各自都有很多經典，在這些經典裏，都有關於觀世音的記載，所以，這是兩派都重視的菩薩。據文獻記載，在大乘佛教的各種菩薩中，觀音信仰最為普及，廣泛流傳在印度、中國內地及西藏、西域，乃至日本、東南亞等地，因此，有關觀音之信仰的記載為數最多。在中國佛教徒的印度旅行記像《高僧法顯傳》《大唐西域記》等書中，就記載了印度及西域各地崇拜觀音菩薩的事實，尤其是《大唐西域記》卷十記載，南印度的秣羅矩吒國（印度半島南部，今馬杜拉一帶）補怛洛迦山有觀音菩薩之靈跡，巧的是，近代又真的從艾羅拉（Ellora）、坎內利（Kenheri）及鹿野苑（Sarnath）廢墟中發現若干聖觀音像。其中，坎內利窟寺中存有諸難救濟圖、十一面觀音像等物，可以證明觀音信仰在印度的流行。

二、有關觀世音菩薩來歷的傳說

那麼，這個菩薩是怎樣一個人呢？他是如何獲得大神通力的呢？

關於他的來歷有好幾種傳說，我們只講其中一種。據說，很久很久以前，有一個國王，常常聽佛陀說法，在後花園修行禪定時，有兩朵蓮花從左右長出來，化為童子，一個叫寶意，一個叫寶上。後來，他們得到佛陀的指引，就是後來的"觀世音"和"大勢至"兩個有名的菩薩。這兩個菩薩是阿彌陀佛身邊兩個脅侍菩薩，據說佛入滅以後，觀音將成為佛，叫做普光功德山王佛，所以，好多觀音菩薩的頭上有阿彌陀佛像。在《法華經·普門品》裏，現在的佛陀對大眾說，這個觀音菩薩很了不起，如果有人唸誦他的名號，可以入大火不能燒，落大水不能淹。佛陀還舉了很多很多的例子，比如，過去曾經有千萬個貪心的人，爭先恐後到大海裏，去尋找金銀寶貝瑪瑙珍珠，結果"黑風吹其船舫，飄墮羅剎鬼國"。可是，因為其中有一人唸觀世音菩薩名，結果所有的人都得到了解脫。又比如，世界上有一個滿是強盜的地方，一個商隊身懷重寶路過，其中有一個人說，只要唸誦觀世音，就可以不必恐怖，平平安安。按照佛的說法，如果女子拜觀音菩薩，乞求生男，就會"生福德智慧之男"，如果乞求生女，就會"生端正有相之女"。

據說，觀音菩薩拯救信仰者是很靈驗的。南北朝時期，一位有名的和尚竺道生（355－434年）在注釋《法華經》的時候就說，本來佛教拯救世人的途徑很多，專門

敦煌 66 窟壁畫中的觀世音菩薩像

推崇觀音，是為了使眾生都嚮往一個目標，產生熱烈的感情。敦煌出土的公元十世紀的唐代卷子，就有更多的對觀音的讚頌文字，像用血寫的《觀音經》裏就說，寫《觀音經》可以使"當今聖主，保壽遐長。使主千秋，萬人安樂"，"一切有情，捨種類身，各獲聖位"，甚至可以使"凡是遠行，早達鄉井"。而且他拯救世人，又有很多種"法門"，除上面說的最普通的，也是最容易的那種"唸誦名號"之外，還有很多種方法，一種是始終懷着慈悲心情看待世界，希望解除眾生的痛苦，據說這樣自己也可以解脫；還有一種是用智慧觀察世界，像《心經》中說的"行深般若智慧"，觀照和體驗"空"，在心靈中得到超越的感覺；還有一種是唸誦咒語，像現在寺廟中常常唸的《大悲咒》，共八十四句，據說唸誦就有各種應驗；再有一種就是"觀想往生法門"，想象西方極樂世界，以後就可能真的往那個世界去。總之，最常見的是唸誦名號、造觀音像、供養禮拜、念有關觀音的經咒這幾種，這裏包括了在中國所有最簡明的解脫修行方式，所以，觀音菩薩的信仰者就特別多。

因為他受尊敬，又有很多傳說

北齊（公元 6 世紀）彩繪石雕觀音菩薩像（美國紐約大都會博物館藏品）

故事和很多記載傳說的書出來了。其中有兩類很特別重要，一種是中國人漸漸編出來的佛教經典，像北魏孫敬德編的《高王觀世音經》及後來的《觀世音菩薩救苦經》等，都是記載他的種種神話。還有一種是記載信仰者的傳說，記載人們信仰他、唸誦他，如何可以得到拯救和解脫的故事的書，像晉朝謝敷有《觀音持驗靈傳》。南北朝時代，大約公元五世紀前後，劉宋的傅亮編有《光世音應驗記》，張演編有《續光世音應驗記》，南齊陸杲也編了《繫觀世音應驗記》等。總之，從公元五世紀前後，這種傳說、書籍就已經很流行了。

三、觀世音菩薩的各種形象及其故事

據說，觀世音菩薩現身的時候，有種種不同的形象。按照《普門品》說有三十三身，也就是說，觀世音菩薩會在各種不同情況和場合中，以不同的形象出現。像《西遊記》裏他第一次在人們面前現身，是變化成老人的。而密宗經典《清淨觀世音普賢陀羅尼經》則說，普賢、觀世音都是釋迦佛的脅侍菩薩，還說當時繪畫，在佛陀的"右廂畫觀世音坐華座，着白色衣，胡跪合掌，面向佛看，聽佛說法。左廂三手，一手執華，一手捉澡罐，一手捉經甲。右廂三手，一手施無畏出寶，一手捉索，一手捉珠。菩薩頂上有佛。"但是，在佛教的書籍或雕塑中，有十幾種最普遍。首先是正觀音（又叫聖觀音），這是佛教密宗系統裏所說的"六體觀音"裏的總體，結跏趺坐，雙手結禪定印，頭戴寶冠，冠上有佛像，身上有瓔珞項釧等裝飾。不過在後來的信仰者那裏，還流行以下幾種：

千手千眼觀音。這是密教六觀音之一（密教六觀音是聖觀音、千手千眼觀音、馬頭觀音、十一面觀音、准提觀音、如意輪觀音）。唐代以後，這種觀音形象很多，石窟中漸漸把他當作主要的觀音像來供奉，在日本也很多，像京都著名的三十三間堂，裏面就供有據說是千年以前木雕的千尊千手觀音，很是壯觀。這種形象，主要是中間的雙手合掌，一般以四十隻手在背後伸出，象徵千手，左右各半，兩兩對稱，分別手持金剛杵、寶劍、經篋、寶印等，每一隻手中又有一隻眼，每一手一眼都有二十五種神通，所以象徵着千手千眼。一般來說，這種菩薩形象，頭上還要有寶冠，冠上有結跏而坐的化佛像。這種菩薩像的象徵意義，據《佛說千手千眼觀世音菩薩廣大圓滿無礙大悲心陀羅尼經》說，是表示能圓滿普度眾生，可以用千手護持，千眼照見，避禍消災。

十一面觀音。他有十一面相，除了主要的面相之外，上面的十張臉，象徵十方。據《佛說十一面觀音神咒經》說，前三面是菩薩面，左三面是生氣的嗔面，右三面似菩薩面，後一面大笑面，頂上一面是佛面，每一面都要戴冠，冠上有佛，觀音菩薩左手持串瓔珞，手作施無畏印，右手拿淨瓶，瓶中有蓮花。

不空羂索觀音。羂索是傳說中用來絆野獸的工具，不空羂索的意思是永不落空的捕獲，象徵觀世音在苦海裏拯救眾生也是永不落空。這一菩薩形象身披鹿皮，所以也叫做鹿皮觀音。這種觀音形象是很和善的，但也有三面六臂、一面四臂、一面十八臂等。

石雕千手千眼觀音像　　　　西藏十四至十五世紀繪十一面觀音像

據《不空罥索神變真言經》中記載，三面六臂的觀音，三面各有三眼，正中的臉面很慈祥，頭戴天冠，額頭上有一隻眼睛，但是左面卻是怒目突出，鬢髮聳起，右面也是蹙眉怒目，狗牙上出，六臂分別拿着罥索、蓮花、三叉戟、鉞斧、如意輪杖，以及作施無畏印。

如意輪觀音。這也是密宗六觀音之一，因為他手持寶珠、如意、寶輪，所以叫做如意輪觀音。他右手作思維相，表示悲憫眾生，第二隻右手是如意，表示能滿足眾生願望，第三隻右手是唸珠，表示度一切眾生苦難；左手按明山，表示不動搖，第二隻左手拿蓮花，表示純潔，能夠清洗一切污垢世界，第三隻左手拿的是寶輪，又叫做"轉法輪"。據説，有六臂象徵着可以在六道巡遊。

准提觀音，也是密教六觀音之一。准提是潔淨之意，指這種觀音形象象徵着心性清淨。有一個傳説，把這種觀音看成是過去無量諸佛之母，所以叫"七俱胝佛母"，"俱胝"在梵文中是千萬，

明代陳洪綬繪《準提佛母法像圖》軸
（美國紐約大都會博物館藏品）

七千萬的意思是極多。據說，這種觀音可以消災延壽，念誦他可以家庭和睦，小兒平安，治癒各種病症。傳說中，准提觀音左右有難陀、跋難陀兩個龍王守護，觀音坐在蓮花之上。

以上是密宗的六體觀音。密宗系統的觀音形象，大體上都是有印度來歷的，也就是說是舶來的，雖然也經過了修改，但是大體還是遵照了印度佛經的。在這六種之外，還有一些，像馬頭觀音，傳說這是婆羅門教時代就有的信仰。據說婆羅門教中也信仰觀音，但是在婆羅門信仰中，觀音是一對孿生的小馬，是雙馬童神，他是善神，可以使盲人再見光明，可以使公牛產奶，朽木開花，還可以讓久不生育的女人生育等等，後來佛教就把這種神話也吸收了，把觀音頭上加一個馬頭，所以叫馬頭觀音，也叫"馬頭明王"。此外，在中國很流行的，還有像數珠手觀音、楊枝觀音、白衣觀音等。像拿着楊柳枝的，可能是受了印度的影響，傳說印度佛教相信楊枝可以治病，就像中國傳說桃木可以避邪一樣；拿着淨瓶，則象徵着清潔身心。後來的傳說裏面，就把這兩個結合起來，用楊枝在淨瓶裏沾甘露，普灑天下，沐浴世界。這些形象在中國民間很常見，他們有的有一些經典的根據，但是大都受了中國文化和審美觀的影響。其中特別是水月觀音，水和月都是最清澈透明的東西，象徵着佛教色空空色的思想。人心中很多陰雲，遮蔽了本來澄澈的心靈，而佛教就是要恢復每個人原來就有的澄明境界，像水和月亮一樣，陰雲散去，便現皎潔。於是，中國人按照《華嚴經・入法界品》的描述，但是又發揮了自己的想象，就創造了這樣一種形象。

晚唐五代水月觀音像

北宋《觀音圖》軸

不過，觀音到了中國，就又有了新的故事、新的形象，以下介紹的，大概都可以算是中國的想象。

四、古代中國關於觀音菩薩的另類想象

特別要重點介紹的是馬郎婦觀音和三皇姑故事。

馬郎婦觀音又叫魚籃觀音。這在古代中國也是最普通的觀音菩薩形象，是根據一個唐代就流傳的故事。據說，唐代元和十二年（817），有一個地方叫金砂灘，這個地方的人不信仰佛教，喜歡打獵廝殺，上天曾經想滅絕他們，但是觀世音菩薩不忍心，於是，有一天變化成一個美麗的女子，提着籃子到這個地方賣魚。這個地方的很多人，包括惡人馬二郎都想娶她。她就説，如果有人能夠一夜就背誦《普門品》，就願意嫁他。於是這地方的人都開始背誦佛經，一夜中有二十多人背誦出來。接着她又説，不能嫁二十多人吶，如果有人能一天背誦《金剛經》就嫁給他。於是，他們又開始背誦《金剛經》，居然也有十人一天就背出來。然後她又提出，看誰用三天可以背誦出整部《法華經》，最後只有馬二郎一人了，於是她就答應嫁給馬二郎了。可是剛一過門，她就因病去世了。人們把她的遺體埋葬以後，過了幾天，一個紫衣老僧人來，打開墳墓看，裏面甚麼也沒有，只剩下一副黃金鎖子骨。於是，他告訴人們，這是觀音大士來拯救你們，因為你們罪孽深重，又不能聽從正確的教誨，所以只好用這種方法來啟示，現在你們讀了佛

元代趙孟頫繪《魚籃觀音圖》

經，就減輕了罪惡，説完，僧人便飛空而去。於是，人們就把這種觀音叫做馬郎婦觀音，又叫魚籃觀音，並把她想象成一個提着魚籃的美麗女人。像《西遊記》裏，當通天河的鯉魚精興風作浪時，她就來幫助唐三藏等人，她提着竹籃，"解下一根束襖的絲縧，將籃兒拴定，提着絲縧，半踏雲彩，拋在河中，口中唸唸有詞"，原來那鯉魚精本來是觀音蓮花池裏的一條鯉魚。

三皇姑的故事大約出現在宋代。據説有一個國王叫妙莊嚴王，他有三個女兒，第三個小女兒叫妙善。到了出嫁的年齡，大女兒、二女兒都順從父親的旨意，但是這個小女兒卻無論如何不願意出嫁，願意吃齋唸佛。這很讓國王生氣，於是把她關在後花園裏，她依然不服從，所以乾脆出家為尼姑，與家庭和富貴斷絕了關係。國王更是大怒，讓兵去燒寺廟，但天降大雨，廟燒不壞。國王更是怒不可遏，乾脆把她送上了刑場，讓人把她淩遲處死。但是佛陀卻保護她，行刑的時候刀斷劍折，只好用弓弦絞。傳説，幸好這時土地公公上奏玉帝，玉帝説："如今西方，除了如來，就是妙善，此等大識智菩薩今日有難，豈可坐視？"所以，派了神仙變成老虎，在刑場上把已經死去的妙善馱到山林，"令魂遊地府，遊遍即還魂"，並把她送到香山，據説，香山得通南海普陀。這當然是後來添油加醋增加上去的。故事還沒完，據説九年以後，國王生了重病，無人能醫，生命不保。這時有一個僧人來，自稱神醫能治其病，但是需要"無嗔人手目"，這時，變化成僧人

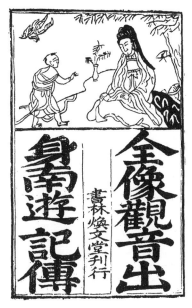

明代書林煥文堂所刻小説《全像觀音出身南遊記傳》封面

的妙善就獻出了自己的手和眼，治好了國王的病。後來，國王與夫人到山上拜謝恩人，才知道這個救命恩人，其實就是以德報怨、始終孝順自己的女兒，於是終於改變了自己對佛教信仰的看法。而妙善也因此獲得了更大的報答，她獻出了手和眼，但成為了擁有千手千眼的觀世音菩薩。

　　這個故事，最早在刻於北宋元符三年（1100）的一塊碑，蔣之奇《香山大悲觀世音菩薩傳》中就有記載。這塊碑原藏於河南汝州寶豐香山寺，後來收在陸增祥編《八瓊室金石補正》裏。故事已經相當完整，其中説到國王病好以後，知道獻出手眼的是自己的

女兒，於是大為悲痛，"以舌舐兒兩眼，續兒兩手"，於是生出千手千眼。可見北宋的時候就已經有這個傳說，也許形成的時間會更早一些。後來，它之所以廣為流傳，是因為有《香山寶卷》。據說這是宋代普明禪師編的一個通俗說唱文學作品。佛教通俗講唱的場合通常是在各種法會、法事，參加的人很多，有的佛教徒就以會唱、會講、會表演著稱。這種在通俗宣傳中常常演出的作品，漸漸把妙善就是觀音的故事傳得更廣了。到了元代，傳說著名書法家、文學家趙孟頫，就是剛才我們看到的那幅《魚籃觀音圖》

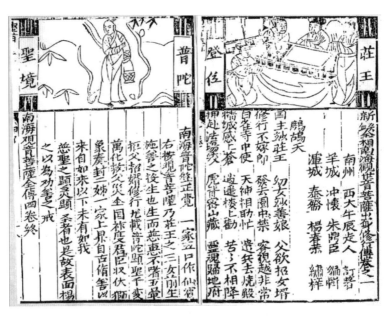

明刻本《南海觀音菩薩全傳》書影

的作者，他的夫人，也就是很有名的管道升，寫了一篇《觀世音菩薩傳略》，廣為流傳，好像就把這個故事變成了觀音的主要故事，比其他故事都傳得廣。

我們要注意，古代民間流傳的很多知識，是通過寶卷、通俗戲文、大鼓書、評彈、快板、相聲、善書、皇曆等不起眼的東西傳播的，也正是因為這個故事的廣泛流傳，說妙善是皇帝／國王的第三個女兒，所以，人們也把觀音叫做"三皇姑"，右側這張清代年畫，就是畫的這個故事的主角。

清代高密民間年畫《香山三皇姑》

五、觀音故事中的文化接觸問題

在觀音的各種傳說故事中，有很多很有意思的問題，值得我們去想一想。

第一個問題是，在印度本來是男性的觀音菩薩，在中國漢傳佛教中為甚麼變成了女性？

我們看各種佛經，尤其是印度傳來的佛經，大體上都沒有把觀音菩薩說成是女性的。比如《華嚴經》裏面說："勇猛丈夫觀自在，為度眾生住此山。"顯然，勇猛的是一個男性菩薩。和文殊菩薩、普賢菩薩、地藏菩薩一樣，有一種關於觀音菩薩的故事，是說觀音是轉輪王的兒子，叫做不眴，他是有鬍子的男子，所以早期一些觀音像，常常是男子的形象。比如隋代的觀音像，如敦煌莫高窟 276 窟的觀音，身材雄壯，有八字鬍，榆林 25 窟大約是唐代中期的觀音像，也有鬍子。直到北宋初期，觀音還有鬍子。在印度、中國西藏的各種觀音像中，也說不大清楚是男是女，因為本來佛教的各種佛像就不太顯示男女的特徵，不過，大體上從密宗一系的觀音，大約還是男像，像現存元代一尊千手千眼觀音像，就有八字鬍子。

不過，很早也開始有女性觀音了。最早出現關於女性觀音的傳說，是在南北朝時的北齊。據《北齊書》卷三十三《徐之才傳》說，有人生病，神思恍惚中，"自雲初見空中有五色物，稍近，變成一美婦人，去地數丈，亭亭而立，食頃，變為觀世音。"大概到了隋代，這種傳說已經流傳很廣，到唐宋以後，漢地的觀音像，漸漸就大都成了女性了。最流行的，一個是有善財童子和龍女侍從的觀音像；一個是所謂的渡海觀音，因為傳說中她住在南海普陀山，要拯救世界上的眾生，就要渡海，而且她也保佑着渡海的船，就像媽祖一樣。無論哪一種，都成了慈祥、美麗、和氣的女性，讓人看上去就有親和感。甚至有的想象中，還把她變成一個普通

的婦女，像《西遊記》第八回《觀音奉旨上長安》第一次出現觀音
菩薩的時候，就說她"眉如小月，眼似雙星，玉面天生喜，朱唇一
點紅。"而第四十九回寫到孫悟空等三人去南海請觀音菩薩來救
師父時，看到的也是"懶散怕梳妝，容顏多綽約。散挽一窩絲，未
曾戴瓔珞。不掛素藍袍，貼身小襖縛。漫腰束錦裙，赤了一雙腳。
披肩繡帶無，精光兩臂膊，玉手執鋼刀，正把竹皮削。"

（傳）宋代張勝溫所繪梵像卷《建國觀世音菩薩》（台北故宮博物院藏）

　　那麼，是甚麼原因使觀音從原來的男性變成女性呢？有很多說法。從歷史上說，有人考證，觀世音本來就和印度的蓮花女神有關，像美國神話學家約瑟夫・約翰・坎伯（Joseph John Campbell，1904－1987年）就這麼說；也有人認為，觀世音菩薩的起源，可能本來"就基於波斯的女性水神阿娜希塔（Anahita）"，像印順法師（1906－2005年）就這樣猜測。但是，這都只是猜測而已。從心理上說，法國一個很有名的學者石泰安（Rolf Alfred Stein，1911－1999年），對觀音由男變女的社會心理有很專門的

南海觀音與童子　　　　　　清代德化窯白瓷觀音坐像
　　　　　　　　　　　　　　（美國紐約大都會博物館藏品）

研究，甚至還引用了弗洛伊德的理論，但是似乎也不能完全説清
楚這裏面的問題。也有學者説，婦女具有天然的同情、溫柔、善
良、母性，所以使觀音由男變女。像印順法師就説，女性的苦難，
從古代以來，一直多過了男人，女性內心的特性是慈忍柔和，表現
在她們的日常行為中，即是愛，女性的心裏慈愛確實超過了男人。
但這恐怕是一種想象，因為佛教、道教的神很多，那麼，為甚麼
其他也承擔了拯救世人的神不由男變女呢？還有人説，這是男性
中心的社會想象，把觀音想象成美麗的女性，可以滿足男子的嚮

往，在對觀音的想象中寄託了男子的慾望，這恐怕也是一種憑藉理論的推測，因為這種崇拜和嚮往，已經離觀賞太遠了。而且在古代中國，恐怕對於男性來說，沒有那麼嚴厲的禁慾限制，他可以從其他很多渠道得到慾望的滿足，不必借觀音來偷偷地滿足對女性的窺測慾望。特別是，在印度、中國西藏，同樣也有人有這種相同的願望和慾望，為甚麼偏偏到漢族地區來，觀音就由男變女？那麼，背後的原因究竟是甚麼？是不是值得深入討論呢？

第二個問題是，在觀音的形象變化中，體現了不同文化接觸的一些有趣的現象。

比如說，觀音為甚麼用魚網呀？按照法國學者的研究，這是來自《世襲傳智未定經》中濕婆的故事，據說濕婆的弟子塞建陀偷了秘密經文，並把它扔在海裏，經文被魚吃掉，濕婆就以神力網（saktijala）捕魚，取回經文。但是，是不是這樣？也許並不很確鑿，只是一種猜想。不過，有關觀音住地的故事，就很有意思了。過去佛教經典的傳說中，觀音是住在南方補怛洛迦山，《華嚴經·入法界品》裏說，那山裏西面岩谷之中，山泉清澈，樹木鬱鬱蔥蔥，香草都向右旋，鋪滿地面，十分柔軟。觀音菩薩就坐在金剛寶石上，結跏趺坐，給各種菩薩說法。這個補怛洛迦山，據說是在南印度，又叫普羅多山，"補怛洛迦""普羅多"的意思是光明。但是，到了中國，菩薩的住地就由南印度轉到了浙江舟山群島的普陀山。傳說，在唐代大中十二年（858），日本和尚慧鍔到五台山進香得到觀音像，他路經四明（今寧波）回國，這時船到普陀，居然附在石頭上走不動了。眾人就相信，這是觀音到日本去的時機不成熟，應當留在普陀，所以，便把慧鍔請來的這尊菩薩像留在島上，並建了寺廟。也有傳說說，這是五代後梁貞明二年 (916) 的事情，慧鍔船載觀音像，到這裏不能前進，遂發願在此地建寺，船便自己漂到了觀音洞這裏。這當然都是傳說，像杭州飛來峰的故事一樣。可是，為甚麼會有這種菩薩居住地的人為移動？這和建立本民族宗教信仰，或者和漢族改造宗教傳說有甚麼關係？很多宗教傳播中的一個重大問題，是信仰不能轉變，不能走樣，一定要強調"原來旨意"（原教旨或者叫基本教義），像早期佛教就為了出家人能否拜皇帝，天主教就為了中國可不可以用"上帝"這個詞，有很多爭論。其實，只有適應傳教地區的民族文化習慣，新宗教才有可能生根開花，像觀音菩薩就是這樣的例子。

再回到一開始的故事，我說到西方的聖母和觀音的形象相似，那麼究竟兩者有沒有關係呢？二十世紀四十年代，日本學者宮崎市定 (1901—1995 年) 在《東方的文藝復興和西方的文藝復興》中就指出，1515 年前後，一個歐洲人簡·帕瑞爾 (Jean Perreale，1450—1530 年) 在製作聖母像的時候，已經受到了東方觀音形象的影響，比如瓜子形的長橢圓臉、合十的動作等，這是否可靠，還不好說。不過，我看歐洲的一些聖母像，真的彷彿是觀音，也確實可能受到影響。同時，有一點是很確實的，就是中國的觀音信仰，確實也幫助了早期的天主教徒，法國學者德貝格在 1974 年發表文章就說，十六世紀泉州製造的觀音瓷像，就被天主教徒用來掩蓋對聖母瑪利亞的崇拜。加州伯克利大學東亞圖書館所收藏的一張明代中國刻印的聖母像，也很像觀世音菩薩。在天啟、崇禎時代

（1621－1644 年），曾經有對天主教傳教很抵制的風氣，雖然徐光啟、李之藻等人很支持天主教傳教士的事業，而且尤其喜歡他們帶來的科學知識，但是，在社會文化傳統很頑固強大的情況下，人們還是不太相信外來的宗教。特別是外來的宗教要人相信自己的主張，也最好是藉助本來就有的資源。所以，在沿海一帶如泉州等地，就有人用觀音比附聖母，用觀音像代替聖母像。這裏還有一張收藏於羅馬的十七世紀的聖

巴黎吉美博物館藏德化白瓷窯觀音像

母畫像（A Chinese version of the miraculous image of the virgin），這是中國版本，就是把水月觀音的形象用在了這裏，頭上戴的是觀音的風帽，頭後面有月輪，穿的也是中國式的衣服。

　　同樣的事情還出現在日本。我曾經去訪問過長崎的大浦天主教堂，那裏有一尊瑪利亞觀世音像，日本人雖然絕不像中國人那麼固執，不過，在皈依天主教的早期，一些堅定的信仰者也常常把觀音像當作聖母來想象，特別是在天主教信仰被嚴厲禁止的年代。傳說在德川幕府禁止洋教的二百多年中，他們就是把大慈大悲觀世音菩薩像當作聖母瑪利亞來默默祈禱的。所以，文化接觸

十七世紀六十年代中國版　　　從福建德化窯的觀音，到長崎大浦天主
《聖母與聖嬰》（現藏羅馬）　　　　　教堂的聖母觀音

中常常要依賴轉譯，這轉譯並不僅僅是語言。幾乎對所有異族文
化事物的理解和想象，都要經過原有歷史和知識的轉譯。轉譯是
一種理解，當然也摻進了很多誤解，畢竟不能憑空捏造，於是只
好翻自己歷史記憶中的原有資源。就像洪秀全夢中的天主是照着
中國皇帝加上道教天尊的模樣翻譯的，最初聽説埃及獅身人面像
的人，則把它畫成《山海經》中的怪物。這就好像在古代中國，借
了傳統的龍、馬、鹿、牛形象，把異域的長頸鹿，想着想着，就
想象成了麒麟。

第三個問題是，在不同區域、不同宗教之間，其實也可以互相溝通，甚至互相借用各自的神靈。除了天主教曾經用她來代替聖母之外，比如説，觀音菩薩和福建、廣東、台灣地區的媽祖，常常是可以互相借用來想象的，甚至還有"觀音媽祖"的叫法；像中國民間關於生育的"送子娘娘"，也常常被畫成觀音的模樣，比如"送子觀音"。為甚麼會這樣？

　　簡單的回答是，這是因為：第一，在中國的信仰者這裏，靈驗是第一位的，在普通的信仰者中，並不特別去嚴格地區分佛教、道教、天主教甚至其他民間宗教，所以中國的民間信仰多少有點

明代佚名繪《送子觀音圖》軸
（美國紐約大都會博物館藏品）

木雕觀音像

實用性，只要實用，幹嗎要分那麼清楚？所謂白貓黑貓，抓到老鼠是好貓，就是這個道理。第二，在中國，宗教並沒有特別的超越世俗的獨立立場，所有宗教都在皇權的籠罩之下，不像西方宗教的神權那樣，力量大到可以和世俗的皇權對抗。我看過一幅清代乾隆年間北京刻的《千手千眼觀音像》，它雖然是宗教性的圖像，但還要刻上"皇圖永固，帝道遐昌"之類的話，然後才到"佛日增輝，法輪常轉"。因此，宗教與宗教之間沒有特別明確的權力範圍，所以，信仰的界限並不很清楚，宗教之間的"排他性"也不很強烈。按照宗教內容來講，就是沒有一個"唯一""絕對"和"神聖"的崇拜對象，沒有不可通約、彼此衝突的"原旨"。所以，在中國從來沒有過宗教性的戰爭，像所謂"十字軍東征""伊斯蘭聖戰"等，但是更深層的因素，是不是還可以進一步思考呢？

【參考論著】

1. 杜德橋 (Glen Dudbridge)：《妙善傳說：觀音菩薩緣起考》，李文彬等譯，（台北）巨流圖書公司，1990 年。

2. 孫昌武：《中國文學中的維摩與觀音》，高等教育出版社，1996 年。

3. 于君方：《觀音——菩薩中國化的演變》，陳懷宇等譯，商務印書館，2012 年。

4. 釋聖嚴：《佛教救世的精神——觀世音菩薩之事跡》，載《從東洋到西洋》，（台北）東初出版社，1987 年。

5. 趙超：《妙善傳說與觀世音造像的演化》，載《中國佛學》（台北，1998 年）一卷一號。

【閱讀文獻】

《妙法蓮華經・觀世音菩薩普門品》(鳩摩羅什譯)

佛告無盡意菩薩,善男子,若有無量百千萬億眾生,受諸苦惱,聞是觀世音菩薩,一心稱名。觀世音菩薩即時觀其音聲,皆得解脫。若有持是觀世音菩薩名者,設入大火,火不能燒。由是菩薩威神力故。若為大水所漂,稱其名號,即得淺處。若有百千萬億眾生,為求金銀、琉璃、硨磲、瑪瑙、珊瑚、琥珀、真珠等寶,入於大海。假使黑風吹其船舫,飄墮羅剎鬼國。其中若有乃至一人,稱觀世音菩薩名者,是諸人等,皆得解脫羅剎之難。以是因緣,名觀世音。若復有人,臨當被害,稱觀世音菩薩名者,彼所執刀杖,尋段段壞,而得解脫。若三千大千國土,滿中夜叉羅剎,欲來惱人。聞其稱觀世音菩薩名者,是諸惡鬼,尚不能以惡眼視之,況復加害?設復有人,若有罪若無罪,杻械枷鎖,檢繫其身。稱觀世音菩薩名者,皆悉斷壞,即得解脫。若三千大千國土,滿中怨賊,有一商主,將諸商人,齎持重寶,經過險路。其中一人,作是唱言:"諸善男子,勿得恐怖,汝等應當一心稱觀世音菩薩名號,是菩薩能以無畏施於眾生。汝等若稱名者,於此怨賊,當得解脫。"眾商人聞,俱發聲言:"南無觀世音菩薩。"稱其名故,即得解脫。

第八講

古代中國的道家：從老子到莊子

引子：道家與道教

　　道家是一種很吸引人的學説，很多人都喜歡它。特別是中國的讀書人，覺得它玄妙超脱，至少不像儒家學説，有那麼多的倫理責任，有那麼多的道德説教，好像比較輕鬆，所以兩千年來，很多文人都受到它的影響，每個人的心裏都覺得，生活太累，負擔太重，希望自由、輕鬆，有個機會可以逃避一下世界給自己的壓力，所以特別喜歡道家。有人説，中國文化就是"儒道互補"，一個關於社會，講秩序，一個關於個人，講自由，也可能太簡單，不過也有一點道理。古人説"出處"，"出"就是達則兼濟天下，出來救蒼生，完成大業，建功立業；"處"就是不達則獨善其身，保持一種超越的姿態，顯出清高的價值。同樣，西方研究中國的人也特別喜歡它，老子在西方有相當多的譯本，一些西方人覺得它才像是西方人所謂的"哲學"，裏面的形而上的東西讓人可以琢磨，不像孔夫子，一開口就那麼具體和現實。原因是甚麼？我覺得，原因恰恰是它和西方的東西一樣又不一樣，大家一定要知道，文化交流上，常常是類似的東西能被人理解，但不同的東西能讓人注意，道家在很多方面和西方人習慣的哲學、神學，都既相似又不同，所以西方人從一開始就對它很有興趣。

　　道教呢？這可真是中國土產，如今中國幾大宗教（佛教、道教、伊斯蘭教、天主教、基督教）、古代中國各種宗教（佛、道、摩尼、景、祆）裏面，只有道教是土生土長的中國製造，也特別體現着古代到現代中國人的想法，還特別深地滲透在中國社會生活裏面。1918年，魯迅在給許壽裳的信裏説："中國根柢全在道教，以此讀史，有多種問題可以迎刃而解"（《致許壽裳》）。後來他又説，中國人恨和尚、尼姑，卻不恨道士，"懂得此理者，懂得中國大半"（《小雜感》）。可是，道教究竟是甚麼？道教信仰的神鬼、儀式以及方法究竟如何？其實很多人並不清楚，就好像老話説的，普通人都是"他説是廟你就磕頭，他説是燈你就添油。"有一年清明，我到茅山去調查，看見到山上進香的人很多，背着黃香包，口裏唸唸有詞"菩薩保佑"，這是怎麼回事呢？西安有一座八仙宮，是道教的宮觀，可一個日本學者在調查時，記錄下來的門口那些善男信女嘴裏唱的歌卻是《十朵蓮花》，"蓮花"明明是佛教的象徵，詞裏又是菩薩又是彌陀，當然是佛教的通俗讚頌詞。特別是民間出殯，包括上層人士出殯辦喪事，請了和尚，又請了道士，可能還不夠，還會請喇嘛，像《紅樓夢》裏面的秦可卿出殯就是這樣。那麼，到底這些人信的是甚麼？

先要説清楚，思想學説和宗教是不太一樣的。作為一種思想學説，道家是以"道"為中心論述哲理，分析宇宙、社會與人的存在的，作為一種宗教，道教是以神的崇拜、溝通天人神鬼之間的儀式與方法、宗教團體組織和思想信仰合而為一構成的。作為一種學説，道家只管提出各種各樣的問題，讓人思考，也允許人懷疑，它讓人更聰明一些、多一點理解世界的思路；可作為宗教，道教卻要管人生的解脱，管生活的苦難困厄，給人提供虛幻而又具體的承諾。所以，它們大不一樣，可是偏偏有很多人卻把它們混為一談，全然不清楚彼此的界限，覺得它們都是"道"，都和"老子"有關，西方人也常常混成一團，一個 Taoism，又是道家，又是道教。

所以，這裏我要從 ABC 講起，先講道家，下次再説道教。

一、道可道：那個關心身外事的時代

離現在兩千四百年到兩千兩百年前後的戰國時代，是一個很自由開放的時代。

那時候洛陽雖然有周王，但中國分成好幾塊，互相不統轄，人可以來往，這樣説話也就很自由，各種思想都紛紛出現。特別是，一個似乎統一的周王朝要崩潰了，夏、商、周三代"黃金時代"的神話也破滅了，人就特別愛想問題，究竟天下應當如何建立秩序？甚麼樣的道德是好的道德？人應當怎樣實現自己的生命？宇宙和社會的根本道理應當建立在甚麼樣的基礎上面才算是合理的？那個時候，"儒分為八，墨分為三"，有的講禮樂是重建秩序的途徑，有的説要兼愛非攻。還有各種各樣的不同聲音，像特別講究實用和目的的，就提倡一些"術"；特別關心社會治理的，就設計各種"法"；特別關心生活領域裏的技術的，就在考慮各種預測的方法。現在一説就是"百家"，好像很多，其實，那時候大體上關心的就是這幾個問題：一個是宇宙，天地怎麼是這樣的，這樣的天地有甚麼意味？一個是社會，社會怎麼變成這樣了，怎樣才能是一個最好的社會秩序？還有一個是關於人，人怎樣才是最好的狀態，是在秩序與規矩中互相和諧，還是超越社會成為絕對自由的人？

有沒有一個簡單而又能解決一切的總方法？有沒有一個讓我們可以解釋一切的大前提？"吾道一以貫之"呀，人們都希望"執一御萬"，好像找一把可以開一切門的萬能鑰匙，拿了這把鑰匙就安心了。當時，人們都想找到一個可以貫通各種知識、技術、思想和信仰的終極基礎，對宇宙、社會和人的事情，來一個一勞永逸的解釋，所以，那個時候有很多學者都愛討論"道"是甚麼，或者用"道"來表示他們追求的真理，後來，人們就統統把他們算作道家。

其實，不只是後來所謂"道家"，其他的各家也愛用"道"這個詞兒，只是這一批後來叫做"道家"的人說得最起勁而已。他們覺得，最根本的萬靈鑰匙就是"道"，只不過，"道"是不能說的，一說就錯。

二、非常道：道家也不同

雖然說，大家都是討論"道"，可是這個"道"和那個"道"並不太一樣。仔細說來，大概有好幾種不太一樣的思路。

一種呢，是討論"天道"，也就是陰陽五行的知識和技術，更多地琢磨各種天、地、人變化狀況的，大約後來的黃帝之學，就是這一類，因為他們總是打着黃帝的旗號，借黃帝名義。像《管子》裏的一些內容，《呂氏春秋》裏的一些部分，馬王堆帛書的《道原》《稱》《十大經》以及一些醫方、數術的書，大概都是可以總在這裏的。按照馬王堆帛書裏的《黃帝書》說，這一派"觀天於上，視地於下，而稽之男女"，常常討論"天地人"的學問，並且以天為基礎，推出一套思路，在天圓地方、四季流轉、物候變遷的天文地理知識中，總結出人們必須遵循的自然法則，這叫"毋亡天極，究數而止"，所以和數術的關係很深。

另一種呢，是討論語言的，像甚麼"白馬非馬""離堅白"之類的命題，他們想把語言與世界分離出來，在純粹語言符號上運算，並從中尋找一個抽象的"道"。比如他們討論"天下之中，在越之南，燕之北"，這明明違反常識，但是這種對語言表達的常識的違反裏面，就有一些可以深入探討的思想。這就是後來被命名為"名家"的一派，不過，這一思路很快就湮滅了，大概是太抽象太玄虛了。

再一種呢，就是下面我們要介紹的老莊之道了，他們是從天道和人道中思考一種超越的道理，又希望以這種叫做"道"的哲理，反過來解釋和處理人面對的所有問題。簡單地說就是，黃帝之學討論和解釋天地運行的根本道理，用這個道理貫通一切日常生活和政治生活。惠施、公孫龍一系討論超越語言的根本道理，希望人能夠擺脫語言的控制，尋找到終極的真理。可是，老子、莊子一系也討論超越知識、語言、概念的根本道理，但他們更要求從歷史上批判社會秩序和社會道德，主張回歸自然。因為後來這一支綿延下來，而且產生了很大影響，他們的書兩千多年來也被中國文人反覆詮釋，所以，後來一說"道家"，就以為只有老、莊、文、列，其實並不是的。

順便說一個老子時代的問題。傳說老子姓老，"子"是尊稱，好像說孔子、墨子一樣，《史記》裏對老子的事跡記載，有些吞吞吐吐、疑疑惑惑，說不清楚。一是說他是楚苦縣曲仁里人；一是說他可能就是老聃，孔子曾經向他請教禮；最後，又懷疑他是否就是太史儋，是"周藏書室之史也"，好像現在的國家圖書館館長。所以，過去關於老子、道家的時代，就有很多爭論，梁啟超、胡適、馮友蘭、錢穆等大學者討論來討論去，意見不能統一。有說老在孔前，因為傳說孔子曾向老子問禮；也有說孔在老前，因為老子好像總在批評儒家的仁義道德；還有人更是因為老子的話裏，有一些如"萬乘之國"之類，就斷定它應當產生在戰國末期，甚至比莊子還晚。就連西方漢學家也捲進來，像史華茲（Benjamin Schwartz，1916－1999年）《古代中國的思想世界》裏就堅持老子在孔子之後，甚至在莊子之後。所以，《史記》裏的三種說法，引起了人們的種種懷疑。可是，這一直無法結案，即使是二十世紀

福建泉州老子像

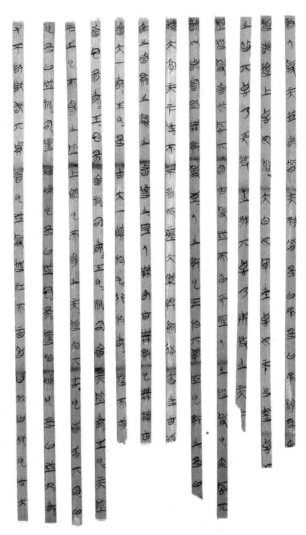

二十世紀九十年代在荊門郭店發現的竹簡，其中有公元前三百年左右
抄寫的《老子》

七十年代，馬王堆漢墓裏面有手抄在帛上的《老子》被發現，大家還是無法斷定《老子》是不是很早就有的，因為畢竟那是西漢的抄本，離戰國還遠得很。

1993 年，在湖北荊門郭店發現了公元前三百年的戰國楚墓，墓裏出土了八百多支竹簡，其中包括了三種《老子》殘本（去掉重複，總數約佔現在《老子》的三分之一）。這下子可了不得，在戰國中期的墓葬發現它，它至少寫成於比這早一些，按照古代的習慣，一本書從寫出來到定型，還得有一段時間，所以，大家現在都相信，至少在戰國初就有了《老子》這部書了。

三、不得不說的，和"不可說可不可說非常不可說"

那麼，現在書歸正傳，老子的"道"、道家的"道"究竟是甚麼呢？

《老子》這部書第一章第一句話就說，"道可道，非常道"，意思就是說，"道"是不可以說的，可說出來的就不是道了。

以前有個故事，說古代人避諱，五代時的宰相馮道讓手下人給他唸《道德經》，這個手下人可尷尬了，既不能不唸，又不能犯了馮道的"道"字，靈機一動，就只好把第一句唸成"不可說（道）可不可說（可道），非常不可說（非常道）"。所以，"道"是不可說的，一說就可能錯。不過，現在我沒有辦法，在這裏還是得硬着頭皮跟大家說上一說這個"道"。

在第一講裏我們說過，漢字有很強的連續性，它保持了造字時代的一些原始意思，所以，很多古代的思想是可以通過文字分析來知道意思的，像"天"是"人之顛"，就是人頭上的星空；"本"是"木"下面有一點，表示是樹的根，所以，我們就知道討論古代的"天"的思想，要考慮頭上的天，而不能只考慮抽象意義上的"天"；討論"本"，也要考慮古人思考中關於樹有葉有根的涵義，不能只是抽象地談"本質""本體"。我們在分析"道"的時候，也試着把"道"字拆開來看。道字從"首"從"走"，這兩個字一個有"開始""起初""領頭"的意思，比如"元首""首先""首當其衝""首相"，它總有個原初、根本和基本的意思。一個是"行走"，所以和"運動""道路"等有關。而"道"字還有一個意思，大家都知道，那就是說話，比如常常用的"說道""道情"。

我們說，這三個意義剛好都與《老子》的"道"有關。過去哲學史書裏用"規律"來解釋道，也許可以，但太簡單，而且"規律"這個詞太多現代西方哲學意味。西方人的哲學，是"愛智"，它有特別的思路，層次清楚、概念明確，解決的問題也很清楚，比如"物"和"心"的位置、知識的獲得、邏輯的合理性、概念的內涵外延等等。但是，古代中國人不同，學過古漢語的人都知道，在古代詞語裏面，常常包容着很豐富的歧義，不像後來人那樣條分縷析、概念講究精確。在所謂講哲學的方面尤其是這樣，如"氣""性""命"等，像"氣"，就可以想象為飯氣，它和"精"字都有"米"字的意符，和生命有關；像"性"，就可以解釋為"有心靈的生命"，而其他的"生"就都只是"自然之生"。所以要了解古代思想中的關鍵字（詞），要有很多面向來考慮。

那麼，怎樣理解這個玄而又玄的"道"呢？

四、模棱三可："道"的多重涵義

首先，"道"在《老子》那裏是一個"先天地生""可以為天下母"的本源（二十五章）。

它無形、無名，卻是一切有形有名的事物的起源和基礎。換句話說，就是宇宙還沒有的時候就有了"道"，由"道"而生出一切，就像現代大爆炸宇宙學理論，人們要問的一個疑問，就是"大爆炸之前的混沌，又是甚麼"？古人和我們一樣，他們雖然也相信"一生二，二生三"，或者像郭店楚簡《太一生水》講的那樣，但終歸要有一個來源。習慣於具體想象的人，沒法接受一個"無中生有"的解釋，所以，它一定要想象一個萬物萬象的總來源，哪怕是一個"無"，或者彷彿"無"的"道"。《老子》說"道生一，一生二，二生三，三生萬物"，這個"道"是時間的起點，是空間的中心點。時間從"道"開始延伸，空間從"道"開始膨脹，時空由"道"開始走向無限，一切事物從"道"這裏產生。

其次，"道"也是萬事萬物產生、發展與消亡的必然道路。

"道"不光指的是本源或起點，它不僅僅躲在起始站目送時空萬物離去，按照老子的想法，它還跟着時空、萬物一道，在冥冥之中指導着運行，用看不見摸不着的力量來操縱一切，就好像鐵路兩條軌，火車必須得依照這個"道"走，否則就會翻車出軌。現代的人說，道是"規律"，在這個意義上也對，但這只是其中一個意思。在這個"道路"上怎麼個行走呢？老子說，道就是返，"反者道之動"，"反"是"返回"，"動"是"運動"。老子說，一切事物的生長運作過程，就是"返本復初"，一切事物生了死，死了生，太陽東升西落又東升，晝夜交替，都是"返本復初"。從"無"到"有"，從"有"到"無"，這就是萬物必經之路。一切從"道"那裏出發，有了形，有了名，也有了生死，最終，又回到無形無名的"道"的最初狀態，歸於消亡。這就是"道"。

再次，道也有說話和命名的意思。

在老子那裏，"道"是一切的根源，是"無名無形"的，但從它那裏衍生的一切，則都是由它那裏給予名稱的。有了名稱，就有了事物，就不再是"無"而是"有"了。所以《老子》說："無名，天地之始，有名，萬物之母。"也有人標點為"無，名天地之始，有，名萬物之母。"就是說，"道"是一種無名狀態，它是"無"，而"無"是"天地"的本源。這個時候，天地還沒有形成，沒有形狀，也沒有名稱，所以它是無限。就像一個人，還沒有出生之前，他有無限可能性，包含着最豐富的未來可能，但是，一旦生出來有了名稱，他就只是一個他，是張三李四，就不可能是其他，就有了規定性，就有了局限。後來，禪宗的語錄裏有一句說："父母未生前，你的本來面目是甚麼？"那個時候的本來面目，就是一個"無"，而"有"卻是在"無"中孕育命名的。所以，無名狀態是根本，是一切的可能，而它是對於一切的命名者，當天地形成以後，在有名狀態，

那就進入了有限的世界，所以老子說：“天下萬物生於有，有生於無。”（四十章）

五、虛玄的與實在的

這個“道”在老子看來實在太偉大了，但是，由於“道”很虛玄、很抽象，不能說，所以，老子只能用象徵和比喻來描述它。

他說：“道沖，而用之或不盈，淵兮似萬物之宗。”（四章）意思就是說：“道是虛空的，但作用卻不會窮盡，太深太玄了，那是萬物的宗主”（陳鼓應譯文，略有修改）。這當然太虛玄了，以前陳獨秀在《新青年》創刊號上就罵這種說法是籠統含糊。不過，這怪不得古人，這個“道”究竟是甚麼呢？它甚麼也不是。老子說，它“視之不見名曰夷，聽之不聞名曰希，搏之不得名曰微”（十四章），它只是一個“無”。要知道，這個“無”，並不是甚麼也沒有的“無”，不是“一無所有”，而是暫時空曠，卻又如孕育着無限可能性的“無”。

這道理很容易懂，我們通常形容一個空間體積大的東西，可以說它三丈高五丈長，可以說它像地球那麼大，可是要說一個最大最大的空間，我們就只好借用“無”，“無限”“無量”“無數”“無比”，這個“道”的“無”就既是“無”，又是“無限”。就像前面我說的，一個人出生之前，雖然“無”，但擁有着無限可能性，沒有名字、性別、相貌，可他可能是這是那，沒有確定性的狀態，擁有最大的自由。可是一旦出生命名，他就是張三或李四，是男或是女，是個甚麼樣的人，也就固定了，也就只是這樣一個人了。所以，這種"無"，就是包孕最多的、最豐富的狀態，儘管它是"無"，但它是幽深不可測的，是朦朧恍惚的一種神秘的境界——用老子的話說，就是恍恍惚惚，其中卻有形象，朦朦朧朧，其中卻有實物，深遠暗昧，其中卻有精質，精質是真實的，其真實可以信驗的"渾沌"。（二十一章）

　　思想需要追問的，常常就是那些最形而上的、最終極的東西，而且也是最原始的狀態。這個"道"，據說就是萬物和有關萬物的知識那種最根本、最原初的狀態。老子是很有歷史意識的，有人

敦煌抄本《道德經》

説老子出於史官，也許有一定的道理，因為史官看盡歷史變遷，最容易產生對社會、知識和人性的悲觀。他覺得，歷史一步一步建立了理性和知識，用語言來表達知識，通過語言來了解知識，藉助知識把握萬物，可是也同時掩沒了自己的經驗和感覺。老子覺得，這種知識史中有問題，人應當重新來認識自己。他追問，為甚麼人要靠符號來認識萬物和社會呢？這不是對"心靈"的蒙蔽嗎？同樣的問題是，社會在歷史中漸漸建立了道德、倫理和政治秩序，可是，這種外在於人的秩序，又不能完全控制慾望的力量，所以，人一方面需要用這些東西來控制人慾，一方面又覺得這些東西真是沒有用，為甚麼人越來越壞呢？所以，他對這種歷史中形成的道德、倫理和政治規則很反感，他對於當下社會的秩序、知識、道德等，都不免有些輕蔑。

過去，哲學史和思想史常常要説，老子思想中有"反智"，就是對道德和知識的反感。比如，他認為有了道德反而使人道德更壞，有了知識反而使人受到知識的愚弄，都不能從自己內在心靈中去體會真理和意義。但這是否真的是老子的本意？過去並沒有人懷疑，因為一來從邏輯上説，重視根本的、超越的"道"，常常會對具體的、歷史的道德和知識很蔑視；二來從歷史上説，老子正好和儒家相反，作為儒家的批評者，他一定會對儒家最看重的道德和理性，以及社會秩序產生懷疑和質疑。但是，因為二十世紀九十年代郭店楚簡的發現，有人説，在郭店簡裏，最重要的"絕聖棄智"，不是"絕聖棄智"，而是"絕偽棄辯"，這一來就麻煩了，至今關於老子是否"反智"這一爭論還在沒完沒了地進行着。

六、同是道家：老子、莊子也不同

莊子也許是老子"道"的思想的繼承人之一吧，他也認為"道"是最了不起的。他說，道是真實的，有信驗的，但又是沒有行為和形狀的，可以用心體驗但不能以語言文字傳授，可以用心感悟而不能用眼看見，它自為本源與基礎，在沒有天地時就已經存在。

不過，仔細看看，好像他和老子又不太一樣。老子論"道"，既把"道"用於社會治理上，又把"道"用於個人生命的保養上。而莊子論"道"，好像更偏於人對社會的態度和人與自然的關係，更注重個人的精神自由。

為甚麼這麼說呢？我們回頭來看看老子，就會發現，他講"道"講得好像很玄，但是他的着眼點卻很實。為甚麼？讓我們話分成兩處說。

首先，老子的道理是針對個人的人生，特別是人的生存的。《老子》第十三章裏說："吾所以有大患者，為吾有身，及吾無身，吾有何患？"這裏的意思是甚麼呢？他是說，因為人有肉身，而肉身的生命和慾望，給人帶了種種憂患和麻煩，怎麼辦呢？老子並不是叫人拋棄生命和慾望，就像後來的佛教一樣叫人"出世"或"無生"，所有道家都有"貴生""重命"的傳統傾向，他是要人重視這一點，即一切困擾和麻煩，都和自己這個身體，以及承負着生命與身體的生活有關，所以要小心翼翼地珍重這個生命的基礎，使它永遠健康，同時又不受困擾和戕害。那麼，如何保護生命使它處於良好狀態呢？老子要求人效法自然的"道"（人法地，地法天，天法道，道法自然)，模擬"道"來生活。這就和孔子的感受一樣，"天何言哉"，可是四時流傳，永遠不停。"道"是"無"，所以，人也應當恬淡無慾，保持"道"一樣的虛靜沖默。他說，執着於滿足，不如適時停止；鋒芒畢露，不能長久；金玉滿堂，無法守住；富貴而驕，自取災禍。所以，人應該"功成名遂身退，天之道。"同時他又認為，貪圖五色，人就會瞎眼；貪戀五音，人就會耳聾；人只要有了貪慾嗜好，就會走向衰老死亡。要保持長久，就應該像"道"一樣回歸到"無"的狀態。就像嬰兒一樣，嬰兒甚麼也不想，所以有長久生命。人到中年、老年，一輩子在利祿場裏廝混，耗盡了心力，就會死亡，所以要保持淡泊、無為。

其次，他的想法是針對政治的。他覺得世上爾虞我詐，兵戈相向，是因為社會太發展，太富足，分配不公平；世上犯罪人多，殘殺盜竊，是因為禁令太殘酷，太嚴厲，人沒有自由。老子覺得，只有按照"道"的方式，首先是少管無為，第五十七章裏說，禁令太多，老百姓不知所措，刑法太嚴，弄得人不自由，所以反而人會犯罪 (壓抑太甚，反彈愈強)；七十五章裏說，稅太多，老百姓沒法活，就逃避和反抗，統治者慾望太多，老百姓滿足不了你，也會犯罪作亂 (前面的意思說的好像是紅牌、黃牌太多太嚴，搞得中國人就不會踢足球；後面一段的意思說的好像是狗急跳牆，人急上房)。所以，老子說："民不畏死，奈何以死懼之。"他的理想社會狀況最好是：第一，仿照"道"的狀態，無為，無事，不干涉，順其自然。中國的自然與西方的 "nature" 不同，是"自然而然"，五十七章裏就說："我無為而民自化，我好靜而民自正，我無事而民自富，我無慾而民自樸。"第二，返本復初，像"道"一樣，回歸最初的本源狀態，即"雞犬之聲相聞，民至老死不相往來"的小國寡民時代。很多人批評說老子主張倒退，其實，這不過是老子在自然、社會、人方面保持了邏輯思路的一以貫之。"道"是返本復初，政治也應該返本復初，人也應該返本復初，他認為這是保持永恆的方法。

可是莊子的關注點，和他有點兒不一樣。

七、無待：渾沌鑿七竅的故事

莊子似乎不太關心政治上的治理方法，也不太關心人身的養生修煉，但更注意作為"精神"的東西。也就是說，老子的"道"是抽象，但實際上着眼點很實在，但莊子好像更關心精神的自由、心靈的超越等問題。

莊子也強調"道"的本源意義，但他強調"道"是自然與自由。《莊子》中第一篇也是最有影響的一篇《逍遙遊》裏說，大鵬一飛衝天，水擊三千里，扶搖直上九萬里，自北海飛，到南溟息。可是知了（蟬）加小鳩鳥（學鳩）卻嘲笑它，覺得它這是何必呢？我們飛來跳去，到樹上就歇，落到地下也就落，多好呀！可是，眼光短淺的它們，怎麼能夠理解大鵬自由翱翔於天涯海角的自由自在？但莊子又說，大鵬飛翔還要憑羊角風，列子飛行也要憑風，真正的最高境界還不是這種憑藉外力的境界，真正的超越境界是絕對的自由，也就是"無待"。人生，想要達到真正自由，則要"無己""無功”“無名”，因為人有了“自己”的想法，就要為自己考慮；有了“功德”的念頭，就會被建功立業所累；有了“名氣”的追求，就會被名氣束縛。人的自由境界，不僅不能靠“己”“功”“名”，而且恰恰要拋開這些，甚麼都不依賴（無待），這樣才能得到自由。這種“一無所有”的“無待”狀態，對於人的精神狀態來說，也就是“道”的境界，因為“道”即是“無”，人在“無”中才能自由自在。試想，一旦落入多種“有”中，豈不磕磕絆絆，怎能得自由？

那麼，人怎樣才能達到“無”呢？莊子的回答是，首先拋開知識和貪慾。

在《莊子·應帝王》裏有一個故事，說中央的帝王叫渾沌，本來好好的，可是南海之帝倏、北海之帝忽，卻為了給他做好事，給他鑿了七竅，結果渾沌反而死了。這就是有名的“渾沌鑿七竅”的故事 —— 這個故事實際上是說，人若處在無知無慾、渾然不覺狀態裏，人是永恆而自由的，一旦人有了知識和慾望，反而就失去了永恆和自由的精神。

為甚麼有了知識反而不好呢？《莊子·徐無鬼》裏說，舜有知識，能做好事，結果很多人都來投奔他，在鄧這個地方集中了十萬多家，堯知道了，就讓他出來主事，結果搞得他年邁力衰還不得休息，這就是“勞形自役”，換句話說是自討苦吃。所以，“真人”連螞蟻那點心智都要拋棄，這樣就可以像魚一樣自得其樂。在《莊子·山木》裏又有故事說，有一棵大樹，枝葉繁茂，但是不成材，“無所可用”，伐木人看都不看一眼，結果它反而得以“終其天年”。這兩個故事都是說，“知識”有時反而是人的累贅，這就是《人間世》末句裏說的，山木是自招砍斲，膏火是自招煎熬，桂樹可以吃而遭伐，漆樹有用而遭割。

為甚麼有貪慾就不好呢？貪慾是人人都有的，可是莊子卻認為，有了貪慾，就使人不能保持一種自然的心志。在《天地》一篇裏，他講了一個故事，子貢看見一個人種田，打井取水，就問他，有機械在，可以一天灌溉百畦，"用力甚寡而見功多"，你為甚麼不用？種田的人就說：有機械就有機事，有機事就有機心，一有了這種心思，心裏就不純，心裏不純，神性就不定，神性不能安定，就不符合"道"。一席話把子貢說得十分慚愧。同樣，有了貪慾，心裏就躁動不安，躁動不安，就有可能去爭去搶去奪，可能就會為此失去了單純自由的精神，甚至喪失了生命。

八、蝴蝶、骷髏與烏龜

那麼，怎麼才是真正的"道"的自由境界呢？莊子認為是"無心"，對政治也好，對功名利祿也好，對生死也好，都應該採取"無心"的自然態度。他覺得，小人為利而死，士大夫為名而亡，連聖人為天下犧牲，都是一種可惡的現象（《駢拇》），所以，在《讓王》裏他歎息，"今世俗之君子，多危身棄生以殉物，豈不悲哉！"

"物"指的是有形世界，莊子覺得，"心"的精神世界才是最可貴的，而"物"的有形世界是"心"的累贅，要達到精神上的自由和自然，就不能依靠外在的名利、權力，也不能依戀心中的感情、慾望，一切都任其然，這就叫"安時而順處"。比如說生死，這是人最關心的事，誰都在為這事苦惱，生了孩子高興，死了人悲哀，可是莊子卻不是這樣，他覺得生與死很平常。著名的"莊周夢蝴蝶"和"莊周妻死鼓盆而歌"的故事，講的就是這種"達觀"態度和"無心"境界。又比如說功名利祿，這也是人最關心的事，人為了功名利祿爭來奪去，不惜一切，可是莊子卻覺得，這一切正是致人心淆亂、人生悲哀的東西。

《秋水》一篇裏記載，楚王讓兩個大夫來找莊子，請他管理政事，就是當總理，當宰相。可他對來人說，聽說某處有神龜，死了三千年，被供在廟堂上祭祀，受到珍重，可是，你若是龜，你願意做死龜被尊崇呢？還是願意做在泥裏爬的活龜呢？來的兩個大夫說，當然願意做泥裏爬的活龜。於是莊子就說："那你們走吧，我也願意做在泥裏拖着尾巴的活龜。"而在《至樂》一篇裏，莊子又寫了一個寓言，說他遇見一個骷髏，他問骷髏："你怎麼這麼可憐，你究竟為甚麼會到這個地步？"夜裏，骷髏託夢給他說："我雖然死了，但上無君管，下不管臣，沒有四時辛勞，自由自在，即使是當天子也沒我快樂。"莊子不信，就試探說："我可以讓你復活成人，你願意不願意？"骷髏皺着眉頭說："我怎麼能放棄我的這種快樂，而又去遭受人間的苦辛呢？"

很多人都覺得莊子是在批判人間的黑暗，其實不全對。莊子更注重的是人在種種繩索捆綁、種種慾望衝擊的現世，怎樣保持個人的精神自由。如果人能夠對政治、生死、利祿"無心"，那麼就不會為得失、福禍、死生等而煩惱，人就在內心中自由了。

南京出土六朝墓室磚刻《竹林七賢與榮啟期》拓片

九、無心是道：心齋與坐忘

自由是心中的自由，追求這種心中的自由，莊子覺得需要"無心"。甚麼是"無心"？就是一切不繫掛在心上。這在莊子那裏，也叫做"心齋"。好像心靈處在一種平靜和淡泊的狀態中，沒有激動，沒有憤怒，沒有貪婪，富貴如浮雲，於我何所有哉？這種境界，又叫做"坐忘"的境界，莊子覺得，這是體驗宇宙人生之"道"的唯一途徑。

按照莊子的說法，知識有很多，技藝也有不少，但這些都只能解決具體的有形的問題，用我們現在的話說，他只能達到"謀生"的水平，只能成為一個"工匠"。為甚麼？因為它達不到自由和超越的境界，人被那些具體的、枝節的、低下的東西束縛了，鼠目寸光。以前老話講，井底之蛙，見天就不大，所以他只能懂得"技"，而最高級的"道"，卻不是工匠式的知識技藝能領悟的，只能靠一種自然而然的、心靈虛靜的境界才能領悟。而且這種"道"不是知識可以描述可以了解的，說得玄一點兒，那是一種心與天的溝通，心要溝通宇宙，必須首先虛靜（心齋）、空明，只有達到"無心"——"坐忘"——才能悟到"道"。

再說得具體一點兒吧。這就像傳統中國人講彈琴，你不能GDAE 五度定弦死記指法，而是要彈"一把無弦琴"，彈的時候心忘手，手忘琴；也像人講下棋，如果只會死背定式，跟着人走，永遠不能成為超一流，要有感覺；又比如書畫，大畫家豈是死記間架結構、筆墨濃淡的？就連武俠小說裏面講武功的境界，也得是無招勝有招，金庸小說《倚天屠龍記》裏面講，張三豐教張無忌太極劍法，就是要忘記具體的招法而領會劍法的意境。所以，這就叫"道"，一旦你講"琴道""棋道""書道""劍道"，講"道"，就入了道家的殼中了。前面我們講禪宗，也是學到了莊子的這個"無心是道"。

這樣的故事在《莊子》裏有很

宋代梁楷繪《潑墨仙人圖》

多。他講過很多寓言來講這個"道"，如果你有興趣，可以看他的"老者承蜩""庖丁解牛""郢匠運斤"等故事，説的都是這個意思。他讓人去追求個人的精神自由、個人的真實存在，後來，中國文人士大夫受他影響，總是期望在人生上有一種瀟灑、超脱的境界，他們覺得，這才是宇宙與個人共有的"道"。

真是這樣嗎？

【參考論著】

1. 陳鼓應：《老子注釋及評介》，中華書局，1984 年。
2. 陳鼓應：《莊子今注今譯》，中華書局，1983 年。
3. 葛瑞漢：《論道者 —— 中國古代哲學論辯》，張海晏譯，中國社會科學出版社，2003 年。
4. 劉笑敢：《莊子哲學及其演變》，中國社會科學出版社，1987 年。
5. 葛兆光：《中國經典十種》（修訂本），香港商務印書館，2023 年。

【閱讀文獻】

1.《史記》卷一三〇《太史公自序》引"論六家要旨"中有關"道家"

道家無為，又曰無不為，其實易行，其辭難知。其術以虛無為本，以因循為用。無成勢，無常形，故能究萬物之情。不為物先，不為物後，故能為萬物主。有法無法，因時為業；有度無度，因物與合。故曰："聖人不朽，時變是守。虛者道之常也，因者君之綱"也。群臣並至，使各自明也。其實中其聲者謂之端，實不中其聲者謂之竅。竅言不聽，奸乃不生，賢不肖自分，白黑乃形。在所欲用耳，何事不成。乃合大道，混混冥冥。光耀天下，復反無名。凡人所生者神也，所託者形也。神大用則竭，形大勞則敝，形神離則死。死者不可復生，離者不可復反，故聖人重之。由是觀之，神者生之本也，形者生之具也。不先定其神（形），而曰"我有以治天下"，何由哉？

2.《老子》第十九章

絕聖棄智，民利百倍；絕仁棄義，民復孝慈；絕巧棄利，盜賊無有。此三者，以為文不足。故令有所屬，見素抱樸，少私寡慾。

3.《老子》第二十五章

有物混成，先天地生。寂兮寥兮，獨立而不改，周行而不殆，可以為天下母。吾不知其名，強字之曰道。強為之名曰大。大曰逝，逝曰遠，遠曰反。故道大，天大，地大，人亦大。域中有四大，而人居其一焉。人法地，地法天，天法道，道法自然。

4.《莊子‧逍遙遊》

夫列子御風而行，泠然善也，旬有五日而後反。彼於致福者，未數數然也。此雖免乎行，猶有所待者也。若夫乘天地之正，而御六氣之辯，以遊無窮者，彼且惡乎待哉？故曰，至人無己，神人無功，聖人無名。

5.《莊子·秋水》

　　莊子釣於濮水，楚王使大夫二人往先焉，曰：“願以境內累矣！”莊子持竿不顧，曰：“吾聞楚有神龜，死已三千歲矣，王巾笥而藏之廟堂之上。此龜者，寧其死為留骨而貴乎？寧其生而曳尾於塗中乎？”二大夫曰：“寧生而曳尾塗中。”莊子曰：“往矣！吾將曳尾於塗中。”

永生，如何永生？話說古代中國的道教（上）

引子：這是"中國的"宗教？

講過了道家，接下來就要講道教。

我們都知道，古代中國曾經有過各種各樣的宗教，比如佛教、摩尼教、祆教、景教、天主教、伊斯蘭教等，但是，這偌多的宗教中，只有道教是唯一在中國土生土長的宗教，說它"土生土長"，是因為它的資源都來自古代中國本土的思想、知識和技術，出身很純。

可能有人會問，它就是道家吧？他們不是都崇拜"道"，都相信老子嗎？問這個問題並不奇怪，西方人也是一樣，他們用一個"Taoism"，就既指道家，也指道教，有人覺得道教就是從道家那裏"生長"出來的。可是，這裏我還得再重複說一遍，儘管道家與道教有一定關係，但兩者畢竟不同。如果說，道家是一種思想學說，那麼，道教則是一種宗教信仰。思想關心的、討論的是人的智慧，這些學說是可以檢驗和反駁的，它的道理是可以相信、接受，但又不能直接付諸實用的；而宗教關心的，則是人的靈魂與生命，它是一種不容置疑的信仰。據說，西方有一種說法，要問甚麼是宗教？宗教就是對信仰的理解。先信仰，再理解，不是先理解，再信仰。而且，宗教還要真的來解決每個信仰者具體的生命與生活問題，通常信仰者最關心的是甚麼呢？一是能不能超越生死，二是活着的時候怎麼過得好，而道教承諾的就是永生和幸福。

有趣的是，法國和日本各有一本很有名的研究道教的書，不約而同用的書名，就是"永生的追求"。

一、從秦漢到明清：兩千年道教簡史

關於道教的起源可能要追溯到很遠很遠。先秦兩漢時代，有各種各樣的巫師、方士，他們有各種技術，也有各種想象的神話傳說，像甚麼求雨禱旱，甚麼煉鋼成金，甚麼服氣成仙，甚麼海外幻想的神山仙島，甚麼預測吉凶的占卜技術，當然也包括種種天文地理知識等等，這些知識、傳說、觀念和技術在後來統統影響到了道教。舉個例子吧，二十世紀末在華山深谷裏發現一塊玉版，學者管它叫"秦駰玉版"，這可是戰國時代的文物，那時，秦國的惠文王佔據了華山一帶，這塊玉版就是他在華山為患病祈禱神靈，刻了禱詞投入深谷的。這和後來道教流行的投龍簡很像很像，可能道教的投龍簡就是這種古老方法的遺傳。可是，那是公元前四世紀的事兒，人們通常說的道教，至少還得五百年以後才真的形成呢，你可見道教很多基因，就深藏在古代中國的遙遠歷史之中。

華山秦駰玉版

到了漢代，仍然活躍着很多這種方士、巫師。他們在朝野吸引着各種信徒，從東漢末年的太平道、五斗米道開始，這種方士有了組織團體，有了自己的理論、儀式和方法（符水治病、二十四治、天師、祭酒、鬼卒），進入魏晉時代，這種宗教形式漸漸成熟。天師道也就是原來在四川和漢中一帶的五斗米道，隨着曹操遷到華北，又隨着晉代北方的大亂，流轉到了江南。東晉以後，一連出了好幾個了不起的道士，南方的葛洪、陸修靜、陶弘景，北方的寇謙之，漸漸把道教組織整合起來，得到上層的信任，所以，天師道就在南北都傳開了。

這時，天師道在南北方形成各種不同風格的道教流派，編製出了很多道教早期經典。有的推崇上清經典，這些經典據說是神仙“降授”的，像後世的扶乩寫字一樣，是真仙降臨的時候寫出來的，像《真誥》裏面收錄的就是這些東西。傳說，西晉的大司徒魏舒的女兒魏華存，也就是南嶽魏夫人，就是一個重要的傳人。她有仙人降授的經典，像《黃庭經》《上清經》等等，她自己又有一些經典傳下來，後來由句容茅山的楊羲寫下來，又傳給許邁和許謐兄弟。許氏兄弟又傳給許謐的兒子和孫子，於是，就形成茅山為中心的一支。還有一支呢，則重視靈寶經一系的經典，大約和葛洪一系有些關係。本來葛氏就是江南的道教，從葛洪的先輩葛玄即葛仙公以後，一直在南方流傳。到了葛洪以後的葛巢甫，就繼續炮製了一些叫做“靈寶經”的文字，傳了開來，於是成了南方新的道教系統。這一系統和上清系統有些不同，上清比較重視思神存想，靈寶比較擅長祈禳的儀式。到了南朝梁代的大道士陶弘景，把各派的長處都學了，而且還學了一些佛教的東西。這種風氣了唐代更加濃重，道教各派又互相混融，派系之間的界限已經很不清楚了。其中，上清的存想思神方法和靈寶的齋醮儀式很盛行，上清漸漸佔了思想方面的主導地位，不過，儀式方面卻以靈寶為主，而劾治召考的那些東西，大家還是沿襲着天師道以前的傳統。到了宋元時期，吸收佛教的影響，北方興起了性命雙修、講究出家、設置叢林的全真道，而南方擅長符籙的正一派仍然十分興盛，終於形成了一直延續到現在的全真和正一兩大系統的道教格局。

總之，道教起源很早，形成期很長，在中國文化土壤中滾了很久很久。它吸納了很多古代中國的知識、思想、技術和各種各樣的傳說及神話，還從佛教那裏學了很多宗教性的內容，像建造像、立廟宇、設儀範等等，漸漸形成了這個中國自己的宗教，這就是道教的大體的歷史。兩千年來，道教雖然沒有佛教那麼興盛，但是，在民間生活世界裏面，影響卻不比佛教差。我注意到一點，現在，東西方很多研究道教的學者都同意一個看法，就是最深刻地表現中國社會生活傳統一面的，而且最本質地反映了古代中國的人性觀念的，可能不是儒家，也不是佛教，而是道教。為甚麼？因為道教這個宗教的全部理想，就是對永恆生命和幸福生活的追求，這是很本質的。

那麼，道教是怎樣追求永生和幸福的呢？為甚麼中國人會相信、信仰這個宗教，並且期待這個宗教給他帶來永生和幸福呢？下面我們一一說來。

二、九轉還丹：為永生的煉丹術

我先講講道教的煉丹術。

《西遊記》裏說到，孫悟空被二郎神捉住，讓太上老君放在煉丹爐裏。為甚麼放在煉丹爐？因為他在天廷當齊天大聖的時候，像吃炒豆一樣，偷吃了老君一鼎爐辛辛苦苦煉的九轉還丹，所以，老君想把這個渾身都滲透了丹藥的猴子當原料，重新煉成還丹。

那麼，甚麼是九轉還丹呢？就是經過反覆煉製，吃了可以永生不死的丹藥。古代千百年裏，道士一直在想方設法地煉丹。在過去，煉丹也叫煉外丹，因為這種追求長生的方法，和"內丹"就是靠自身內在的煉氣養生的方法不同，它主要是依靠製造和服食外在藥物來保持生命，所以叫做"外丹"。保持生命，和神仙一樣永遠不死，這是道教最重要的理想。

螻蟻尚且貪生，人當然也惜命。重視生命的傳統，在古代中國一直有，像先秦兩漢的時候，黃帝之學中講究"貴生"，楊朱之學中講究"為我"，戰國的"行氣玉佩"的銘文上面講"行氣"，《莊子》裏面也提到"熊經鳥伸""吹呴呼吸"，你就知道這種追求健康甚至長生的傳統有多厲害。在那個時候，還流傳着海上三神山有不死仙人、不死仙藥的故事，引得秦皇漢武都想去尋找。特別是，古代中國和後來受了佛教影響的中古中國不同，中古中國人相信佛教說的有前生、現世和來世，而古代中國人則相信，人一死不能復生，所以，對生命看得格外寶貴。怎麼樣延長生命，成了大家都關心的事情。兩千多年以前，中國就流行着各種方術，比如"導引"，

云大矣易勿過度分兩合宜其上水鼎過火盛
尺得溫煖煖勿令成湯疊有過失也

青霞子曰降真香半斤卅參五兩縣合香四
兩老栢根四兩白檀香四兩沉香半斤白膠

香少許

右七味以臺拌和丸如彈子大每日只燒

一丸

合香九

器同錄曰爐下有壇壇高三層各分八面而

有八門

壇式十

正開

八門

龍虎

丹臺

如雲子曰南面去壇一尺埋生砂一斤緣五
寸醋拌之比面埋石灰一斤東面埋生鐵一
斤西面埋白銀一斤上去藥鼎三尺垂古鏡一
一面布二十八宿五星燈前用純劍一口爐
前添不食井水一盆七日一添用桃木版一

金烝圓時蟾光盛滿是煉丹之時候煉時須
黃芽至十月許真君曰冬養子八月手以九鼎取
自然化出靈芽若是水火停勻陰陽得所
入靈芽不堪用也水火不勻盜過鉛脚透
亦須受氣滿足若氣不足

丹芽不伏

抽

之

永

圖

蒿仙翁云飛永爐木為床四尺如龕末足高
一尺巳上避地氣撰圓釜容二斗可去火八
寸床上竈依釜大小為之火龍經云飛永於
丹砂之下有少白砂亦佳若剛木火之只可
一晝夜不必三夜也用砂之淬有飛不蓋者
再留之砂無出溪挂辰若光明者亦可說曰
真永也

注云鼎上蓋密況勿令泄烝仍於盜上通
一烝管令引水入盜上盜内庶永不走失
也

後得正本按勘却只因皖湥鼎竈云魏伯陽
所謂燕釜若神者也青霞子依樣造爐下
鼎記東壁下火先須祭爐

清酒三斤　鹿脯十二片　香一爐

時果十二分

先須祭爐然後持咒曰皇皇上天黃厚土
生育萬物為物滋茂聖合秘元受宗要皇
帝固鼎玄安臨爐運符陰陽以成實餌三五
神光邪魔悔伏直爐童子衛火將軍六甲紅
兵魚尤護真謹以某日某十某甲廠

真之識上請具人洞府摩仙咸寧黜運以奉

未

清　皖　濟　爐　竈

《道藏》中關於煉丹鼎爐和安放鼎爐方式的記載

馬王堆出土的帛畫中就有《導引圖》，畫了很多人形，像現代人做體操時的動作分解圖一樣，有熊經、鳥伸之類，後來傳說華佗的五禽戲，其實很早就有；還有的人相信有仙藥仙草，也有的人相信有神鬼的護佑，所以常常有海外傳說，有真的出海入山求仙的事情。還有人相信房中，認為通過男女之事，也可以採補獲得長生。其中，和道教外丹相關的一種信仰是，有人相信，人類可以借用外在堅固的物質，使自己也

戰國 "行氣玉佩"

同樣堅固，就好像借了鋼筋為水泥建築加固一樣，這不僅促使人們開始尋找各種不死丹藥，而且想象可以攞取天地人精華為自己補充生命力，就好像吃人參果或人形何首烏一樣。《楚辭》裏説 "餐六氣"，醫方裏説 "飯赤子之精"，房中書裏更説 "補腦還精"。傳説裏，更是説要去尋找各種不死之草，在長期的整合中，人們漸漸形成了一種理念，就是 "人是可能像神仙一樣不死的"。

怎麼樣不死？就要學仙人，道教就是從叫人學仙開始的，所以，它也叫 "仙學"。因為道教不光是解決人生的具體問題，還要解決人生的終極歸宿問題。如果説，佛教更重視精神超越，那麼，道教則更注重肉身昇華。道教認為，人生最終的目標、最高的理想境界是成仙，而成仙不但要信仰，而且要一套技術。道教的外丹、內丹，就是這樣的技術，它是比儀式方法更為重要的，能使人超越現世、達到成仙目的的途徑。

三、憑甚麼相信外丹能給你永恆？

所謂"外丹"，就是通常所說的煉丹術。為甚麼能讓人相信，丹藥可以幫助人長生呢？

其實，古人煉丹最初可能是煉金，追求財富也是人類的一種天性，這種技術一直到明清還有，"三言""二拍"裏面就描述有煉假金的道士，《儒林外史》裏面也講過西湖邊上有騙人煉金的道士。從漢代起，煉金術中一支漸漸轉成了煉丹術，追求生命永恆也是一種天性。不過，從煉金到煉丹，從單純地想象化學性質的轉變，到相信它可以輔助生命，其中，要有一些特殊的想法支持。

甚麼特殊的想法呢？很多學者在研究裏面都發現，中國古代有一種相當特別的思想，就是相信同類之間有一些很特別的互相感應，而這個"同類"不是金屬、非金屬，生物、非生物這樣的現代分"類"，而是陰陽五行、八卦十二宮、二十八宿等在感覺基礎上的"類似"。所以，古代有"天人感應"之外，還有"物類相感"，就是說，除了天和人之間能夠互相感應之外，現代人看來互相不同類的東西，也可以在多個類似點上，互相滲透和溝通，比如木和東方、青色、酸味等都對應。那麼，金呢，古人認為它是陽性的、不怕火煉的、性質穩定、永恆存在的東西。而汞（水銀、朱砂）呢，則是陰性的、能夠不斷循環的金屬。東晉葛洪的《抱朴子·金丹》就說："丹砂燒之成水銀，積變又還成丹砂。"於是，人們就想，如果能夠通過服食它，吸收它的性質，是否人類也會獲得和它們一樣堅固、不朽、永恆、循環的生命？

這種觀念和聯想，你仔細想想，在中國是很普遍的，這就和中醫裏對一些藥的想象一樣。比如中醫通過龜長壽，茯苓在長青的松樹下，人形何首烏像人，人參果像童子……，就會想象它們都可以提供長壽、生命力與時間。這和現代人相信的"吃腦補腦、吃肝補肝"一樣，其實不見得有效，但是人偏偏相信。比如吃豬腦，是不是也會變得像豬一樣聰明或者愚蠢呀？這方法不一定可靠，可是古人相信。被稱為"萬古丹經王"的《周易參同契》上篇裏面，有一段話很重要，"金性不敗朽，故為萬物寶，術士服食之，壽命得長久。"

道教說，我們普通人平常吃的東西，主要是米飯、蔬菜，有了病也只是吃草藥，像人參、當歸、三七、柴胡、黃連、枸杞等，可是，仙人平常吃的，是交梨、火棗、胡麻，而對於身體呢？他們服食的是丹砂等，比我們就高明了。葛洪在《抱朴子·仙藥》篇中，總結了漢魏時代秘傳的種種仙藥，據說，"仙藥之上者"為丹砂；然後依次為黃金、白銀、諸芝、五玉、雲母、明珠、雄黃、太乙禹餘糧、石中黃子、石桂、石英、石腦、石硫黃、石飴、曾青；再然後依次為松柏脂、茯苓、地黃、麥門冬、木巨勝、重樓、黃連、石葦、楮實、象柴、天門冬等。你可以看到，最上等的十幾類都是礦石藥，然後才是植物藥。為甚麼？葛洪說，一般草木之藥不行，因為草木一燒即成灰，可丹砂、黃金卻不然，它們都是相當穩定的或者循環的物質，所以，他想象，吃了它們，人也可以獲得它們的性質，就是永恆和長生，這就叫用異類物質來幫助人類肉體生命得到堅固，這叫做"假求於外物以自堅固"。

四、經歷九轉方成丹：丹爐與丹藥的炮製原理

當然，黃金和丹砂並不能直接成為長生藥。第一，這種煉丹過程是一門宗教壟斷的神秘技術，不能是人人都會的常識，甚至也不能是像中醫那樣可以公開的技術，道士把它神秘化，就使想長生的人不能不信仰道教；第二，用黃金、丹砂來合長生藥，理論上還要經過陰陽調和。據古人說，黃金是"日之精"，"積太陽之氣薰蒸而成，性大熱，有大毒"，而丹砂又是陰之精，也有大毒。所以，要用一些方法，配一些原料，比如鉛（黑金，屬北方水）、硝石（秋石）、雄黃等，經過配置和煉製，來克制它的毒性和異性。比如《太清石壁記》裏說的，"水銀有毒，鉛配太陰，終不獨行，行必為偶，若無制伏，二毒難消。"這道理和中醫裏用藥的"君、臣、佐、使"是一樣的，就是經過多次的調理炮製，使它成為適合人服用的"還丹"。

外丹之所以能長生，在道士那裏還有一種思維上的依據。他們煉丹時，除了配方秘術之外，還有其他一些鼎爐和煉製中的規定。據《大洞煉真寶經九還金丹妙訣》的一種說法，他們的鼎爐分三層，分別是對應天、地、人三才；三層中象徵天的上層又要開九竅，象徵天上的九星；中間象徵人的一層要開十二門，象徵十二辰，而且門門要有扇；下層象徵地，要開八達，象徵大地上有八風。鼎爐每層又分四象（青龍、白虎、朱雀、玄武），五行，八方（八卦），十二月，二十八宿。也就是依照宇宙而建的，丹藥在這個小宇宙裏，模擬宇宙生成過程燒煉。而燒煉的火候也很有象徵性，要象徵陰陽二十四氣、七十二候等。古人認為，這樣一來，

藥物在裏面的反應，就等於是在宇宙中化合，當它隨着宇宙運轉一周，丹藥就具備了宇宙的永恆性質。據說，鼎爐作為宇宙象徵，鼎爐中的一個時辰，即人間一年，煉丹九九八十一天，就幾乎相當於人間千年，金丹有千年之煉，人吃了這種千年煉萬年煉的天地宇宙精華，當然就能長生不死了。你看《西

《道藏》中的煉丹壇圖

遊記》中關於兜率天宮太上老君的煉丹爐的想象，大概就知道普通人想象中的金丹是何等的靈驗了。

關於外丹的書很多，像研究化學出身的陳國符先生當年寫的《道藏源流考》和後來出版的《續考》，是很重要的著作。而最清楚也是最深入的研究，要看李約瑟和何丙郁的論文以及他們所寫的《中國科學技術史》的化學卷，同時也可以看美國學者席文（Nathan Sivin）的《伏煉試探》英文本，"伏煉"就是煉丹。煉丹術的書，不太容易懂，一是需要化學知識，二是道教煉丹的書，常常用一些象徵和神秘的名詞來包裝，包括原料、火候等，都有特別的名稱，所以，還要有一本詞典。唐代就有《石藥爾雅》一類的書，現在又有現代人的解釋書了。

兩千年的歷史裏面，古代的道士就是這樣，一直煉呀煉呀，從魏晉以後，到唐宋，到明清，一直在延續。他們煉丹，一般在山裏

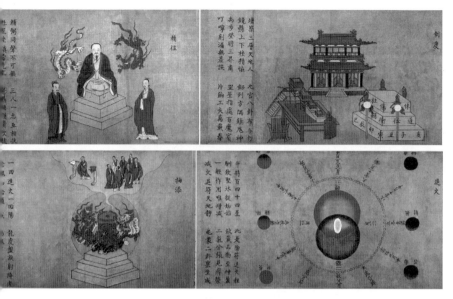

白雲觀所藏清代秘傳煉金丹圖局部

面的靜室，要建壇，要在壇的四周設計很多象徵性的東西，而且
需要準備很多原料，沒有金錢也是不能來煉丹的，所以，想煉成
丹藥的唐朝詩人盧照鄰，就要寫文章向人討藥值。可是，很多人
吃了丹藥會喪命，因為那裏面有興奮劑，有致幻的成分，也有一
些本來就是金屬，就是毒藥，像砷就是砒霜，所以，像唐朝的唐憲
宗、唐穆宗，明代的明世宗就是嘉靖皇帝，還有清代的雍正皇帝，
據說，都是死在這種仙藥上面的。不過，道士也從煉丹裏面發現
了很多種有效的藥，今天中醫裏的很多藥叫"丸""丹"，就是他們
的功勞。當然，科學史家們也說，還有很多化學上的發現，比如
類固醇（激素），據說就是唐代的道士在提煉小兒尿時發現的，而

銅、銀變"假金"的技術，也是他們發現的。

世俗之人往往都有兩大慾望，一是發財，二是不死，在道教的煉金術和煉丹術裏，恰好表現着人類的這兩個慾望。

五、內丹：古代中國思想世界的產物

接着我們來講"內丹"。

所謂"內丹"就是我們很熟悉的"氣功""養生術"。不過，要注意的是，它和純粹的氣功並不一樣，它不僅僅是一種保健長壽的方法，在道教的觀念裏面，它應當是一種使人長生不死的仙術。

"內丹"這個名稱起源很晚，大約是在隋唐之間。在漢魏時代甚至更早，古代中國的養生術，主要包括三方面：一是辟穀食氣，二是引挽健體，三是房中技術。從二十世紀七十年代起，各地出土了好多戰國到秦漢的簡帛文獻，裏面就有很多這方面的資料，像馬王堆帛書裏的《導引圖》《合陰陽》，張家山漢簡中的《引書》等，具體的資料和方法，這裏我就不多講了。這裏主要講這些來源很早的養生術，為甚麼人相信它能養生甚至成仙，它的基本理論基礎是甚麼？

現在很多人都對養生、對氣功感興趣，我在各個地方講課，一講到禪道，就有人讓我講內丹，而且最好講得"現代一點"，好讓大家明白。可是，這實在很難講，之所以如此，是因為這裏都涉及"氣"，而"氣"是很虛玄的，在中國人的思想裏面，這種"氣"

是要靠自己向內體驗才能感受到的。特別是道教，它後來還發明一個字"炁"來表示先天的元氣，但是，甚麼是先天的元氣呢？就是父母生你的時候，秉天地之氣，通過父精母血，傳到你身上的。用道教的話說，人生下來有三百八十四銖氣，到了六十歲，就只剩下七十二銖，這又是怎麼稱出來的？我也不知道。

所以，氣功、道教的內丹以及中醫，它屬於古代中國特別的思維世界。可是，現在中國的語言和概念，是受到西方科學影響的，現代的我們習慣用"概念—判斷—推理—分析—歸納"等一套形式邏輯，這就好比電視，裏面如果是一個黑白顯像管，信號顯示的是黑白圖像，如果是彩色顯像管，過濾的就是彩色圖像。所以，用我們現在的概念去解釋古代的思想，當然會比較麻煩，好像成語說的，是圓枘方鑿，格格不入。比如二十世紀八十年代，有人希望用"場"的理論，用紅外輻射、靜電、磁波、次聲波，用"物質、能量、信息三者有機綜合"來解釋"氣"，聽了你都不一定懂。所以有人說，中國的養生術"神秘"，其實所謂"神秘"，就是因為古人的想法和我們不同，我們用平時習慣了的邏輯去理解它行不通，於是我們便覺得奇特、神秘，就好像是一個外星世界一樣。

六、氣：內丹的根本道理

言歸正傳。"內丹"這個名稱起源較晚，而辟穀、食氣、導引這類名稱起源較早。古代中國人把世界分成"大宇宙"也就是天地，和"小宇宙"也就是人的身體，他們覺得，這兩者是相通的。因為後來道教中人認為，"外丹"能使人成仙，是因為鼎爐模仿了宇宙，黃金丹砂又是不朽之寶，不朽之寶在小宇宙裏長時間煉製，可以成為仙藥。那麼，人體也是一個小宇宙，氣則是人生命的本源，氣在身體內的積存和運行，也就像天地之間的"氣"能週而復始一樣，也能使人成仙長生，它也像是某種煉丹，所以把它叫"內丹"。

這裏面有一個基本的設想。道教認為，人是由父精母血秉受天地陰陽二氣而成的，"氣"（也叫"炁"）是人生命的根本。古代中國人想象，在嬰兒甚至胞胎狀態中，人的氣是周流循環於全身的，而且那時候是"先天的元氣"，根本不用鼻呼吸。可是，人一生下來之後，呼吸上面到鼻子喉嚨，下面最多只到尾閭，所以，"氣"不能流貫於全身，因此《莊子》才說"眾人之息以喉"。而且，他們覺得，人在世上有了慾望，有了慾望就氣粗心躁，氣粗心躁就會耗費原有的"元氣"，僅僅靠口鼻吸氣來補充，畢竟是《老子》所說的"動而愈出"。人的元氣有了虧損，那些情慾耗費着人的精氣神，五穀雜糧、葷腥又盤踞了人體，使新鮮的"氣"補不進來。久而久之，就把生命力漸漸消耗掉了。

正是根據這樣的想法，除了依賴藥物補充——後來成為外丹術之外，古代一直有很多存氣養生的技術。前面我們講它包括三大類：一是食氣，二是引挽肢體，三是房中。下面，我們簡單說一說。

首先是"食氣"，就是用自己的意念，引導吸進來的"炁"，使之在身體中運行，讓全身的氣脈流動貫通。這在古代是很早就有的，很多年以前發現戰國時的"行氣玉佩"，近年來發現的張家山漢簡《引書》，講的就是這方面的知識。在古代人看來，由於自己有消耗，所以要補充，補充的方法之一，就是食氣。氣又分清濁，先天元氣也就是生命要素的那種"炁"，是沒有污染的清氣。為了能服食到清氣，就要清潔身體，防止污濁，所以要"辟穀"，因為各種食物也是濁的東西。而食氣最好是淩晨的元氣，"吐故納新"的意思就是説，吸進新的，吐掉舊的；吸進清的，吐掉濁的。所以，至今還是這樣，北京香山的早晨，為甚麼有這麼多人去，就是這個觀念，覺得早上的空氣是新的、清的，葷和素、濁和清的觀念，在中國人的感覺世界中常常是可以憑感覺理解的。

其次是所謂"引挽肢體"，其實就類似體操鍛煉，這來源也很早，《老子》有"專氣致柔"，《莊子》裏面有"熊經鳥伸"，這大概都是講"引"。在漢代墓葬中，也就是長沙馬王堆漢墓發現的《導引圖》，一直到後來華佗的五禽戲，就是這一方法。

馬王堆出土漢代帛書《導引圖》

再次是"房中"，這可能來源也很早，馬王堆漢代帛書的《合陰陽》《十問》《養生方》，裏面就講到如何通過男女性生活，得到生命和身體的保健，甚至還有人把它理解為一種成為神仙的途徑。後來，道教中就有"黃書合氣"，就是用"黃赤之術"來求得神仙。這是當時很流行也是很重要的知識，那個時代的人不像現代人這樣，有歷史積累下來濃厚的道德意識，可能在唐以前，這種知識還是公開的，所以日本人從中國抄的古書中，就有很多這方面的記載，不公開流行他怎麼能抄到呢？你看日本保存的《醫心方》就知道了，那時這種文字很多也很公開。像署名白行簡——就是白居易的兄弟——寫的《天地陰陽交歡大樂賦》，就是讚美這種事情的。只是到了後來，道德普遍化、嚴厲化以後，男女禁忌漸漸嚴了起來，它就逐漸邊緣化，成了不能公開提起的"採陰補陽"之術。

七、內丹的基本方法

回到道教內丹本身的話題來。應該說，道教的內丹功夫就是建立在這種思想上的。煉內丹的要求，概括起來並不複雜。

首先，要求人保持身心兩方面的虛空和潔靜，這一點又回到道家思想上去了。心要靜，心靜才能保持元氣不動不耗；體要淨，體淨才能排盡濁氣換清氣。所以，道教要求人排除各種世俗的雜念，不食葷腥五辛甚至少吃五穀食糧，以保持心理上的恬靜平和、生理上的潔淨無垢。

其次，以意念控制呼吸（腹式呼吸），雙目微閉，含光內視，眼觀鼻，鼻觀心，心存丹田，舌抵上齶（舌頭反捲，以舌底頂住上齶的兩個漏氣孔——天池穴）。丹田在道教看來，是最重要的大倉庫，"元氣"的基地，所以又叫"氣海"。練內丹的人，每夜子時吸取天地新生之氣，二吸一呼，以多吸少吐來存儲元氣。按照道教的説法，這時要服食五方精氣，而且還得想象東南西北中、青赤白黑黃，合着五行的推衍變化。同時要做到無慾無念，一呼則呼出濁氣，這就叫"吐故納新"。在吐納的同時，還要有一些輔助的活動，像服元和，就是吞漱唾液；握固，就是手握如拳；叩齒，即上下牙互擊；有時還要有按摩、梳頭、撞天鐘，即以手指叩擊頭兩側；等等。

再次，吸入丹田的"氣"要在體內緩緩運行全身，道教假設人心頭有"火"，用《易》裏面的"離"（☲）象徵；假設人的腎裏面有"水"，用《易》裏面的"坎"（☵）來標誌。這"氣"呢？就是引導這陰陽水火互相平衡，同時還要把人體內部的濁氣漸漸排出去，把吸收的清氣即元氣一點一點聚集在自己的丹田裏，所以要引導氣周遊全身。《莊子》説，"真人之息以踵"，就是説真人的氣要運行到腳後跟。但最重要的是要打通任督二脈，就是先將氣以意念引導，緩緩下行，通過會陰，沿督脈而上。大家看小説常常會看到這兩個詞，任脈是胸前大脈，督脈是脊後大脈，打通了任督二脈，即打通了"小周天"。"氣"在小周天裏運行一周，就好像在宇宙裏周流一圈一樣，成為"先天元氣"，便可以存入身中。如果更高一級，則上通"重樓十二環"，達到上丹田（人腦門正中），再緩緩

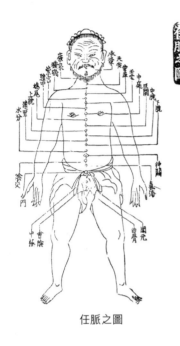

任脈之圖

下至中丹田（心門），這樣又打通了"大周天"。這時的"元氣"就更高更有生命力了。"氣"在體內流轉，使周身血脈、氣脈貫通，血脈、氣脈貫通，人就長生了。道教常常把這種氣通行的過程看成是追求神仙的天路歷程，所以有不少圖畫都把這種氣在身體中的運行，想象成登崑崙尋仙。像大家看到的這兩幅《體象陰陽升降圖》和《無極內經圖》就是這類想象。

　　最後，人習慣了這種吐納功夫，始終用丹田呼吸，氣脈周流不息，達到渾然不覺的狀態，就達到了心定神清、無念無慾、綿綿不絕的狀態。這時，存在丹田的元氣和精神打成一片，成了道教所謂的"金丹""九轉還丹"，人就與神仙一樣，"其息深深"了。道教把"內丹"也看作煉丹，而且把"氣"的運行和八卦聯繫在一起，他們說，心是火，屬"離"，性好動，腎是水，屬"坎"，性好靜，在"氣"的周流中，它們在丹田中交融，達到"坎離交濟"式的平衡，然後腎水上升到心田，心火下降到腎府，這樣，人就陰陽平衡，百病不侵了。

　　要說道教內丹，我也要提醒各位，道教關於內丹的書雖然很

《體象陰陽升降圖》

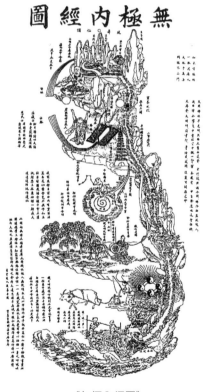

《無極內經圖》

多，但是因為內丹不像醫書，它不是一種公開的知識，而是一種神秘的技術；它追求的不是健康，而是成仙不死。所以，這些道教內丹之書，常常很難懂。一方面，它總是用神秘的隱語和專門的名詞，像用外丹的"鉛""汞"，用《易經》裏面的"坎""離"，用傳統數術中的"白虎""青龍"，用化了名的隱語如"妊女""黃花""白雪"等等；另一方面，可能有很多關鍵的地方，必須有師門的傳授，所以，道教裏面常常有所謂"要訣"，沒有師授，常常是不行的。因為只有這樣，才能保證這一門宗教知識的壟斷和神秘。

道教常常把內丹比附於外丹

八、永生的追求

這就是道教追求永生的方法和技術。追求永生，是道教的一個理想，另一個理想，就是追求幸福。關於道教追求幸福的方法和技術，在下面介紹的神譜、道教儀式和方法時再説。

　　所謂永恆或永生，實在是人類一個很古老，又很焦慮的問題。甚麼可以永恆？在古代人看來，江河湖泊、山川大地、日月星辰，那些都是永恆的，可是，人短短的百年生涯和它一比，就實在太短暫了，所以，人生很可悲。曹操的詩歌裏就説，"對酒當歌，人生幾何，譬如朝露，去日苦多"，所以，很多人特別希望能夠長生。如果你讀漢末的《古詩十九首》，一共才十九首，可你就不斷會聽到"生年不滿百，常懷千歲憂"（《生年不滿百》）；"人生寄一世，奄忽若飆塵"（《今日良宴會》）；"人生非金石，豈能長壽考"（《回車駕言邁》）；"人生忽如寄，壽無金石固"（《驅車上東門》）這樣的詩句，可見，生命短暫就是那個時候的最大焦慮。特別是在佛教"輪迴"的觀念還沒有生根，"輪迴"的事實沒有得到確證的情況下，人會覺得，一死就告別了世界，多麼悲慘呀！所以就會想方設法追求永生，道教正好就對準了這一焦慮和煩惱，這是道教能夠存在和興盛的原因之一。

　　如果説，在古代中國，儒家關心的是社會和秩序，"未知生，焉知死"，他們覺得人一生可以立德、立言、立名，就已經完成了生命的價值，所以並不關心生死的問題。而佛教講究超越，把人生看成是苦難的，所以要求人對生死看得不那麼重，在這種哲理和觀念層次上，它可以解脱生死。那麼，只有道教，它才把人生看成是美好的，把人生的樂趣定在現世的享受和歡樂，更是永恆的享受和歡樂上面，所以，它才有這樣尋求不死的外丹和內丹。

　　在外丹和內丹，尤其是內丹的方法中，你可以看到，道教除了依靠幻想與神溝通的一面之外，還有依靠體驗感受自身的一面。那種"意念"引導和"氣脈"流轉，並不是那麼容易掌握的，只能在極靜的外部條件和極淨的內部條件中才能感受和把握。在這一點上，道教和道家是一致的，他們都認為"心齋""坐忘"狀態，是最佳的與"道"合一的心理狀態，他們也認為"無心"狀態，是達到和體驗"道"的唯一途徑。所以，在道教裏面，道家哲理也一直是正宗的理論，當士大夫進入道教時，常常就把老莊的思想和道教的思想混在一道，他們領受的，是主靜的體驗和感受一路，和普通民眾信仰者依靠人神溝通來拯救現世問題的幻想和迷狂，其實不大相同。

【參考論著】

1. 陳國符：《中國外丹黃白法考》，上海古籍出版社，1997 年。

2. 席文（Nathan Sivin）：《伏煉試探》(*Chinese Alchemy: Preliminary Studies*), Cambridge, Mass.: Harvard University Press, 1968。

3. 李約瑟：《中國科學技術史》第二卷《科學思想史》，何兆武等譯，科學出版社、上海古籍出版社，1990 年。

【閱讀文獻】

1.《魏書》卷一一四《釋老志》

　　道家之原，出於老子。其自言也，先天地生，以資萬類。上處玉京，為神王之宗；下在紫微，為飛仙之主。千變萬化，有德不德，隨感應物，厥跡無常。授軒轅於峨嵋，教帝嚳於牧德。大禹聞長生之訣，尹喜受道德之旨。至於丹書紫字，升玄飛步之經；玉石金光，妙有靈洞之說。如此之文，不可勝紀。其為教也，咸蠲去邪累，澡雪心神，積行樹功，累德增善，乃至白日升天，長生世上。所以秦皇、漢武，甘心不息。靈帝置華蓋於濯龍，設壇場而為禮。

　　及張陵受道於鵠鳴，因傳天官章本千有二百，弟子相授，其事大行。齋祠跪拜，各成法道，有三元九府、百二十官，一切諸神，咸所統攝。又稱劫數，頗類佛經。其延康、龍漢、赤明、開皇之屬，皆其名也。及其劫終，稱天地俱壞。其書多有禁秘，非其徒也，不得輒觀。至於化金銷玉，行符敕水，奇方妙術，萬等千條，上云羽化飛天，次稱消災滅禍。故好異者往往而尊事之。

2.《隋書》卷三十五《經籍志四》"道經"

　　道經者，云有元始天尊，生於太元之先，稟自然之氣，沖虛凝遠，莫知其極。所以說天地淪壞，劫數終盡，略與佛經同。以為天尊之體，常存不滅。每至天地初開，或在玉京之上，或在窮桑之野，授以秘道，謂之開劫度人。然其開劫，非一度矣，故有延康、赤明、龍漢、開皇，是其年號。其間相去經四十一億萬載。所度皆諸天仙上品，有太上老君、太上丈人、天真皇人、五方天帝及諸仙官，轉共承受，世人莫之豫也。

所說之經，亦稟元一之氣，自然而有，非所造為，亦與天尊常在不滅。天地不壞，則蘊而莫傳，劫運若開，其文自見。凡八字，盡道體之奧，謂之天書。字方一丈，八角垂芒，光輝照耀，驚心眩目，雖諸天仙，不能省視。天尊之開劫也，乃命天真皇人，改轉天音而辯析之。自天真以下，至於諸仙，展轉節級，以次相授。諸仙得之，始授世人。然以天尊經歷年載，始一開劫，受法之人，得而寶秘，亦有年限，方始傳授。上品則年久，下品則年近。故今授道者，經四十九年，始得授人。推其大旨，蓋亦歸於仁愛清靜，積而修習，漸致長生，自然神化，或白日登仙，與道合體。其受道之法，初受《五千文籙》，次受《三洞籙》，次受《洞玄籙》，次受《上清籙》。籙皆素書，紀諸天曹官屬佐史之名有多少，又有諸符，錯在其間，文章詭怪，世所不識。受者必先潔齋，然後齎金環一，並諸贄幣，以見於師。師受其贄，以籙授之，仍剖金環，各持其半，云以為約。弟子得籙，緘而佩之。

幸福，如何幸福？話說古代中國的道教（下）

引子：神靈佑我得平安

接着上一講的題目，我們繼續討論道教。

《西遊記》第二回寫到，美猴王渡海向菩提祖師學法，菩提祖師雖然名為佛教"菩提"，其實上卻是教授道教法術的道士。他曾問美猴王，是要學"術"（請仙扶鸞，問卜揲蓍，能知趨吉避凶之理），"流"（諸子百家，誦經唸佛），"靜"（休糧守穀，清淨無為，參禪打坐，戒語持齋，或睡功，或立功，並入定坐關），還是"動"（採陰補陽，攀弓踏弩，摩臍過氣，用方炮製，燒茅打鼎，進紅鉛，煉秋石）？這倒真的是傾囊相授，菩提祖師幾乎把道教寶貝全都抖落出來了。其中"動""靜"便差不多就是前面講的內外丹，內外丹是道教至高的功夫。所以，菩提祖師唸了一首偈語說："難難難，道最玄，莫把金丹作等閒，不遇至人傳妙訣，空言口困舌頭乾。"也就是說，金丹——無論內丹或外丹——是道教最核心、最神秘、只能師徒傳授的道教法術。

可是，偏偏美猴王不愛學，要學有用的法術。在古代中國，普通民眾也和孫大聖一樣，對於那些玄而又玄，不切實際的外丹、內丹都不感興趣，外丹花費太多，內丹見效很慢，都是"超前消費"，也"不切實際"，而他們需要看得見，用得上，能夠"變現"的法術，幫助自己在生活世界裏解除困厄，得到幸福。所以，這裏我要討論的是道教的神鬼，道教的祭祀儀式，道教劾治的方法和技術等，因為這些東西才是為了世俗的信仰者在生活中免除困厄、去除疾病，使死者得到安寧，使生者得到幸福的，而這恰恰是生活世界中，道教對民眾最現實、最有影響的一部分內容。

一、多神與一神：從永樂宮三清殿壁畫說起

在黃河邊上的山西芮城，有一座道教的永樂宮。永樂宮的三清殿裏，有保存得非常好的元代道教壁畫，傳說這壁畫是照了宋人的畫樣畫的，我也不知道是不是。不過，原藏徐悲鴻博物館的宋人畫《八十七神仙卷》，確實和壁畫的風格有些像，而現存的宋代武宗元的《朝元仙仗圖》，據說也是畫道觀壁畫的底本。而宋人畫神仙，又傳說是學了唐代大畫家吳道子。這樣說起來，這三清殿壁畫的淵源就很久遠了。

三清殿壁畫是三面，畫了三十二天帝、十方上帝及各種神仙、星宿，一起朝拜中間端坐的三清。三清的塑像在中間聚焦處，四

山西永樂宮壁畫

宋代《八十七神仙卷》中的東華天帝　　山西右玉寶寧寺藏卷軸之一《北極
紫微大帝眾第二十一》（局部）

宋代武宗元《朝元仙仗圖》

周的壁畫和中間的塑像形成一個眾星拱月的格局。在這裏，你好像可以看到道教崇拜的各路鬼神，不知怎麼的，這總讓我想起《西遊記》第五回裏王母娘娘開蟠桃會，把各路神仙都請了來的情景。《西遊記》裏除了提到佛祖、菩薩、羅漢，有點兒不大符合道教規矩之外，另外的甚麼"崇恩聖帝、十洲三島、仙翁、北方北極玄靈、中央黃極黃角大仙"，還有甚麼五方五老、五斗星君，上八洞三清、四常、太乙金仙，中八洞玉皇九曇、海嶽神仙，下八洞幽冥教主、法世地仙，彷彿真的是道教龐大神仙隊伍的全體花名冊。

道教神仙多，這不奇怪，它是多神的宗教。在道教那裏，各種神仙鬼怪各司其職，兩千年裏，不斷有新的加入，舊的消失，好像一個龐大有序的神鬼官僚系統。順便再説一下，儘管西方人説的Taoism又是道教又是道家，但是，道家並不等於道教。道家像老莊學説，討論的是抽象玄虛的"道"，並沒有甚麼神仙鬼怪，可是道教卻是有神論而且是多神論。最初在漢代，也許道士們有一段時間主要崇拜老子，後來變來變去，大概受了佛教説大話講玄虛的刺激，又去崇拜元始天王，在魏晉時期逐漸形成了比較完整的神鬼隊伍，到了南朝梁代的陶弘景，他寫《真靈位業圖》的時候，就有了一個清楚的神鬼系統了。

這是多神教。多神教也有多神教的好處，比起一神教來，它沒有那種關於"唯一"和"絕對"的緊張。大多信一神教的，像天主教、基督教、伊斯蘭教的信仰者，常常會把自己所信仰的神，看成是絕對的、唯一的，人必須時時刻刻地圍繞他，向他祈禱，對於他的信仰和態度就是一切。換句話説，你不是信仰，就是不信仰，不是忠實教徒，就是邪惡外道。你不尊重他或者違背他的旨意，就只有被釘在恥辱柱上，而所有其他的神，都只是邪惡妖淫，所以不能妥協。人如果不能與唯一神相遇，也會終身在痛苦裏面。著名的社會學家許烺光在《中國人和美國人》這部名著裏分析說，當這些信仰一神教的人看到異端信仰的時候，他們會覺得自己的基礎受到威脅，教士的自信心和安定感會受到挑戰，於是常常會引起戰爭。現在的世界上，很多戰爭就是因為宗教不能通融而引起的。

可是信仰多神的呢？因為神本來就多，所以，不會因為你信這個神，我信那個神，互相就不通融。你看東亞的中國人、日本

波士頓美術館藏隋代開皇七　　西安碑林所藏北魏時期（約 517 年）老君與釋
年的老子造像　　　　　　　　伽佛的造像

人、朝鮮人，可以信這個教，也可以信那個教，可以拜這個神，可以拜那個神，還可以都信都拜，沒有關係。所以，像古代中國"三教合一"這樣的情況，之所以可以發生，除了政治權力太大，宗教力量較小之外，就是因為這些信仰能夠包容和含糊的緣故。當然也要承認，這種信仰可能也有另外的問題。問題之一就在於信仰並不堅定，就像魯迅說的，只有"迷信"，沒有"堅信"。拜神求仙，就好像在買股票，並不是真的信仰，而是希望換回利潤。

偏偏道教就是多神教，而且可能是最典型的多神教，因為它的神鬼名單可以隨時增加，也在不斷變化。宋代皇家辦隆重的羅天大醮的時候，神就夠多了，到明清以後，這個神鬼名單就更長了。一個叫亨利・道爾（Henri Doré），中文名字叫祿是遒的歐洲傳教士，寫了十大本《中國迷信研究》（*Researches into Chinese Superstitions*），開列了很多神名，仍沒有辦法列出一份全體的名單來。

二、神仙系譜：三清、玉皇與眾仙

長話短說。

道教的最高神是"三清"，玉清、太清、上清。有人懷疑說道教這三個神並列，可能是從佛教"三身"學來的，道教最早只是一個老君，從南北朝最早的造像也可以看出。但是，道教後來把"三清"解釋成宇宙天地開闢以來的最初的三種境界。玉清就是元始天尊，在道教詞彙中，元始天尊就是"道"，他是天地間一切的本源，又是一切的主宰，可它又是"無"；太清是靈寶天尊，僅次於元始天尊，象徵了宇宙天地初始狀態；再下面上清是道德天尊，道德天尊就是俗話說的"太上老君"，有人說他就是"老子"本人的神化。明代小說《封神演義》裏"一氣化三清"裏的"三清"，其實就是指這三清。不過，作者卻把三清當成老子一個人的三個化身了，騎青牛一入敵陣就化成"三清"，這是不對的。"一氣"本來指宇宙開闢之前就存在的元氣，元始天尊等三清，是象徵宇宙從無到有，再到天地萬物生成的時間過程的。所以，你去看道觀裏的道教三清塑像，元始天尊手中虛空，象徵鴻蒙時代的"無"或"道"；靈寶天尊手拈玄珠，象徵着"一"或"一氣"；而太上老君手持畫有陰陽雙魚的太極圖的扇子，象徵着"二"或陰陽始分的時代。

也許，後來道教覺得，"三清"應當高高在上，按照"無為""虛空"的說法不理會人間事，於是又造出一個"玉皇大帝"來管事。宋代最迷信道教的皇帝宋真宗封了他一個長長的尊號，叫"太上開天執符御歷含真體道玉皇大天帝"，而《西遊記》上則叫他是"高天上聖大慈仁者玉皇大天尊玄穹高上帝"。大家看《西遊記》裏，住在靈霄寶殿，管天上事，管地獄事，管海龍王的，都是這個大神，靈霄殿的兩邊柱子上寫的是"天地無私""神明暗察"，中間寫的是"世間善惡表彰，注定富貴貧賤"。

老百姓不怕官只怕管，正如俗話所說"縣官不如現管"，所以也都記住了他。就連"大躍進"時代新造民歌都唱："天上沒有玉皇，地下沒有龍王"，沒有人提到"三清"。更何況"玉皇"又很像

清代繪《元始天尊像》　　北京白雲觀藏清代初期繪《太上老君像》

地上人間的皇帝，人們都熟悉，所以現實感也很強，對他格外尊
崇，傳說正月初九是他的生日，叫"玉皇誕"。道教的神仙系統，
就像人間官僚機構一樣。除了這些等級尊貴的神，道教還得有各
種各樣的管某一方面的專職神仙。最早有三官，也叫三官大帝，
就是上元、中元、下元三元節裏祭祀的那三位，即天官、地官、

水官大帝。此外還有很多，像管生孩子的"送子娘娘"，和玉皇大帝配對的"王母娘娘"，有分管四方的四方大帝及玄武、朱雀、青龍、白虎四神，有管壽命的壽星，管福的福星，管祿的祿星，有管文人的文昌帝君，有管武人的關聖大帝……還有稀奇古怪的各種各樣的神（如傳說孔子管生兒子，灶君管上天告狀，八仙過海故事裏面的八仙，像呂洞賓、韓湘子、何仙姑、李鐵拐等，民間常常有八仙的年畫和戲劇）。

當然，還有各種各樣的鬼。道教的死後世界很有意思，原先古代中國專管人生死的泰山神，後來在道教裏面，一面擴大變成

《玉皇大帝像》

波士頓美術館藏道教
《天地水三官圖》之《天官像》

《道藏》卷首（左半部）

了五嶽神，一面又想象成了北陰酆都大帝，更往後在四川還有酆都縣，説是酆都大帝的住地，搞了很多地獄、鬼怪、奈何橋之類的東西。像《太真玉帝四極明科經》裏則説，酆都山在北方癸地，山上、山中間和山下各分成八座獄，共二十四獄，每座獄中都有十二個官吏，又有二千四百力士，拿着金錘鐵杖，專打犯罪的死鬼。而在北周時代的《無上秘要》裏面，道教又把五嶽當成五個恐

清代繪畫中的北陰酆都大帝

北陰酆都大帝發給死者的　　道教四天師張道陵、
　　"冥途路引"　　　　　葛玄、許旌陽、薩守堅

道教想象之鬼王　　　　《長春真人道行像》

334

怖的地獄，在五嶽有很多刑罰，分別懲罰各種不同性質的死後罪犯。有人考證說，道教的酆都山受了印度佛教泥犁地獄和古代中國傳統的泰山雙方影響，可最後又和佛教合流成了十殿、閻羅殿、閻羅王，閻羅王底下有各種鬼，管懲罰人間的善惡。

　　當然，道教各派還有後來由人升格為神的。像正一派（流行於南方包括香港、台灣，以龍虎山張天師府為中心）的重要神靈中，還有張天師；而全真派，除了王真人外，還有全真七子，像最有名的丘處機等。大家看一看就知道了，道教的神鬼世界，基本上是根據人間世界的想象擴大而來的，世上有皇帝，神裏面也有最高的皇帝，世上民眾怕的、相信的是官府，天上也有負責管理的官府，而且比地下的還細還多。那麼，這麼多道教的神鬼，大概可以分成兩大部門，一個是君臨天下，無處不在的三清和玉皇大帝，以及他們手下的各種職能的神仙，有大臣、將軍、土地、城隍、灶神，有管文武兩界的文昌帝君和關聖帝君等等，好像是人間世界的鏡像一樣，他們監視着人們活着的時候的種種行為，負責分配各種幸福、痛苦和命運。第二是死後世界的北陰酆都大帝或者閻王，他們手下有牛頭馬面、判官、各種獄卒，他們根據人活着的時候的種種行為，給他們在死後算總賬，然後給予獎懲。這個世界是上個世界的翻轉片，好像一個是陽，一個是陰；一個管活人，一個管死人；一個主要對善人進行獎勵，一個主要對惡人進行懲罰。道士一方面把世上的信仰者和神鬼世界分開，一方面又用種種方法溝通神鬼和人，代替神鬼來給人們治病、解厄，代表神鬼來監督人的善惡，甚至根據這些善惡來許諾來世的生活等。

三、齋醮儀式：溝通神鬼人

道教這麼多神神鬼鬼，都是為了處理人們生活中的種種問題而幻想來的，那麼，怎麼才能把人的願望和神鬼的旨意溝通呢？道教是宗教，宗教需要有信仰者，有信仰者就要對信仰者有所承諾，它就要引導和幫助信仰道教的人們。其中，道士就是溝通人神之間的中介，人有了問題要告訴神，得請道士幫忙，人害怕禍災想躲避鬼，也要請道士幫忙。反過來，如果世人和神鬼可以直接對話，道士要是不能溝通人神之間，道士也就沒有用了，道教也沒有用了。古代小說裏，經常諷刺道士"作法不靈"，所謂作法不靈，就是不能"下情上達"，把意思傳達給神鬼，神鬼就不會下來幫人。為了溝通人神鬼之間，道士有一套獨特的方法和儀式，這些源自上古方技數術的儀式方法，是道教的一個重要部分，道家是沒有的，老百姓也是不懂的，只有請道士。

道教的儀式非常多，也非常複雜，不僅各地不同，各派不同，而且古代和現代也不太一樣，不過無論如何複雜，其中最重要的還是"齋"和"醮"。

我們先講齋。道教的"齋"種類很多，起源也很複雜。"齋"本來並不是一種儀式，是古代儀式中的清潔身心的方法。在上古人的想象中，神是應該尊敬的，而且神也不喜歡骯髒葷腥氣味，所以，人要和神溝通，就要先把自己身心搞乾淨，身體要沐浴，心靈要純淨，這就叫"齋"。"齋"有儀式，比如要獻上清酒，要供上三牲，還要請巫師唱歌奏樂，道教就繼承了這些思想、方法。簡單說吧：(1) 在"齋"的時候，齋主——也就是有甚麼願望向神祈求請神賜予的人——要沐浴、靜心。(2) 在選定的日子，在道士指引下，走上特別的齋壇。(3) 齋壇有圍欄，圍欄處按照方位，要懸掛旌幡；壇分三層，有階梯相連；方壇要象徵性地開若干門，像東北角的"天門"、東南角的"地戶"；壇上要點若干燈。這些懸掛的幡、開的門、點的燈，分別象徵

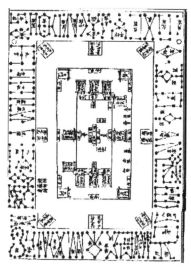

《靈寶玉鑒》所載《總星壇圖式》

着從地下到天上的幾重境界、生死休咎的各種途徑、天上的各種星辰。(4) 齋壇上有供桌，需供上祭品，道士誦經焚香，步虛繚繞 (走禹步、唱讚頌)，齋主默默地祈禱 (求神保佑)，道士便誦神名 (降神請神的名目)，上青詞等。(5) 這時候會有種種音樂，道教的音樂之所以很出色，和這種儀式有關，主要用鼓、鐘、磬、琵琶、月琴、胡琴、笛、板等，武當山和蘇州現在的道教音樂就很有名，瞎子阿炳就是道士。

齋醮儀式中的道士法服

清代焦秉禎繪《道教齋儀圖》

在這種儀式中，人與神在道士中介下溝通。古代齋儀是有很多種的，比如有上清派的，有靈寶派的，有天師派的。其中，上清一派的齋儀主要是追求自心的清淨和冥想；天師派的塗炭齋很苦，在上古人心目中，神是有憐惜心、同情心的，人們受苦受難，神就會幫助他，所以天師道的塗炭齋中還有一些自虐和入迷的方式，比如人要自縛、自撲，以黃泥塗面，拍打胸口，把頭髮綁在欄杆上，經七天、十四天甚至四十九天的自我折磨，在這種狀態下達到神人之間的契合。而靈寶一派的齋儀在隋唐以後最興盛，有金籙齋、黃籙齋、明真齋、八節齋、自然齋等。這些齋儀很隆重，像在三元齋也就是正月十五、七月十五和十月十五向天、地、水三官祈請的時候，還要上章和投簡。上章是用青藤紙寫上祈願禱神的文辭，然後焚燒以達上天；投簡是用銅做的金龍和玉做的簡版，投到深洞或山谷、湖泊中，以達神靈。前面我們講過發現的戰國時代的秦駰玉版，就是道教投簡的前身。

在古代中國，"齋"有大有小，形式也各不相同，但大體上都是為人們解決具體問題，像求雨、超度之類。

接下來讓我們看看甚麼是"醮"。道教的"醮"是祭神儀式，有點像今天道觀裏所做的神仙大會，和"齋法"相似，只是沒有設齋主，主要是道士來進行。早些時候，道教有五帝醮、六甲醮、七星醮等，從名字上看就知道這是祭謝五帝、六甲、七星的。《三國演義》裏面，諸葛亮在五丈原為自己延命搞的儀式，就是北斗七星醮，因為古人相信，人的生命由北斗管。醮儀和齋儀有很多一致的地方，其實有的醮儀就是從齋儀中發展出來的，最早是在齋儀完了以後，要舉行答謝神靈的醮，後來便獨立出來了。唐代以後，醮漸漸比齋還盛行，道士把被祝禱的眾神供在壇上，像"羅天大醮"要供幾百個神的牌位，把各種繪有神仙的卷軸分別佈在四周，象徵着天上的境界，然後一一唸禱，和齋一樣，也要步虛、繚繞、誦經、奏樂、焚香。舉一個例子，在傳說是唐代杜光庭刪定的《道門科範大全集》中，記載了一個祈求子嗣的大醮儀，過程就很複雜，分為一天四階段（清旦、臨午、晚朝、散壇），先宣咒、唱誦；然後鳴法鼓二十四通，上奏三清；接着稱法位，唸誦三清、玉皇，勾陳星官；再後是把意思上奏，唱方、懺方、三啟、三禮，陳述十二願，覆爐；最後唸"出堂頌"，這才可以出門，結束一個階段。在最後一次散壇的時候，還有步虛、散花、降聖等。

　　"醮"也是給人們祈福消災的手段之一，當然，實際上的儀式有簡有繁，民間常常有簡化了的儀式，也是傳統的偷工減料吧，民間常"請道士打醮"，就是指的這種儀式。

四、解決世俗困厄的法術之一：唸咒

道教的法術中，最普通的是下面這幾類，包括祝咒，畫符授籙，使用劍、鏡、印等法器驅鬼請神。

詛咒的方式在中國歷史悠久。古人認為一切禍災都有鬼在作祟，想象鬼也和人一樣，怕人詛咒，所以古代早就有"咒"，在先秦也叫"祝由"。道教的"咒"，就是繼承了古代人的傳統。"咒"之所以被人相信，我想大概是兩方面原因，一是人從自己心理上感到被詛咒很難受，因為詛咒的話在腦子裏會產生聯想。說你"捱刀"，就好像真的脖子癢癢地"捱刀"，說你"天打五雷轟"，就好像真的有轟隆隆雷打，膽大的人心裏難受一下，膽小的人則多半害怕了，古人覺得"鬼"和"人"一樣心理，所以，詛咒總是一種有效的威懾手段。二是巫師的咒好像是和神事先約好的一種密碼或切口，就好像打仗時電台呼叫的暗號，一般人不會，而巫師以及後來的道士有通神的本領，可以通過這種暗號呼叫神來治鬼，所以《太平經》卷五十稱它是"神祝"，有了神力，當然咒語就很靈。道士唸咒，要心裏想着神，口中唸着針對性的咒。比如，南朝的道士陶弘景《登真隱訣》卷中驅疾治病的咒語就是：天蓬天蓬（天蓬元帥，《西遊記》裏豬八戒的原來職稱），九元殺童（一個專殺鬼的少年神將）……（唸上一大串神名）威劍神王，斬邪滅蹤（把邪鬼斬掉，讓它絕蹤）。然後啄齒，據說神就召來，惡鬼被唸三次，就眼瞎爛而死。

另外，南宋道士鄧有功《上清天心正法》卷一的治病咒語是：

開天門，閉地戶，留人門，塞鬼路，橫金樑，豎玉柱，收罡氣，捏斗訣，眾神藏，萬鬼滅。急急如律令。（左手捏捉鬼訣，右手捏劍訣，吹氣三口，可除妖魅）。後來的咒就太多了，各式各樣。就連上廁所，也要唸咒叫：「圊（廁所）夫人，除某死籍，入以生門。」

五、解決世俗困厄的法術之二：畫符

畫符的方法也來歷久遠，至少漢代就已經有了，但具體來源尚不清楚，大概也是來自對文字語言的敬畏。我不知道現在還有沒有人迷信文字的魔力，但古人是迷信的，尤其是對名字所用的文字。因為古代人相信"名"和"實"有神秘關係，"名"不是"任意符號"，不是拼音符號。第一講中我們提到胡適的《名教》這篇文章，在這篇文章裏胡適就說過，古代中國人迷信文字有神力，像"叫魂"就是叫名字，叫名字可以把"魂"叫回來，所以有寫"天皇皇"貼在牆上讓人唸的方法；又有把"招財進寶"寫成一團，或把"福"字倒寫的風俗，覺得這樣就真的可以發財；還有把別人的名字打上叉，或者倒着寫，認為這就可以侮辱或治住別人，所以小孩子在牆上寫仇人的名字打上叉，迷信的婦女用刀剁別人的名字，這也是因為相信名字和本人有關，"文革"中間寫"打倒某某"的時候，就常用這種方法。

小說裏面常常有這樣的情節，像《封神演義》裏面，張桂芳可以呼名下馬，"黃飛虎還不下馬，更待何時？"《西遊記》裏金角大王用淨瓶裝孫悟空，就是叫了一聲孫悟空的名字，孫悟空一答應，就被裝進去了。古人祭祀祖先，寫上祖先名字，就可以供養了；治仇人，把仇人名字咒上，釘上小釘子，也可以治死仇人。胡適總結這種對"名"的信仰說，一是古人非常相信"名"就是魂，二是古人相信"名"有不可思議的力量，三是古代的聖賢也有意提倡一種對"名"的迷信。所以，古代中國有"名教"，這個總結是很對的。"名"是"字"，古人確實覺得，文字和文字所代表的事物有必然聯繫，一旦事物有了表達它的文字，它就被文字所固定，所以古代既要"必也正名"，又要"敬惜字紙"。

回到畫符，畫符最早其實就是寫字，陝西戶縣漢墓出土的曹氏朱書解注瓶上畫的符，左邊畫的是個星圖，是"太一鋒"，下是太一（大天一）即北極，上面三星是太一的前鋒。據《史記‧孝武本紀》說，這是靈旗圖像，可以戰無不勝，所以寫了文字"大天一"來驅逐惡鬼，這個符的意思就是驅除鬼的侵擾。右邊是由日、月、尾、鬼等字組成的，日、月是古人崇拜的神，尾、鬼是二十八宿中的兩個星宿，意思是曹氏遵循日、月之時而死去了，請日、月相信，請尾星保佑陽間生人繁衍（尾星，據《史記‧天官書》記載："尾為九子"，主多子多福），鬼星保佑陰間死者（鬼星，據《史

現代道教之符牌

戶縣出土東漢曹氏朱書解注瓶上的符文（上）
洛陽西郊出土東漢解注瓶上的符文（下）

記・天官書》記載："輿鬼，鬼祠事"，《集解》曰："中一星……主
喪死祠祀"）。漢末的《太平經》裏，曾把這種符叫"複文"，可見，
早期的符就是若干文字複合在一起來表示某種意思或表達某種願
望的。可後來，道士們為了壟斷畫符的專利權，便越畫越奇怪，不
可辨認。他們引入篆書寫法和圖畫畫法，把符畫得根本不像文字
了，這樣別人也就不明其意，不能自己照着畫了。而且，道士還說
畫符時有訣竅，要默唸咒語、默想神靈，然後畫符才能有效，"畫
符不知竅，反惹鬼神笑，畫符若知竅，畫得鬼神叫。"東晉的葛洪
在《抱朴子・遐覽》裏就說，吳國人介象，能認符字請符文。可見
三國時的符，還主要是字的組合，而西晉以後就變了。"今符上字
不可請，誤不可覺。"我們看當時流傳的各種符，真是丈二金剛摸
不着頭腦了。

不過，這些符現在仍然很流行，而且符的功能越來越細緻。
如果你去香港，就可以看到很多符，像天后宮的保平安符，曆書裏面的"鎮宅""消災"符,解決所有問題的"百解紙",就好像是廣譜抗生素包治百病。當然還有各種籙、牒等,籙是寫了很多天兵天將名號的紙,好像有了這張紙,就可以召請好好多多的神一樣,它常常和符搭配在一起,就叫"符籙",像"萬法宗壇"發的符籙。甚至連去地獄,也要這種通行證,像前面說的道教北陰酆都大帝發的"冥途路引","冥途"就是去陰間的路,"路引"就是通行證。

有趣的是,符在中古傳得很廣,現在朝鮮、日本也有很多種符,有木片上的,有紙上的,最早甚至有相當於唐代的,比如日本桑津遺址出土飛鳥時代(即七世紀,相當於唐代初期)的符咒木簡,正面可以很清晰地看到有符有文,與前面說到的中國東漢時期簡牘或解注瓶很相似。而 1971 年日本濱松伊場遺跡出土所謂"百怪咒

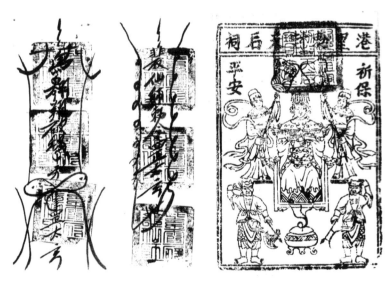

現代道教福建福州裴仙宮和莆田忠門鎮天后宮的兩種符紙

表　　　裏

日本桑津遺址出土飛鳥時代符咒木簡　　　日本奈良時代符咒木簡（摹本）

符”，年代大約在八世紀後半到十世紀中葉，即中國的中唐到五代時期，其中寫了“天罡”字樣，有人懷疑它是“向天帝祈願止雨或治病”，而日本宮城縣多賀城遺址出土的木簡，也像東漢解注瓶與後世道教符一樣，寫有“急急如律令”，這一定也來自中國的道教。

六、解決世俗困厄的法術之三：守庚申

在道教的法術中，還有一種流傳很廣的辟邪方法，叫做“守庚申”。說到“守庚申”，就得從“三尸”說起。在古代中國有一種“三

尸"傳說，這個傳說在古代中國究竟起源於何時，並不很清楚。一般認為，東漢已經有了"三尸"之說，因為傳說是東漢的《河圖紀命符》《易林》《列仙傳》以及《漢武帝內傳》裏，都有"三尸"的記載，但這幾種書的成書年代，嚴格考察起來都有一些疑問。所以，有關"三尸"與"守庚申"最可靠的資料，是東晉葛洪的《抱樸子》。

據說，"三尸"是藏在人身體之中，隨時危害人生命的壞東西，所以，道教有祛除和遏制"三尸"之法。概括地說，已有較高道行的道教中人，可以守住心神，三尸倒是不至於作祟，但一般的人則需要採用"守庚申"的方法。這是因為傳說三尸在庚申之日，要從人身體中逃逸出去，上告天帝，陳述此人罪過，使其減少壽算。那麼，為了防止庚申這一天三尸從身體中逃出去告狀，人們就在那天不睡覺，守着它，不讓它上天，這叫做"凡至庚申日，兼夜不臥守之，若曉體疲，稍伏牀數覺，莫令睡熟，此尸即不得上告天帝。"

這種道教的"三尸"傳說與"守庚申"方法，至少東晉時代就已經形成，到唐代更廣泛流行，這種宗教性儀式甚至逐漸演變成了一種"宵夜"的娛樂性活動。日本學者羽田亨收藏了一份敦煌卷子叫《宵夜圖》，這個唐代的《宵夜圖》中就說，這是為了人們"守庚申"用的東西。這一天，為了抵抗睏意，你可以按照這個圖的指示玩遊戲。甚麼遊戲呢？就是在畫了"一年十二月七十二候三百六十日"的格子裏玩太歲下神煞的遊戲，用擲骰子的方法行棋，如果運氣不好遭遇神煞就得暫停一次。可見這是為守庚申不睡覺的人準備的消磨長夜的玩意兒。因此，可以相信在唐宋時代，這一道教的方術已經成為民間的習俗。

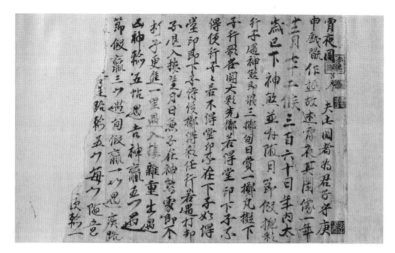

敦煌卷子《宵夜圖》（羽田亨舊藏，現存於杏雨書屋）

　　不光是唐宋中國，這種習俗也傳入朝鮮和日本。一般認為，
三尸傳說和守庚申習俗大概是在平安時代傳入日本的。日本遣唐
僧人圓仁在《入唐求法巡禮行記》裏記載，他在唐朝看到"夜，人
咸不睡，與本國正月庚申之夜同也。"可見至少在九世紀即中唐
時代，這種風俗就已經影響日本。有人注意到《源氏物語》"雨夜
品"裏面有"守庚申"的故事，但一些學者說，這並不是最早的記
載，日本大阪的四天王寺就有"庚申堂"，而這個四天王寺淵源很
早，應該在聖德太子時代就有，這一說法當然可以把"守庚申"的
習俗追溯到更早，但是否可信，還需討論。無論如何，從平安時
代（794－1185 年）、鐮倉時代（1185－1333 年）到室町時代（1336－
1573 年），"三尸"傳說與"守庚申"習俗在日本已遍及一般庶民的
生活。

至於與中國山水相連的朝鮮半島，我相信"三尸"説與"庚申"法應該更早就傳入了，不過由於缺乏直接史料，關於"三尸"傳説和"庚申"習俗的傳播，有直接文獻證明的時代比起日本來反而比較晚，一直晚到高麗時代 (918－1392 年)。不過，在高麗時代，這種"三尸"傳説和"守庚申"習俗，在朝鮮半島已經登堂入室，進入了高麗國王的宮廷，或許説明，它可能在朝鮮傳播得比日本更加普遍和深入。

簡單地説，我們可以相信，至少在公元九世紀之後，"三尸"傳説與"守庚申"習俗已經傳遍整個東亞的生活世界。

七、解決世俗困厄的法術之四：用法器

在道教裏面，還有很多很多據説有大神通的法器，其中，用劍、印、鏡劾治鬼物的方法就很古老。

古代的中國人相信，劍是有辟邪功能的"金精"，又是殺伐號令的武器。傳説中"劍"的故事常常很神，比如歐冶子鑄劍，夫妻一起跳到爐中，化為雌雄二劍。現在出土的越王劍，鍛造的技術實在是很高明，埋了千年還是劍光閃閃。所以，民間又有劍氣化龍上天，以及漢高祖仗劍斬蛇的傳説。道士也認為，劍是神器，可以斬鬼，所以，在儀式上常常寫到武當道士的劍法。小説中也有，比如《水滸》裏宋江打不過高廉，沒辦法就請了公孫勝來，公孫勝用松紋古劍上陣，口中唸唸有詞，喝一聲"疾"，就變出天兵天將，

捲一陣狂風，把敵人嚇得直跑。金庸武俠小說也常寫到武當道士的劍法，像張三豐的太極劍法、武當道長的披風劍法等。就連民間的道士，也常用桃木寶劍，據說桃木可以辟邪，以劍揮動，噴一口茜草水，把劍身弄得紅彤彤、血淋淋的，這叫做"劈空斬鬼"。

印象徵着權力，古代中國官方就用印作為權力的憑信，所以官府大印彷彿是權力無

寶劍是道教法器之一

邊。古人迷信印，就在想象中創造了道教的印法，道士刻上"北極驅邪院印""太上老君敕令""北極殺鬼印"，用來劾治邪鬼。比如前面說的入陰間的"冥途路引"，就蓋了太上老君大印（江西南昌明代墓中有出土），而在前心後背上貼上蓋了大印的除病符，據說都很管用，惡鬼遇到就要逃竄；甚至吞服蓋了大印的紙，就可以除噩夢，用印紙化水洗眼睛，就可以治眼病等。1988年我第一次去茅山，參觀了茅山四寶，其中一寶就是宋代皇帝賜給的"九老仙都印"。

至於道教法器的"鏡"，大家也許都知道"照妖鏡"的故事。古人相信，妖魔邪怪會變化各種形狀，只是不能照鏡子，鏡子裏一照就現原形，因為鏡是銅鑄造的，銅是"金"，妖魔鬼怪不能在"金

精"面前變形。東晉葛洪《抱朴子》就記載，魏晉時人上山，要背一個鏡子在背後，妖邪鬼魅跟在你背後，一看見鏡子裏自己還是原形，就以為沒有變好，於是就不再跟了，這樣，人就能避免傷害。所以後來就有"照妖鏡"一說。《西遊記》裏，孫大聖不敵二郎神，就變化了到灌口直搗二郎神的大本營，結果被托塔天王用照妖鏡在天上一照就知道了。現在老百姓家門口也還掛了鏡子，據說能辟邪。

道教的這些法器和法術，也影響到整個東亞。像日本作為天皇神聖象徵的最重要的"三種神器"，就是八咫鏡（在伊勢神宮）、天叢雲劍（在熱田神宮）、八坂瓊曲玉（在皇宮，與御璽在一起作為天皇相傳的憑據），這很容易讓人聯想起中國道教用的劍、印、鏡這三種法器。

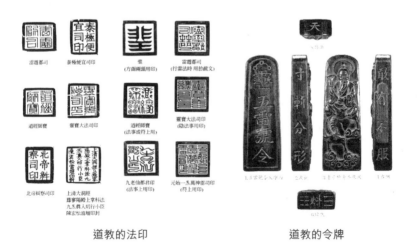

道教的法印　　　　　　　道教的令牌

八、道教是一種宗教，是一種中國的宗教

以上，我們說了道教尋求永恆生命的內外丹知識和各種法術，也講了道教解決人間困厄的神鬼系譜和溝通人、神之間的儀式。這些東西，都是為了解決人們的各種憂患，包括如何永生，如何幸福，而它的中心，則是經由道士，實現人與神鬼、人與天地的溝通。

宗教是一種信仰，但也是一種在虛擬關係中雙向交流的過程，也就是說，在道士的主持和幫助下，人和神鬼天地之間有一種交流，通過道士的幫助，人把自己的意思和希望告訴天地神鬼（如祈禱、上青詞、步虛讚誦之類），也通過道士所知道的神秘技術（包括齋醮、法術、法器），天地神鬼把旨意和承諾賦予人間。至於它是不是真的能使人永生和幸福，就要看信仰者是不是真的有虔誠的信仰，因為這需要靠想象甚至幻想來支持的。通過虔誠的想象，信仰者得到天地神鬼的許諾與護佑，通過對道士象徵性動作（印、劍、鏡）的聯想，信仰者得到心理上的安慰與撫平，這彷彿是"心理治療"。馬克思說"宗教是人民的鴉片"，但我們要記住這話前面還有"宗教是被壓迫心靈的歎息，是無情世界的感情"，其實，鴉片也有作為藥物治療的一面。這裏其實是"信"加上"想"，如果你在一旁冷眼旁觀，不投入感情和心情，彷彿看電影始終固執"這是拍的電影"的想法，你就不會被感動，也沒有了看電影的意義，就好像用 X 光機看美人，用地質學看山水畫。但是，你看了卻不發揮幻想和想象也不行，像道教會唸咒畫符，你就要想，咒在鬼

身上發生作用，籙一招就降下神兵神將，衣服裏別上符籙，你身上彷彿藏了成千上萬的天兵天將，這時道教法術在信仰者的參與下，就產生了幻覺般的作用。換句話說，無論是祈求神靈，還是驅除惡鬼邪佞，最要緊的一條道路，是要通過道士的幫忙，最關鍵的一種心理，是相信道教的法術。人一旦有了種種困難的苦惱，就要進入一種最虔誠的心情中，以真摯的信仰，幻想神鬼天地的溝通，幻想道士的幫忙。這樣，就彷彿請心理醫生，使自己進入催眠狀態，從而得到心理治療，否則，就如老話說的"心不誠則不靈"，宗教信仰也就失卻了意義，道士也幫不了你的忙。

道教就是這樣一個宗教。它信仰三清、玉皇等無數神靈，有着溝通人神的種種法術，也設立了一個追求永生與幸福的終極理想，還以"治"或"洞天福地"為中心，建立了自己的教團組織。它把古代中國各種真實的或想象的知識技術，以及神話傳說統統收到它的口袋裏，也把古代中國人最深刻的生死憂慮和最普遍的生活理想放在它所關心的位置。道教為人們設計了超越生命和趨吉避凶的道路，這就是中國人的宗教，當然，它也輻射和影響到整個東亞。

【參考論著】

1. 福井康順等:《道教》三卷本，朱越利等譯，上海古籍出版社，1990—1992年。

2. 窪德忠：《道教史》，蕭坤華譯，上海譯文出版社，1990 年。

3. 吉岡義豐：《永生への願い》，《世界の宗教》9，淡交社，京都，1970 年。

4. 任繼愈主編：《中國道教史》，上海人民出版社，1994 年。

5. 葛兆光：《道教與中國文化》，上海人民出版社，1987 年。

6. 柳存仁：《道教史探源》，北京大學出版社，2000 年。

【 閱 讀 文 獻 】

《隋書》卷三十五《經籍志四》"道經"

　　其潔齋之法，有黃籙、玉籙、金籙、塗炭等齋。為壇三成，每成皆置綿蘧，以為限域。傍各開門，皆有法象。齋者亦有人數之限，以次入於綿蘧之中，魚貫面縛，陳說愆咎，告白神祇，晝夜不息，或一二七日而止。其齋數之外有人者，並在綿蘧之外，謂之齋客，但拜謝而已，不面縛焉。而又有諸消災度厄之法，依陰陽五行數術，推人年命書之，如章表之儀，並具贄幣，燒香陳讀。云奏上天曹，請為除厄，謂之上章。夜中，於星辰之下，陳設酒脯餅餌幣物，歷祀天皇太一，祀五星列宿，為書如上章之儀以奏之，名之為醮。又以木為印，刻星辰日月於其上，吸氣執之，以印疾病，多有愈者。又能登刀入火而焚敕之，使刀不能割，火不能熱。而又有諸服餌、辟穀、金丹、玉漿、雲英，蠲除滓穢之法，不可殫記。云自上古黃帝、帝嚳、夏禹之儔，並遇神人，咸受道籙，年代既遠，經史無聞焉。

第十一講

分流與混融：古代漢族中國的民間信仰世界

引子：實際的和書本上的

　　這門課程裏講的話題，既有關古代，也有關現代。我們談論古代中國，就是為了理解現代中國，換句話説，就是理解我們所在的這個現代中國，是怎樣從歷史上的那個古代中國轉化而來的。我們需要問一下，到底現代中國有哪些地方已經和古代中國斷裂了，哪些地方又還在和古代中國藕斷絲連？到底哪些方面我們已經被外來文明所籠罩，哪些方面我們還保存着自己的傳統？到底哪些古代的影子還支持着現代人的心靈，哪些古代的文化已經被現代的文明摧毀了？

　　前面我們談到的，可能主要還是表面的、士大夫的信仰世界，在這個由書本延續的文字世界中，古代中國與現代中國似乎已經不同了，可是，在民間信仰世界中，古代和現代並沒有那麼涇渭分明地出現斷裂。特別要説的是，對這個在日常生活領域中影響很大的民間信仰世界，有兩個原則對於我們很重要：一是對這些東西有了解地同情，不要動輒就斥之為"迷信"或者"愚昧"；二是不要太相信書本上、報紙上説的，要下去看一看真實的生活世界。很早以前，我聽到過一個故事，説的是一個外國很有名的佛教專家，他在大學、研究院讀過很多關於中國宗教的書，別人都對他非常佩服，可是，他第一次到中國農村來做宗教的調查，突然發現，他滿肚子關於中國佛教的知識好像都沒有用，"如入無物之陣"似的，讀到的和看到的，好像對不上號。

　　為甚麼？因為學校的書本裏講的中國宗教，大多是高明的道理，比如說，佛教的般若學說講的"空"，唯識學說的"八識"，最起碼的也是"十二因緣""四諦""三學"。可是，在普通民眾生活這裏，佛教更重要的不是學問和道理，在他們生活的世界裏面，佛教就是放焰口，是唸《血盆經》，是超度亡靈，是在各種節日裏演目蓮戲。特別是在廣大鄉村，祭祀的各種神靈，舉行的各種儀式，以及各種信仰者的禮拜動作和讚頌歌曲，好像都和書本裏講的不一樣。比如，明明是佛教的活動，為甚麼還有抬關公像的？明明是佛教的寺廟，為甚麼還會用道士的吹打音樂？後來，這個外國的佛教專家漸漸明白，原來，中國宗教，無論是佛教還是道教，實際上都有兩種不同的信仰世界：一個是人數很少的、高文化水準的人的信仰，這些信仰是由書本傳播，以道理、學說為基礎的；一個是人數很多的、普通人的信仰，這個信仰是以能不能靈驗、有沒有實際用處為基礎的。前一種是自覺的信仰、有理解的信仰；後一種常常是自然的信仰、不需要理解的信仰。

後一個信仰世界，從古到今的延續性偏偏很強。

一、上下分流：兩個不同的觀念世界

真的，在傳統中國，上層和下層的觀念世界真的是不一樣。

現在環顧我們身邊，很多人在討論 WTO，討論全球化，討論現代性，討論互聯網對社會的影響，討論遠離自身的那個世界裏所發生的種種不公平和不合理。但是你有沒有注意到，大多數為生活忙碌的人，更關注的是今天有沒有工作，能不能養家糊口，街市的菜是否比昨天貴了，就像不同的人看不同的讀物，不同的人聽不同的音樂，上層貴族、白領愛聽交響樂，愛去展覽會，平民卻要聽秦腔，要聽流行歌曲，要跳廣場舞。

　　舉一個"吃"的例子吧。在中國，吃是很能體現文化差異的，據說有教養的中國文化人、上等人，講究的是"清淡""原味"。中國文化人理念裏，所謂好吃的東西、被標誌為極品的東西，往往是那些並沒有甚麼滋味，要靠"有教養的舌頭"才能品嚐出來的東西，是那些眼睛看上去顏色很淡、半透明的東西，是那些吃上去口感很爽脆的東西，像魚翅、熊掌之類。可是，民眾喜歡的呢，卻不一樣，大概還是色濃味重吃來過癮的雞鴨魚肉吧。又舉一個"聽"的例子，像文化人喜歡的戲，比如昆曲，要細細地品，要領悟其中的韻，要三兩人在清風明月下無伴奏的情況下唱，就是所謂絲不如竹，竹不如肉，漸近自然；可是民眾中間看戲是既要"聽"還要"看"，要熱鬧的，翻筋斗，鑼鼓喧天。再說一個"飲"的例子，文化人講究的是瓷杯清雅，松風泉邊，清茶自然，細品慢飲，而絕不是民眾中那種大壺大碗，擼袖喧呼，配菜加料，那是《紅樓夢》裏妙玉諷刺的，都只是"飲驢"似的粗。

　　同樣，在上層文化人看起來很粗鄙的民間信仰活動，在古代一般人的生活世界裏，倒是非常非常重要的，它才是真正影響大多數人生活的東西。這個道理很簡單，舉兩個例子，我們研究古代中國人的文化，天天講四書五經、《老子》、《莊子》，天天講唐詩、宋詞，可是一般民眾裏面有多少人讀過它們？如果按照閱讀者的數量和生活裏使用的普遍性來説，直到現在，中國的書，印得最多的，恐怕不是甚麼四書五經、《老子》、《莊子》，而是黃曆，就是記日子的曆書。這些書不僅給了人們生活的時間，而且裏面有很多最最普通，可是又最最常用的知識，像甚麼時候可以出行，甚麼時候可以結婚，甚麼時候可以播種，甚麼時候需要祭祀祖先。一直到現代，很多人還是照着這些常識生活，在這裏找到最基本的生活原則。去看看黃曆就明白了，這裏面不光有曆法，有宜忌，還有做人的道德原則，有關於世界的知識，有生活和生產的常識。這就是常識，雖然説起來常識很普通，可是常識卻最重要，就像常備的感冒藥一樣，像每天吃的大米飯一樣。

所以，民眾信仰世界和我們書本上講的不太一樣。以佛教為例，在佛教的寺廟裏，就有對民眾進行常識教育的方法，佛教深知，對民眾來説，最主要的就是要他們懂得"人生苦難""因果報應""有求必應"，甚麼道理呢？我們下面再講，大家可以去看看，很多寺廟裏，最常"流通"的，不是最高明的《涅槃經》《楞伽經》《大品般若》《大智度論》等，甚至不是《維摩詰》《起信論》，而是很普通的《阿彌陀經》《金剛經》《心經》《普門品》。而佛教在中國社會上最重要的活動，也是最普遍的活動，按照我們的了解，也就是超度亡靈（佛教之血盆懺、道教之煉度），驅邪打鬼（有特別需要時做法事以祈禳），例行的節日中的儀式（如七月半的盂蘭盆、四月八的浴佛節）。

清代年畫《有子有魚》，有子有餘，
是兩大幸福

如果我們倒退回去一百來年，就可以看到，那時中國的生活其實和現在很不一樣。我們可以看到，祖先的牌位被很恭敬地供着，人們的生活中，過滿月、賀周歲、婚禮、喪禮是最重要的。人們的想法和行為，常常受制於很多現在看來是很不可思議的知識，比如擇日術、占卜術，今天是否可以出門，今天可不可以動土等。人們相信很多奇奇怪怪的知識，像生病是因為瘧鬼，小孩夜哭是因為鬼在作祟，人們會花很多時間去拜菩薩，到關帝廟求籤，到城隍廟裏進香。大家都奉行家族鄉黨優先的關係，聚在一起居住，而且分出各種親疏等級。那個時候和現在真的很不同，舉一個特別有趣的例子，現在我們知道各種消息是由於電視、廣播、微信、微博、報紙、書信，可是在很多年前，村口大樹下、婦女洗衣服的水井台、家族的祠堂等，才是消息集散的中心。可是，這些知識在我們的歷史書裏都沒有，歷史書裏記載的都是帝王的政治活動，官員的智慧和道德，上層士大夫的生活和信仰。

這就是所謂的"大傳統"和"小傳統"的分別。

二、大傳統與小傳統

所謂"大傳統"和"小傳統"的分別,是美國一個研究社會的學者在 1956 年提出來的。美國人雷德斐爾德(Robert Redfield)在《農民社會與文化》第三章《傳統社會組織》中說,所謂大傳統和小傳統,也可以叫做"上層文化和下層文化,正統文化和民間文化,學者文化和通俗文化,科層文化和世俗文化。"幾乎在所有的社會裏,都有一種屬於少數上層文化人的文化傳統,叫做"大傳統"(great tradition),它是經過學院、寺廟的教育而形成的,哲學家、神學家、文化人的這個傳統,是有意識培養和延續的產物,主要是通過有計劃的設計過的教育而傳播;但是,還有一種屬於非文人的文化傳統,就是"小傳統"(little tradition),它產生於日常生活,而且這種傳統也沒有人專門去培養和發展,它是自然生成的。

這個說法有一定的道理,在中國也大體適用。我們可以看得很清楚,至少離現在一百年前,傳統中國社會確實有一個大傳統,有一個小傳統。

這個大傳統,是由私塾、學校、書院的教育來傳播的。現在受過新式學校教育的人可能會看不起私塾,雖然那些私塾先生很早以前就常常是被文學諷刺的對象,比如《牡丹亭》裏諷刺陳最良把"郁郁乎文哉"都唸成"都都平丈我",魯迅《從百草園到三味書屋》裏面嘲笑先生搖頭晃腦唸"金叵羅",好像都挺冬烘的,但他們實際上在文化傳播上是很重要的。他們教的學生們,為了未來的功名,從《千字文》、《百家姓》、四書五經一路讀過來。通過這種基本的教育，上層文化和教養在一些有財產、能讀書的家庭產生影響，上層社會通行的道德和倫理規則，也逐漸在這種一級一級的教育裏建立起來。在古代中國，一個在這樣傳統裏生活的人，從小就受家塾、書院的教育，從小就讀經典，長大考經典，成人以後按照經典的禮儀規則參加社會活動，依靠公文、書信、詩詞往來的必要知識，就形成了一個階層。他們的行為、舉止、談吐，是他們互相認同的標誌。這個大傳統的延續，也由一代一代的教育來保證，同時，他們還通過科舉考試、通過婚姻關係，使這個階層保持開放性和流動性。

而民眾有民眾的傳統。我們不要以為民眾沒有"知識"，他們只是沒有我們通常認為的書本的、抽象的、學校教出來的"知識"，實際上他們有另一套"知識"。這些知識構成小傳統，而這些知識，主要是通過以下幾個途徑來傳播。

第一個是耳濡目染的經驗。漢族為主的鄉土中國，在幾千年裏已經形成一些習俗和規則，像和誰親，和誰疏，哪一類親戚更重要，甚麼是父、母、妻三黨，祖、父、子、孫等輩分，應該誰尊誰卑，見了甚麼人該用甚麼態度，到了甚麼日子該做甚麼，特別是甚麼是高貴，甚麼是低賤，甚麼是榮耀，甚麼是可恥，甚麼是好，甚麼是壞等，一個人在家裏、在鄉里、在和小時就一起玩的同伴之間，就漸漸受到這樣的薰染，這種薰染是無形的，我們過去常常用"潛移默化"這個成語來形容。

第二個是文化階層的影響。就是這些不識字或識字有限的人，也會受到上層文化的影響，比如一些通俗的書本，會有很多識字

清代江蘇桃花塢年畫《五子奪魁
圖》，以五子奪一盔象徵子孫讀書高
中魁首

清代民間年畫《麒麟送子圖》

楊柳青年畫《送子圖》

清代年畫《八仙慶壽圖》

的人來講説，這些人像東南的"禮生"，北方的"鄉秀才"，他們在鄉村是很被尊重的。古代漢族中國的鄉村有一個好習慣，就是對讀書人的仰慕和尊敬。很多關於儒家倫理、宗教信仰的知識和道理，被記錄在民間善書、黃曆、家族規約裏面，有時候，鄉村的讀書人會來宣傳和講説，也有一些讀書人會在鄉村學校教書，在教書中間，不知不覺就把這些道理和知識傳到了下層社會。

第三個是傳統儀式的暗示。在農村裏的節慶和祭祀中，大家看到，會有祠堂的儀式、婚姻的儀式、喪葬的儀式、祭祀的儀式等，那些儀式就會向每一個人暗示祖先的重要性，而祖先的重要，就意味着家庭的重要，家庭的放大就是家族，家族是互相認同和互相支持的共同體，維護這個共同體的價值，究竟是為了甚麼？而各種儀式上的站位、先後次序，也傳達了很多道理，比如男尊女卑、家族關係、父黨母黨、家族的中心和邊緣、道德倫理的報應等。

第四個是鄉村各種娛樂活動的影響。鄉村生活中很重要的，還有看演戲、聽説書之類的娛樂活動，這些戲文、故事很有用，它常常把最通俗，也是最簡單化了的倫理道德觀念傳達給大眾，比如《四郎探母》，其中就有家庭與國家，個人愛情和民族大義之間的大道理；《十五貫》，就有關於偷盜等的因果報應問題；《截江救阿斗》，就傳達了忠義的倫理。很多人可能不識字，但看了戲，就接受了這套知識和道理，你看鄉村裏面，很多人常常會引用戲文説事，也會引用戲曲故事來教小孩子。

所以，古代中國民眾的信仰世界，也就和上層的信仰世界有同也有不同。

桃花塢年畫《楊家女將》，傳達的是忠義觀念

清代戲曲年畫《二度梅》講唐代奸相盧杞陷害忠良梅魁終於得報事，傳達的是
善有善報、惡有惡報觀念

三、不分儒、道、佛：混融的信仰世界

很多人可能都聽說這樣一個事情，統計下來，日本的宗教信仰者人數比總人口還多。為甚麼？因為他們一個人可以信仰好幾個宗教，比如結婚的時候到神社去，那麼就算是神道教的信仰者；可是日本人死了之後，往往葬在佛寺裏面，那麼算不算佛教徒？又有很多日本人也相信天主教，時時到教堂裏面去禱告、禮拜、懺悔。這樣算起來，日本宗教信仰者的人數就超過了總人口。中國呢？沒統計過，不過情況可能也差不多。從古代到現代，中國人就沒有太清楚、太嚴厲的宗教界限，像中東的猶太教徒和伊斯蘭教徒、愛爾蘭的清教徒和天主教徒、伊斯蘭教裏面的什葉派和遜尼派這樣彼此分界的情況，中國不大有。像古代大詩人李白，很多人說他是信仰道教，不過碰上和尚他也一樣恭恭敬敬，有時候還要談談儒家的大道理。有人說，杜甫是儒家思想的堅定信仰者，不過他也照樣信仰佛教、信仰道教。像最激烈反對佛教的韓愈，其實也和佛教的大顛和尚很友好，沒有那麼立場堅定。宋代的蘇東坡就更明顯，他是儒也信，道也信，佛也信，沒有甚麼特別的界限。

皇帝也一樣，他們常常是各種宗教都提倡，唐玄宗曾親自注三部書，一部是《孝經》，一部是《金剛經》，一部是《道德經》。南宋孝宗的《三教論》就說："大略謂之，以佛修心，以道養生，以儒治世可也，又何惑焉"，看上去完全是實用主義。一直到清朝的雍正皇帝，還在說："佛教治心，道教治身，儒家治世"，這很有意思，也很實際。當然，在漢族中國的民眾中間，對於宗教更是不

清代彩繪三教合一的《眾神圖》　　清代版刻《天地三界十八佛諸神圖》

太區分的，像這裏給大家看的一些清代描繪眾神的圖像，就說明古代中國的宗教信仰是三教合一的，就像一句老話說的，"他說是燈你就添油，他說是廟你就磕頭"，說的一點兒也不錯。

　　簡單地說，從古代中國到近代中國的知識階層，常常在各種宗教裏面吸收他們所想要吸收的東西，來建立他們自己的人生興趣。一般說來，他們的信仰裏面不太那麼嚴

清代任丘年畫《三教圖》

格地分別佛教、道教或儒家，大體上信仰的是這樣一些原則：第一，關於“空”和“無”的本原思想，他們相信一切的終極本原，是佛道所說的擁有無限性的無，或空空如也的空。第二，應當有淡泊的觀念和自然的態度，這才是高雅的和超越的人生。第三，無論如何，仍然要服從忠孝為中心的社會道德觀念，這樣才能有社會和家族的秩序。第四，他們也會相信善惡報應的天道觀念，因為他們認為這種觀念有助於秩序的維護。

可是，平民百姓信仰的觀念和原則卻略有些不一樣。

四、信仰甚麼，祈求甚麼？

過去幾十年裏，學界對漢族中國的民眾信仰做了一些調查，這些調查的結果很普通，可是，普通恰恰說明它確實是很普遍的常識。

首先，信仰的目的是甚麼？在這些被調查的信仰者裏面，祈求保佑家人平安無災的，佔近兩成；因為家人有病而祈禱病體康復的，佔一成半左右；而有關生育，包括生男生女以及求子嗣興旺的，佔了三成半以上；祈求發財、生意興隆的，約佔一成。至於其他方面，比如尋找好配偶、企盼升學等，也大約佔了兩成。

這很能反映傳統中國普通民眾的宗教願望。傳統漢族中國人都是在家庭、家族、家鄉中生長，也是要在這些環境中尋找安全感的。所以，個人的幸福、家人的健康、子孫的延續、家宅的平安，都是相當重要的，這是他們相信宗教的主要原因。民國之前，

民間繪畫《麒麟送子圖》

清代高密年畫《賜福財神》

清代木板畫《觀音送子》

賜福財神

寫滿了願望的日本神社中的繪馬（2020 年攝於東京）

北京、上海常常有商人印行《喜歌》，就是唱給人聽的賀喜歌，這種歌要唱到人的心裏，很能反映人的願望。而這些讓人歡喜的歌曲唱的主要就是六類內容：賀登科、賀生子、祝壽、蓋房、賀開張、娶親。從這裏你就可以知道，一般民眾關心的是甚麼。古代中國人期待的四件喜事：久旱逢甘霖，他鄉遇故知，洞房花燭夜，金榜題名時。你不能說這是庸俗的願望，應當說它是世俗的願望，古今中外一樣。比如像日本，如果你去各種神社或佛寺，就會看到懸掛得密密麻麻的繪馬上，主要也還是祈求安產（平安生孩子）、祈求升學（考上理想的學校）、祈求入職（找到合適的工作）。

其次，讓我們再來看一般民眾關於宗教知識到底有多少？

我們在好多佛寺道觀前面，詢問前來朝拜的香客。在這些香客也就是受訪者裏面，讀過五種以上宗教書籍的，一個也沒有；讀過一種宗教書的也只是 12%；有 88% 是一本書也沒有讀過的。

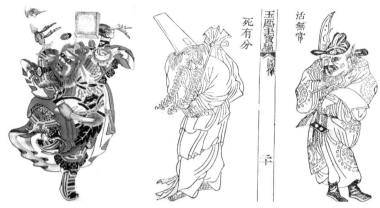

年畫鍾馗　　　　　　　《玉曆至寶編》中的活無常和死有分，
　　　　　　　　　　相傳是兩個勾魂使者

那麼，他們的宗教知識從哪裏來？他們的宗教知識有多少呢？在
我們的調查中，大多數人對於佛教的知識，僅限於知道如來佛、
觀音菩薩、彌勒佛；對於佛教的觀念，則只知道"唸南無阿彌陀
佛，有效驗"；"大慈大悲救苦救難觀世音菩薩保佑"；"某某廟（或
某某神）靈驗，有求必應"；"前世來世，因果報應"。而在相信道
教的人裏面，關於道教的知識似乎更差，大多數人知道的神靈是
玉皇大帝、太上老君、送子娘娘這三種，甚至常常和佛教的菩薩、
鬼神也分不清。不過，在普遍都敬畏的神鬼中，人們最清楚的，
是主管死亡世界的閻王（包括小鬼、牛頭馬面、黑白無常、判官、
孟婆茶、奈何橋）。

　　再次，我們來看一看宗教儀式與方法。

　　說起來，正規的宗教儀式，比如佛教的水陸大會、無遮大會，
道教的羅天大醮等，大多數是官方的或上層人士的儀式，與一般

民眾無緣。而民眾中間常常進行的佛道儀式，大概有以下幾類：第一類是超度亡靈的，就是喪葬或忌日請佛道教中人主持的法事，目的在於使死者在另一個世界平安，期盼他們能度過地獄中的苦難歷程，更希望他們能夠護佑後人平安，至少不要來騷擾生者。這在各地民間信仰儀式中佔到大多數。常見的，比如唸《血盆經》（據說，女人生育時血污地祇，又以血污於河中洗濯，使下游人用此污染之水煎茶敬佛，所以，在另一個世界要得惡報，但如果唸此經，則可以消災），演目連戲（今之《寶蓮燈》即出於此，演目蓮劈山救母出離苦海），道教的水火煉度等，都是期望把死者救出地獄苦難。第二類是宗族聚會、祭祀先祖的儀式，也有請佛道的，這在各地都很流行。第三類是日常的治病驅邪，這是最常見的，但延請的不一定是正規寺觀中的和尚道士，也有可能是民間巫師鬼師。比如家中有人生病，要請法師"打鬼"；又比如"見怪"（如蛇入屋、鳥糞淋身、母雞鳴、雷擊樹、半夜雞鳴等），也需要用方術驅邪避災；再比如"遇祟"，也常常會請人打醮設齋做法事。

顯然，這些都是針對具體生活中的困難和問題來的，沒有這些具體的困難，民眾一般不會主動花錢去請佛道舉行儀式。古代漢族中國的宗教信仰，尤其是民間的宗教信仰是很實際的，他不去分別佛教還是道教，也不需要堅持甚麼無功利的純粹信仰，只是強調要道德無虧，心裏虔誠。像河南安陽地區流行一首《勸孝子》歌，裏面就唱："勸孝子，你聽清，朝山拜頂枉費神。打甚麼醮，齋甚麼心，堂上現放二佛尊（指父母），你能在家孝父母，勝似出外拜金身。"又如關帝廟裏常見的一副對聯，也說"居心正大，見吾不拜又何妨。"甚至他們也不很強調宗教儀式和節日的神聖性和超越性，像家族祭祀時請佛道，常常有娛樂民眾的意思。要知道，宗教節日常常也是農閒季節的商品交換場合、男女交往場合。

但是，他們的信仰、他們內心的虔誠和儀式的隆重熱鬧，是需要實際回報的，有求必應的回報，就是他們信仰的目的。

五、民眾宗教信仰的基本觀念

剛才我說過，在中國民眾中間，對於宗教的深奧道理其實並不那麼注意，很多民眾是從生活實用方面來信仰各種宗教的，只要有用，我就相信，要是太抽象、太高深了，我也沒有必要去信仰。信仰是要付出代價的，要花錢，要用很多時間，進香，磕頭，甚至花錢做功德，捐物，造寺，度人。所以，古代中國民眾的宗教信仰，並不像理論上的想象中的單純而虔誠的宗教信仰，而是一些很實際的信仰。那麼，在民眾信仰裏面，有沒有很清楚的宗教觀念呢？有的。用幾個最常見的詞語來說，就是"諸善奉行""因果報應""有求必應"。這三個詞語也許很普通，但是這裏面卻包含了中國民間對於佛教、道教以及其他宗教信仰的世俗性基礎。

第一，在各種佛教道教寺觀裏，都可以聽到"諸善奉行，諸惡莫作"。這是中國佛寺道院都常唸的一個話頭，其中的"善""惡"二字，包括了宗教倫理的全部內容，也包括了宗教倫理思想的核心，即價值觀念。

世界上所有的人也許都會知道不要作惡而要行善的道理，但是，甚麼是"善"，甚麼是"惡"呢？在中國的宗教裏面，很有趣的是，社會倫理道德的原則，基本上是儒家的領地。佛教也好，道教也好，最後都是用儒家的是非善惡標準。特別是元明清以後，佛教與道教的社會倫理基本上全是以儒家倫理為基礎的，從古代的善書，到現在還十分流行的宗教宣傳品中，我們可以看到，所謂"善"，常常指的是孝順忠誠、重視親情、勤儉自律等；所謂"惡"，常常指的是犯上作亂、魚肉鄉里、荒淫貪婪等。

　　也就是說，在人際關係上是以血緣親情為基礎的，在個人品質上是以謙讓與和睦為目標的，在日常生活上是以勤勞節儉為標準的，在政治倫理上是以忠誠與服從為原則的。

　　第二，由甚麼來判定人的"善"和"惡"，並使人的"善"和"惡"得到監督呢？中國民間凡是信仰佛教、道教的人都會提到的，就是"因果報應"。如果說，"善"和"惡"的倫理原則是由儒家思想來規定的，那麼，監督和保證大家都遵守這一倫理原則，則要靠佛教與道教。這種監督和保證最有力量的，就是"因果報應"的想象。從古到今，佛教、道教都在宣傳一個天堂或仙境，把那裏說得多好多好，美麗極了，也幸福極了；同時它們又在渲染一個恐怖的世界，就是地獄，那裏有閻王、北陰酆都大帝，有很恐怖的刑罰，有刀山劍樹，有斧劈鋸割。佛教和道教在其最通俗的宣傳中，一直在傳播這一"善有善報，惡有惡報"的說法。比如佛教，從初入中國時的安世高譯《十八泥犁經》、康巨譯《問地獄事經》以來，關於善者所去的西方極樂世界和惡人所墮的地獄恐怖世界的故事，就成了世俗生活倫理的象徵性意象。《阿彌陀經》《無量壽經》對於淨土的描述，以及《經律異相》卷四十九、卷五十，《法苑珠林》卷七裏對地獄的描述，都使得人們不能不對自己的世俗行為有所約束。

這成了傳統的漢族中國民間的普遍信仰。過去各地的城隍廟裏常常有一副對聯，說"善惡報施，莫道竟無前世事；利名爭競，須知總有下場時。"意思就是說，你不怕活着的時候遭到失敗，你怕不怕死後那個獎懲很嚴厲的世界的報應？近代民間流行很廣的，關於死後地獄的《全圖十殿寶卷》裏就說到，"天理昭彰有報應，黃（皇）天不負善心人"；"善人投胎陽間去，惡人地獄哭悲傷"。過去，漢族中國的民眾大都相信，即使人間有不平，陰間也會有公平，這一世不能看到公正的結果，下一世也一定可以看到公正的結果，"善"和"惡"的心理和行為，終究會得到應有的報償。你看有名的《六月雪》，就是《竇娥冤》最後一齣，六月天下了雪，裏面有一段就唱，"因何故，六月間，大雪滿天，想必是老天爺，感靈來顯，觀見我，竇娥女，遭此深冤。"人間不公平，但是陰間總有正義，這就是"因果報應"的信仰在戲曲裏的寄託。

第三，在大多數民間信仰者那裏，佛教和道教都宣傳"有求必應"的思想，它對於信仰者是一個許諾。佛教宣揚唸佛號、拜菩薩的效應，道教宣傳拜神求仙的好處，在民眾中，凡是有效驗的神廟、寺院，會香火很興盛，很多人會不遠千里去朝拜。這一方面是宗教必須的承諾，一方面也是民眾的期望。過去西湖邊上有個送子觀音院，就有一副對聯這樣寫到"我具一片婆心，抱個孩兒送

汝；你做百般好事，留些陰騭與他"，就是説一報還一報呀。清代
小説《歧路燈》第三十八回裏面就説有人刻《陰騭文》，有一個讀書
人惠養民就反對，説裏面宣傳異端，是"先圖獲福，才做陰功"，
不是真正信仰。可是，普通民眾根本不理你那一套，還是相信這
些報應，還是相信"有求必應"，所以還是要去求神拜佛。

民間信仰者人人會唸的"神仙顯靈"和"菩薩保佑"一類的口
頭禪，反映了宗教在中國民間的入世性質和中國民間信仰者的實
用心理。人們出於實用心理信仰宗教，宗教也只能由實用的結果
來維持信仰。

六、民眾宗教觀念的傳播

前面我們説，大傳統是由教育與閲讀得來的，小傳統是由耳
濡目染、生活經驗自然傳播的。不過，在中國精英信仰和民眾信
仰之間，還是有一些渠道的，前面我們説到了，這裏再重複一下。

首先，要注意固定的寺廟法會及臨時性的民間法事。這裏所
説的"法會"和"法事"在中國民間生活中曾是極為常見的，前者
如四月八之"浴佛"，七月十五之"盂蘭盆"，道教正月初九的"玉
皇誕"，正月十五、七月十五、十月十五的"三元節"，在這些節日
裏，都會舉行各種大的儀式，演戲、唸經、説法等等。後者如家
庭辦喪葬之事，就要請和尚、道士來唸經、禮懺、步虛、踏斗。
在這些法會及儀式中，不光有很多吸引人的表演（像湖南的踩火

磚、上刀山、滾油鍋、噴火、斬鬼；像阜寧求雨時，請黃靈官、李將軍、宋太尉出場表演；香港的洪聖誕，也要演粵劇，如八仙、送子；等等），還包含了宗教的很多倫理道德思想。比如説，在俗稱"放焰口"的活動中，一方面供鬼神，一方面祭亡靈，在祭祖先亡靈的活動中，關於血緣的倫理思想，比如"孝""悌"，以及"輪迴""報應"等宗教意識，就自然而然地傳達到了參與者的心中。在佛教最大的儀式"水陸道場"中，有"禮懺"這一節目，這使得參與者要對自己的行為進行反省，在反省過程中，就必然要拿宗教的倫理準則作為衡量的尺度，在回憶中將自己所作所為的"善"與"惡"梳理一遍，這樣，就達到"諸善奉行，諸惡莫作"，並以此來換取來世的或現世的福祉。

所以，我們不能小看這些儀式。這些儀式會給觀看的人和參加的人以很多知識或者暗示，告訴他們很多道理，比如善和惡，死後的懲罰和報應，未來的幸福和希望等。有學者調查，在廣東東莞與香港元朗地區，宗族祭祀儀式上都有"建醮"，就是道教祭神儀式。但四天五夜的"建醮"中，除了道士"打鬼""祭星""除邪"之外，還有演戲。像元朗建神棚中，供奉了關帝像、媽祖像、如來、二帝，以及當地的鄧氏主神，在祭祀的時候，會發金花榜告示三界（天地人），"敬為十年惠澤，家家享無事之天，戶戶沾有緣之福"，然後由劇團演出，演出的劇目中就有各種教化的戲。福建南平的宗族祭祀，甚至還要加演《英雄兒女保江山》《林沖》，而潮州則加演《賀壽大送子》(送子娘娘鬧劇)、《花好月圓》，在觀看這些儀式和戲劇過程中，民眾其實漸漸接受了很多宗教的觀念。

上面提到了演出，其實，通俗性的善書、善歌及滲透了佛教倫理思想的民間文藝形式（如說書、評彈、演劇），在傳播宗教觀念方面也是很重要的。在近代中國民間，能夠自己閱讀宗教經典，並理解宗教思想的人數是極少的，就像我們前面的調查所顯示的，一般老百姓對於宗教的了解，常常要通過那些通俗化的形式才能得到。例如，唐代就流行的說唱（俗講），元明就出現的勸善歌詞（寶卷），清代民間也常有的社戲、祠堂戲。比如，民國二十三年（1934）《河南獲嘉縣志》中就記載，“鄉人歷史知識大都自戲劇中得來”。社會上很受歡迎的文藝表演，例如說書、評彈、戲劇等，常常也充當了宗教思想傳播的渠道，像流傳已久的“目連戲”“西遊戲”“跳無常”等，就將諸如“報恩”“還願”“陰騭”等觀念輸入了人們的思想，成為一些人的“童年經驗”。

　　最後要提到的是，一些寺廟或道觀中常備經文中的教義及其中的倫理思想也會影響民眾。在中國大陸及香港、台灣的寺廟道觀中，儘管宗派並不一定相同，但所唸誦的經文卻往往相近，教導信仰者的基本經典也大體差不多。我們曾經了解過一些信仰者平時所唸誦的經文，發現大多一致。比如，現有幾種大陸、台灣佛寺出售的袖珍經卷，也並無不同，都是《藥師本願經》《法華經·普門品》《心經》《金剛經》《阿彌陀經》等；而道教的宮觀裏，多數是賣一些《太上感應篇》《關聖帝君覺世真經》《陰騭文》等。包括一些資深的信徒在內，他們真正能夠閱讀和理解的經典是很有限的，這些有限的經典中，關於世界本質與生活目標的“一切皆空”

論，關於幸福與苦難的"三世輪迴""因果報應"思想，關於社會道德與世俗行為的"善""惡"標準，常常就在這些比較虔誠的信徒平時看似無心的經文唸誦中，對他們進行了潛移默化的影響。

【參考論著】

1. 楊慶堃：《中國社會中的宗教》，范麗珠等譯，上海人民出版社，2007年。

2. 王秋桂、李豐楙編：《中國民間信仰資料彙編》，(台北) 學生書局，1989年。

3. 馬西沙、韓秉方：《中國民間宗教史》，上海人民出版社，1992年。

4. 歐大年：《中國民間宗教教派研究》，劉心勇等譯，上海古籍出版社，1993年。

5. 田仲一成：《中國的宗族與戲劇》，錢杭、任餘白譯，上海古籍出版社，1992年。

【閱讀文獻】

1.《漢書》卷二十八《地理志》

　　凡民函五常之性，而其剛柔緩急，音聲不同，繫水土之風氣，故謂之風；好惡取捨，動靜亡常，隨君上之情欲，故謂之俗。孔子曰："移風易俗，莫善於樂。"言聖王在上，統理人倫，必移其本，而易其末，此混同天下一之乎中和，然後王教成也。

2.《朱子語類》(中華書局，1986) 卷四十三"論語二十五"

安卿問："《集注》云：'民化於善，可以不用刑殺。'恐善人只是使風俗醇樸。若化於善，恐是聖君之事？"（朱熹）曰："大概論功效是如此。其深淺在人，不必恁地黏皮着骨去說。不成說聖人便得如此，善人便不得如此！不必恁地分別。善人是他做百年工夫，積累到此，自是能使人興善，人自是不陷於刑辟。如文、景恁地，後來海內富庶，豈不是'勝殘去殺'？如漢循吏，許多人才循良，也便有效。如陳太丘、卓茂、魯恭只是縣令，也能如此，不成說你便不是聖人，如何做得這個！只着他功效處，又何必較量道聖人之效是如此，善人之效是如彼？"

3. 劉獻廷《廣陽雜記》卷二

聖人六經之教，原本人情，而後之儒者，乃不能因其勢而利導之，百計禁止遏抑。務以成周之芻狗，茅塞人心，是何異雍川，使之不流，無怪其決裂潰敗也。夫今之儒者之心，為芻狗之所塞也久矣，而天下大器使之為之，爰以圖治，不亦難乎。

余嘗與韓圖麟論今世之戲文小說，圖老以為，敗壞人心，莫此為甚，最宜嚴禁者。余曰："先生莫作此說，戲文小說乃明王轉移世界之大樞機，聖人復起，不能捨此而為治也。"

從風水說到陰陽五行

引子：從風水說起

"風水"大概是很有中國特色的東西，英文中為數不多的幾個直接挪用漢語發音的詞兒，在"功夫""豆腐"之外，就有"風水"（fengshui），風水之學叫"fengshui theory"，風水師叫"fengshui master"。

在傳統時代，凡是有華人的地方，很少有不講究風水的。商人建樓要講依山傍水和四至朝向；平民葬親要請風水先生相陰宅；做官的選辦公室，也要挑挑揀揀，看看是否犯煞，是否旺財，是不是需要用甚麼沖一沖。就連貴為皇帝也一樣，明清皇帝選皇陵，就是要挑選能夠使皇族興旺的龍脈。這種想法流傳很廣，後來也有人講，毛澤東之所以能打下江山坐龍庭，就是因為他家的陽宅建得好。怎麼好呢？有人看了他的故鄉韶山沖，原來他家宅院的面前是半畝方塘，屋後是小山掩映，兩側有環抱狀的小坡，合了風水尋找龍脈的要求。

這就是風水。風水也叫做"堪輿"。兩千年前的《史記》《漢書》裏面就有"堪輿"的名稱。據《史記》說，有一次為了漢武帝問某天可不可以娶媳婦的問題，一大批占卜專家議論紛紛。五行家說可以，堪輿家說不可以，建除家說不吉利，叢辰家說大凶險，曆家大概是根據曆法說不太凶，天人家卻說小小吉利，而太乙家按照太乙之法說大吉大利。這裏提到的"堪輿家"，大概就是根據天地變化來預測禍福的人。許慎，也就是第一講裏提到的作《說文解字》的大學問家，他解釋說，"堪"是天道，"輿"是地道，所以，"堪輿"是上觀天文、下知地理的大學問。至於為甚麼叫風水呢？宋代的《地理新書》卷一解釋說，"出處為水，入處為風"，觀察陰陽宅地，就得看水脈、風路。要使這座房子或者墓地能藏風、能得水，得水就能夠有活路，藏風就有生氣。活人也好，死人也好，沒有水、沒有氣怎麼成呢？所以叫做"風水"。

傳為《葬經》作者郭璞，他被認為是堪輿之術的鼻祖

這門學問，有時候還叫"青囊"，這是用的典故。傳說，晉朝的郭璞是這一行的開山祖宗，有古書說，他是從一個老人那裏得到知識的，老人又是從青囊裏拿出九卷"武林秘籍"給他，所以他的本領就很神。後來，他的弟子想偷這些秘籍，但是偷到手，還沒有來得及讀，就被天火燒了。這就是說，堪輿之術也是神授天書，你不該看就不能看，偷了也白偷。當然，這門學問還叫"相宅"或者"卜宅"，道理很簡單，因為這就是給活人和死人尋找可以保佑將來發達的住處的，活的是陽宅，死的是陰宅。

一、風水之源

風水的理論和方法是甚麼時候開始的，説不清楚，但肯定很早，它可以分為兩個來源：一是"數"，和陰陽數術有關，可能是"堪輿"的一系，漢代有《堪輿金匱》書；一是"形"，和形勢地理有關，漢代也有《宮宅地形》等，可能可以叫"形法"。前一種情況，大家看北京大學李零教授的《中國方術考》，後一個呢，有人認為與南北朝時代的風景愛好有關，其實更早，打仗的人懂得"兵形勢""兵陰陽"，所謂"形勢"就是"形法"。東漢大學者班固——就是寫《漢書》的那一位——解釋説："形法者，大舉九州之勢，以立城郭、室舍形……以求其聲氣貴賤吉凶，猶律有長短，而各徵其聲，非有鬼神，數自然也。"可見，也是很早就有了的。這裏説的"形法"，還是觀看整個大形勢，像一個地區一個城市，不是一個小山頭一個小村莊。不過，這門技術漸漸進入民間生活，看大形勢的帝國設計師，變成跑村串鄉的風水先生，就不能專看大模樣了，也得"深入生活"。到了漢魏以後，可能是中國北方的人口在東晉時代漸漸向南遷徙的緣故吧，南朝的時候，這類著作確實漸漸多起來了。據説，這是因為在地形複雜、山多水多的南方開墾、卜居的需要。

把"形"和"數"合起來，就有了風水的基本內容。"形"是看房屋、墓地的朝向、位置、大小、形狀，以及它周邊的水脈山勢等外在空間，"數"是根據一套複雜精細的理論，看看房屋、墓地與陰陽五行、八卦九宮、二十八宿等的配置關係。

那麼，最早的風水書是甚麼樣的呢？很遺憾，我們說不清楚。為甚麼？因為長期以來漸漸丟失了。現存最早的相宅書，還是考古重新發掘出來的，就是睡虎地第十一號秦墓《日書》中的一篇。台灣學者杜正勝把它命名為《睡虎宅經》，因為其中討論到內即內室，井、廡即廊房、門、倉、廁，水瀆即出水口、池，等等。不過，從這個文獻看，好像理論還不那麼複雜，各種配置關係也還沒有那麼講究。後來漸漸發展，有了各種各樣的人加油添醋，增訂刪改，於是面貌大變。到了敦煌本 (P.3865) 唐代的《宅經》(今本《黃帝宅經》上卷即根據此書而來)、宋代的《重校正地理新書》(有 1192 年張謙序)、明代萬曆年間王君榮編《陽宅十書》等，講風水的書越來越多，就越來越複雜和麻煩了。

二、想象大地：風水的思想背景

古代中國有所謂的"三才說"，"三才"就是天、地、人，這三者有一些很微妙的對應和呼應關係。天上有風，地下有水，人也有經絡氣脈血流。據說，大地和人類一樣，有"生氣流注"的脈絡，這種脈絡也叫龍脈。古代中國認定，從崑崙山延伸出五條龍脈，在中國這個空間，就有三條大龍脈 (三大幹) 源自崑崙，分為北條、中條、南條，向東延伸。

每個地方也都有自己特別的龍脈。這個具體的龍脈怎樣尋找和確定呢？按照一般的說法，可以分為四大要素，叫做

"龍""穴""砂""水"。當然，陽宅或者陰宅所處的形勢，一般來說要背山面水，這叫"負陰抱陽"，這是最基本的，大體上就是，背後應當北方屬玄武，背後的山要略高，要有豐茂的樹木；南方朱雀要開闊，如果是宅子，最好有月牙形的池塘，如果是村莊，最好有彎彎的河流環抱，而且宅子對面遠處最好還有"對山"，從背後的山到對面的山，中間穿過陽宅、陰宅或村莊，成為中軸線；而兩側東西方的青龍白虎，最好也要成為對稱的屏障，這樣才對頭。更進一步說，第一，背後的山勢走向要像龍身一樣，有起伏的曲線，構成一個連貫的脈絡，據說這不僅象徵着祖先到子孫的脈絡延綿，而且就像人的血脈一樣運行無礙，而在背後作為屏障的那座主山，就叫"鎮山"，又叫"來龍"，以石頭為骨，土為肉，水為血，草木為皮毛，都得沒有缺陷，山的形狀還要比較闊大，這一要素就叫"龍"。第二是"砂"，就是說周邊環抱的山水形勢和主山要相配，風水術中講究砂法，有種種象徵性的說法，比如錦屏、三台、寶頂、華蓋、筆架等，按照傳統的觀念，主山是君，環抱的群山是臣，就得講究君臣配合，好像中醫裏面抓藥講究"君臣佐使"一樣，一般要小於主山，所謂"近而小，案山也，遠而高，朝山也"，就是說近處的山彷彿是几案，遠處的山彷彿是來朝見。第三，選擇陰宅也罷，選擇陽宅也罷，都要注意水勢，"未看山時先看水"，水是一地的生氣血脈，除了要注意水脈的彎曲環繞之外，還要注意水和山的相配。第四，還要看一地的"穴"，所謂"穴"，當然是一種從人體出發的比喻，就像中醫裏面講的"穴位"一樣，是生氣血脈凝聚的一點，從這一點常常可以激活或者抓住全身，風水理論裏面講，這是"山水相交，陰陽融凝"的地方，就是龍、砂、水的聚合點，好像畫龍點睛一樣的地方，又好像平衡的焦點所在。比如你要觀察背後來龍山的走向，門前水流的弧度，兩側山的形狀，綜合起來找到一個結合點。如果後

依照風水師說法最理想的村落結構

山山形略偏，則選擇建陰宅的穴位就要隨之而偏，使其中軸線調整，如果是城鎮或村落，則要把祠堂或明堂建在能夠調整四周山水形勢的中心處。

以上說的，當然多風水的理論而少風水的方法，而且這只是簡化了的理論和方法，真正看風水的方法複雜極了。不光要看形勢，配五行，觀察龍脈水口，而且還要下合九宮，上配星辰，這裏沒法一一細說。不過，任何理論和方法，常常就是從簡到繁的，而我們了解它呢，就得倒着來。有一句話叫做"以簡馭繁"，就是"提綱挈領"，只要抓住綱領，就"綱舉目張"。看起來風水理論很複雜，但實際上大體上都是一個原則，即內形看房屋或墓地的形狀，外形看居宅或墓地與周圍山水形勢的配合，然後根據陰陽五行的原理，測定其對居住者的禍福。傳說是明初著名學者劉基寫的《堪輿漫談》說得很簡明，"堪輿要領不難知，後要崗來前要溪。穴不受風堂局正，諸般卦例不須疑"，"諸般卦例不須疑，穴正龍真便可處，水不須關有案拱，綿綿瓜瓞與人期"。

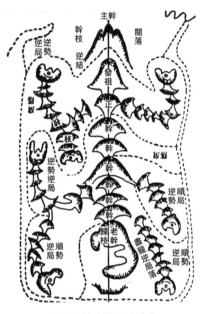

風水理論中理想的陰宅
——陳埭丁氏家族墓地

原則就是這樣簡單。當然有時候，它還受到山水觀念和風景愛好的影響，有人指出，對於風水先生來說，他們看到的好風水，並不是一般人看到的山水之美，它對於山勢的延展、遠近、大小、形狀，對於水的流動、離合、遠近都有不同的理論。風水觀念中理想的空間是甚麼呢？大體上說，就是後面有屏障，左右有依靠，前面有流水環抱，遠處有案山、朝山呼應。

三、儒者與風水

風水在中國民間很流行，可是它在上層社會有點兒受鄙薄。中國古代儒家文人學者總覺得，這些東西有點兒像孔子瞧不起的"怪、力、亂、神"，儘管這種風水術的背後有很多傳統的道理，儘管這些道理也是為中國的家庭、家族組織所用的，但他們還是覺得，第一，現世的政治秩序更重要；第二，做人的倫理道德更重要；第三，內心的自覺更重要。所以，他們理念上相信應當憑着倫理道德的修養、知識和對社會的貢獻，得到個人、家庭和家族的幸福；不應當靠這些東西來贏得祖先、本人和子孫的幸福，因為依賴這些東西，會使人心存僥倖，想走偏鋒，出奇兵。

所以，傳統知識人對於風水，他們往往有三種態度：一是懷疑和批判。像東漢的王充，就對風水相宅很懷疑，比如相陽宅中，門的方向很重要，他就質疑說，門重要，為甚麼廳堂不重要？如果你看他的《論衡》，裏面就有很多這類的批評。二是敬而遠之。像嵇康寫《難宅無吉凶攝生論》，就對吉凶宅相的說法很懷疑。他說，藥可以治病，可以看到驗證，所以君子可以相信，但是，"宅之吉凶，其報賒遙，故君子疑之"，很懷疑它的真實。三是儘量改造。唐代有個學者叫呂才，他看到有人用郭璞的《葬書》騙錢，就批評人"如使吉凶，拘而多忌"。所以，他自己也搞一些關於相陰宅的文書，用埋葬的日月選擇、安葬的吉凶、五姓不同的選墓，來糾正專門選擇山崗流水來相宅的這些弊病。

這些態度很有意思。可是，私下裏也有人對風水暗暗好奇，甚至也有上層人公開表示相信，因為對於陰宅、陽宅關係人的命運的說法來源很久了。《南史》卷五十三記載了一件事，梁武帝的丁貴嬪，是昭明太子蕭統（501－531 年）和簡文帝蕭綱（503－551 年）的媽媽。昭明太子很孝順，丁貴嬪去世後，他讓人求得一塊很好的墓地，正準備去除草，有一個人通過太監來賣另一塊地，太監就對梁武帝說，這塊地比太子的更好，梁武帝就同意了。可是，據說下葬以後，有一個道士就告訴昭明太子說，這塊地並不好，"不利太子"，要用法術才可以免除災禍，所以，昭明太子"乃為蠟鵝及諸物，埋墓側長子位。"但是這事兒被一個叫鮑邈之的人告發，梁武帝很不高興，就把道士給殺了，而太子也因此不得梁武帝喜歡。

這個故事說明甚麼呢？說明這種關於墓地和命運相關的說法，即使在上層人裏面，像編了《文選》的昭明太子蕭統那樣的人都相信，可見沒有多少人能夠抵擋命運的誘惑。在不可知的未來的壓力下，就是有理性傳統的儒家文化人，也只好對這種知識和技術網開一面。像宋仁宗，有人說他是宋朝歷史上最理性的皇帝了，他也讓司天監的官員編了一部有關"地理"（不是現在的地理學）的官方著作《重校正地理新書》，而作序的就是當時赫赫有名的翰林學士王洙（997－1057年）。後來的大理學家程頤、朱熹、陸九淵等，也對看風水、相陰宅的說法既表示有限度的贊成，又試圖努力往"氣"（氣之厚薄與富之盛衰）和"道德"（孝敬之心的表現）方面引導，試圖讓這種知識更加理性化、更加符合儒家道德觀一些。

所以，宋代雖然有像司馬光《葬論》和《言山陵擇地劄子》那樣反駁風水之說，批評朝野流行的選擇葬送時日和查看山水形勢會對子孫福禍有影響的言論，但還是有很多士大夫對這種東西睜一隻眼閉一隻眼，甚至有的理學家對此還甚有興趣。比如南宋紹熙五年（1194），為宋孝宗選擇陵寢之地的時候，一個叫趙彥逾的官員覺得原來選的地方不好，因為土淺肉薄，下面五尺就有水石，而兩個當權的大官趙汝愚和留正也意見不一，六十五歲的朱熹就為這件事情，特意上了《山陵議狀》，說皇帝的陵墓確實應當好好地尋找"吉土"，所以不要着急，要"廣求術士，博訪名山"，他說，

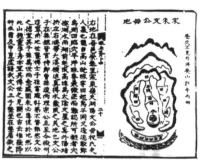

傳說中朱熹墓為風吹羅帶　　　傳朱熹母之墓地（載《地理琢玉斧》）
之形（載《地理琢玉斧》）

"凡擇地者，必先論其主勢之強弱，風氣之聚散，水土之深淺，穴
道之偏正，力量之全否"，如果選得不好，就會使祖先"形神不安，
而子孫亦有死亡滅絕之憂"。你看，朱熹這裏說的，幾乎把風水的
要素（龍、砂、水、穴）和風水的重要（祖先安寧和子孫命運）都
說全了。而且，在朱熹和弟子的議論中，他雖然說，不要固執"山
是如何，水須從某方位盤轉，經過某方位，從某方位環抱"，但是，
他還是覺得應當盡心盡力去找好地方。

　　我想，正是在士大夫這種集體的態度曖昧和默認中，風水之
術才能夠在民眾生活世界裏面存在，並且在宋代之後越發盛行。

四、降而為風水先生

　　風水形成雖然很早，但到了唐宋以後，風水觀念好像越發流
行，風水理論也漸漸整齊，風水書也多起來了。這是為甚麼？

簡單説吧，到了宋代，天下比較安定了，城市商業越來越發達，書本印刷也越來越方便。政府越來越鼓勵和提升文化，而且除文武學、宗學、京學、縣學這些官方的學校之外，到處都有鄉校、家塾、舍館、書會，還有後來最興盛的書院，這使得讀書人越來越多。美國學者賈志揚（John Chaffee）曾經統計，説宋代成年男性中的 3.2%，會去參加科舉考試。北宋大文人蘇轍《上皇帝書》裏面就説，現在農工商賈的後代都不守舊業，都要去當讀書人了。他擔心，這種情況越來越厲害，天下沒有人從事生產。而且他還説，這些讀書人不管家庭，到處遊蕩，真是麻煩。

　　讀書人多了，就有了出路的麻煩。科舉考試比現代的大學考試要難得多，因為考中的幾率更小，要想在千軍萬馬中衝過科舉考試的獨木橋，那是難上加難。很多本來從小讀書的人，到了成年無法通過科舉這個充滿荊棘的大門，就只好另謀出路。南宋人袁采（約 1140—1195 年）編的《袁氏世範》就説，士大夫的子弟，如果沒有世代相傳的產業，當然只好去讀書。可是讀書人裏面大多數不能通過考試成為文人和官員，那怎麼辦呢？他説，可以"開門教授以受束脩之奉"，就是當中學老師。可是，還有更多的人連中學老師都當不了，怎麼辦呢？他説，一是可以"事筆札，代箋簡"，就是幫人寫寫信謀生；二是可以"習點讀，為童蒙之師"，就是當小學老師。再不行連這都混不上呢？他説，那就"醫卜星相，農圃商賈"，都可以做。這後面説的醫卜星相裏面，就包括當風水先生。

　　這是大實話。宋代以後，元、明、清幾代裏面，真的有很多讀書人就成了風水先生，大的替皇帝、貴族安排官邸府第、祠廟陵墓，甚至設計城鎮佈局；小的幫民眾找家族和家庭的陽宅陰宅。還有一些學問很大的讀書人，琢磨來琢磨去，寫了一些風水地理的著作，像明代的項喬有《風水辨》，清初陳確有《葬書》《地脈論》等。似乎當風水先生也還很風光，明代一個有名的文人金鑾，就說他有一個精通風水的同鄉朋友叫吳樂山的，很了不起。他說，地理之學（就是看風水）有三到，一是心到，二是目到，三是足到，好像我們今天說的要用心思考，要勤於觀察，要多跑多走，實地考察。吳樂山就是三樣都很有造詣，所以他看風水很出名，還寫了一本書叫《三到心法》，對龍、穴、砂、水四法有特別的心得，完全不是普通世俗的風水先生。

其實，就算是普通的風水先生，也並不丟人，畢竟還是"先生"。在古代能叫"先生"的，一定是有特別本領的人，在中國鄉村能看風水的，多是對鄉村影響很大的鄉秀才一類的下層知識分子。說起來，看風水也是一門很專門的技術，本來這門技術也是大學問，它背後有很深刻的知識背景，就像東漢大史學家班固在《漢書·藝文志》裏面引西漢末年劉歆的話說，"方技者，皆生生之具，王官之一守也。"甚麼意思呢？就是說，這些看病、抓藥、唸咒，也包括這些風水堪輿的東西，本來也是人類生

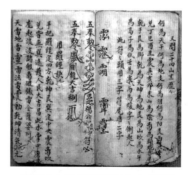

民間風水書《開羅經法》中"用羅（盤）經"部分書影

存的必要工具，原來也是官方需要派專人學習和傳授的知識。你看是不是也很了不起？

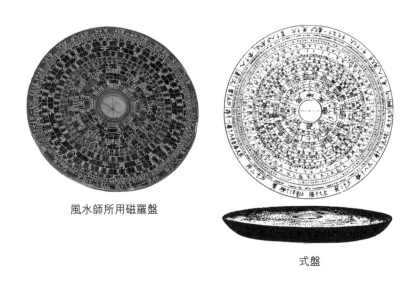

風水師所用磁羅盤

式盤

五、陰陽五行，為甚麼是陰陽五行？

那麼，前面說的這門技術背後的大知識背景，究竟是甚麼呢？就是陰陽五行。

《紅樓夢》裏面，史湘雲的丫頭翠縷說的一段話，可以說明中國人對於陰陽的知識真是深入人心。她的話大意是，天底下的任憑甚麼事兒，都有陰陽，樹葉正面是陽反面是陰，磚頭上面是陽底下是陰，連個蠓蟲兒也分公母，有陽有陰，而人裏面呢？主子是陽，奴才是陰，也分得出陰陽。這大概是傳統時代漢族中國人的“普遍常識”，這分陰陽的本事在中國真的是人所共知，即使是現代的中國人，就憑着感覺，也能把好多吃的食品，分出上火的陽性食品和去火的陰性食品。

陰陽的觀念來源很早很早。早到甚麼時候？現在說不太清楚，至少在周代就有了。傳說，周幽王二年（前 780 年），中原發生大地震，一個叫伯陽父的人就說，周王朝將滅亡了。為甚麼呢？他說，天地陰陽之氣是不能亂的，亂就要發生問題，地震就是因為“陽伏而不能出，陰迫而不能烝”，現在三川地震，是陰陽失調。果然，後來西周就滅亡了。這個陰陽，在傳統中國人看來，貫穿整個自然，也同樣貫穿社會和人。人也有陰陽，這不僅僅是說男和女對應了陰陽，就是一個人的身體內部，也有陰陽的問題。人的陰陽要平衡，不平衡人就會死亡，《左傳》裏面就記載公元前 541 年，醫和討論晉侯之病，就說過陰陽是“陰、陽、風、雨、晦、明”六大因素中的兩個因素，上和自然氣候變化相關，和四時（春、夏、秋、冬）對應，下同人的生理相關，過了頭就會成災，“陰淫寒疾，陽淫熱疾”。特別是，古代中國“陰陽”概念絕不會僅僅停留在寒熱晴雨等具體事物和現象之中，而且貫穿了其他感覺上相近的所有的現象和事物。把自然、社會、人的所有一切都按照陰陽分配，這就是所謂的“物生有兩”，兩兩相配。所以《左傳》裏面說，一切都有“清濁、大小、短長、疾徐、哀樂、剛柔、遲速、高下、出入、周疏，以相濟也。”這也就是《國語·越語》裏面說的，“因陰陽之恒，順天地之常”。

至於五行呢，也一樣來源很早很早。以前，顧頡剛先生就說
"五行是中國人的思想律，是中國人對於宇宙系統的信仰。"不過，
最早記載五行的《尚書·洪範》裏面說，五行就是金、木、水、火、
土，這五行有五種性質，水是滋潤向下，火是炎熱向上，木有曲
有直，金可以製皮革，土則適於種莊稼，而且它們也各有各的味
道，水偏鹹，火偏苦，木偏酸，金偏辣，土偏甘。漸漸地，它就也
像陰陽一樣，開始貫穿所有領域了。比如，它和大地的五方（東、
南、西、北、中），色彩中的五色（青、赤、白、黑、黃），天上的
五星（金、木、水、火、土），五聲（宮、商、角、徵、羽）等相
聯繫，甚至傳說裏面，古代還有配合五行的五方神，這就成為了
一種宇宙觀。大家有興趣，可以看《左傳》昭公二十五年引子產的
話，他就說，五行是來自自然的，是符合天地的，所以叫"則天之
明，因地之性，生其六氣，用其五行。氣為五味，發為五色，章為
五聲……"

　　這種"陰陽"和"五行"的思想，後來結合在一起，就成了古
代中國認識一切現象的宇宙觀。當然，後來的陰陽五行思想，比
起我們說的要複雜多了，它不僅加上了更複雜的"數"，像八方（或
者八卦、八風）、九宮、十二辰（或者十二月）、二十八宿等，而
且深入古代中國人生活的各個方面，包括醫療保健、政治軍事、
天文地理。因為古代漢族中國人有一種想象，認為宇宙既然是一
個彼此相連又和諧的整體，而且把天地人鬼貫通起來的，就是氣
（一）、陰陽（二）、三才（三）、五行（五）、八方（八）等基本要素。
因此，宇宙間萬事萬物就有共同的存在方式，天地人鬼之間，也

有可能發生神秘但又必然的聯繫和感應，傳統的方技、數術，基本上就是根據這一觀念而產生的。

其中，大家最熟悉的，恐怕就是中醫了。當氣和人的"生命"，陰陽與人的"體徵"，五行和人的"五臟"聯繫起來的時候，人的健康或疾病，或者說"小宇宙"就被納入萬物的"大宇宙"裏面去理解和解釋了，大家如果看《黃帝內經》就會知道，裏面觀察、分析、判斷和處理人的生命、健康的支配性觀念，不就是陰陽五行嗎？

六、"相其陰陽，觀其流泉"

風水之學，其實基礎也就是陰陽五行的一套。這來源也很早，《詩經·大雅·公劉》中說，周族的祖先尋找棲息地，就"相其陰陽，觀其流泉"。本來"陰陽"兩字的本義，就是"山南山北、水北水南"的意思，"陰陽"兩個字都從"阜"這個偏旁，阜就是小山。

風水就是這麼漸漸發展起來的。也許最早的時候，它只是為活人尋找一個適於生存的空間，為死人安頓一個合適的地方，觀察的主要是自然環境如何。但是，漸漸地它就有了各種各樣的附加意義，其中兩點最重要：

第一點是它有了關於吉凶的實用意義，也就是要考慮，活人的陽宅合不合陰陽五行的規矩？如果不合規矩，吉利不吉利？死人的陰宅是否能夠得到自然天地的配合，使死去的人安穩，使活

山水畫的山川形勢，
是否也和所謂好風水相似

着的子孫幸福？所以，就衍生出來種種神秘的"形"和"數"，之所以要神秘，一方面是，它確實和天地之大道理有關，不是一般人可以懂得的；另一方面是，它也要成為某些有專業知識的人的"專利"，不能變成"家為巫醫、人能通神"的混亂局面。

第二點是它有了審美的意義。你看，無論是找陽宅還是陰宅，最好都是找風景秀麗、草木蔥蘢的地方。隨着風水擇地觀念的普遍，墓地、村落、住宅都漸漸有了風景的配合，後來的風水書裏面就說，如果"氣吉，則形必秀麗，端莊圓淨，氣凶，則形必粗頑，欹斜破碎。"所以，有人就說，風水知識和中國的山水觀念、山水畫，有很大的關係。

在這一方面，我們可以簡單說說。如果你看古代中國繪畫，它們對於美的山川的選擇，好像和風水地理的關係真是很密切，宋代以後的山水畫中，山巒的走勢、水流的走向、樹木的樣子，以及點綴的房舍亭台之安排，其實，常常和風水所說的好風水、好地理相像。在所謂山水形勢和經營位置上，古代中國的藝術和技術之間，真有一些共通的感覺和基礎。同樣，我也懷疑風水的觀念對園林造型也有影響。以蘇州、揚州的網師園、獅子林、个

園、何園為例，一個園子，如
何借遠山，佈近水，掩房屋於
假山之中，也都有講究，按照
古代中國造園典籍的説法，
造園也要符合陰陽五行、九宮
八卦。至於風水與居住的城市
和鄉村，更是有關係了，曾經
有人指出，福州所謂三山與閩
江，就是城市好的風水形勢，
更有人想象和臆測説，晚清以
來福州之所以會出很多達官文
士，就和福州這種形勢有關。

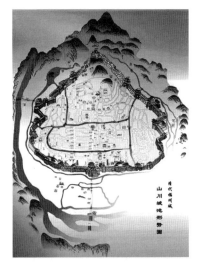

清代人所繪《福州風水圖》

而四川的閬中，更是一個典型的依照風水理論和知識建造起來的
縣城，這是在城市建築史上罕見的例子。有關這方面的話題，我
不是專家，只是順便一説，有興趣的人可以繼續深入探討。

　　附帶介紹一下，最早的風水書之一，就是有名的《葬書》（或
名《葬經》）。這本書傳説是晉代大學問家郭璞寫的，郭璞注過《山
海經》，是很博學的人，這部書是不是他的作品不好説。不過，大
體上我們相信它是六朝時候的著作，它是風水這一行的古代經典，
也是確定風水背後的哲理的書。後來，這本書很流行，也很權威，
不過，也有很多人把風水流行的後果，統統算在郭璞的身上。宋
代人羅大經在《鶴林玉露》這本書裏説，很多人迷信郭璞的這本
書，為了追求吉利的墓地，多年不能滿意，以至於十幾年都無法

把死人下葬。也有人家，已經下葬了，覺得不吉利，於是又挖開另外下葬，一葬再葬，有埋下挖開三四次的。甚至還有人為了買好的地而打官司的，還有因為聽了不同風水師的話，骨肉互相成為仇人的。他說，這都是郭璞造下的罪過。

這就有點兒說過頭了。古人說甚麼是他的事兒，古人並不需要也不可能承擔過失，後人怎麼解釋它甚至迷信它，才需要擔責任。對待傳統文化，應該是這個態度。

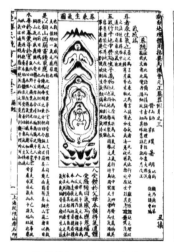

後世借郭璞書而衍生的
《葬經風水圖》

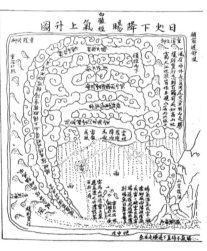

風水書《白猿經》中的《風水示意圖》

400

七、在歷史中看才是公平的

　　一般來說，古代中國的讀書人，就是我們說的士大夫或者精英階層，大多並不怎麼相信這風水的說法。前面我們提到過，像北宋的司馬光就批評說："世俗信葬師之說，既擇年月日時，又擇山水形勢，以為子孫貧富、貴賤、賢愚、夭壽盡繫於此。"他覺得，這樣的迷信，一是風水說法不一造成爭論不已，二是搞得已經去世的親人久久不能入土為安，三是讓很多愚昧的人把希望寄託在這上面，對於社會來說是很不好的事情。所以，儘管我們前面也說有很多知識人對風水有興趣，不過，畢竟還是少數，而且是私下裏。司馬光這種看法大概代表的是主流，中國傳統的儒家知識人裏面，這種理性傾向還是很強烈的，何況中國古代知識系統，總是把道德與政治放在首位，對這種東西不很重視。所以，基本上風水之術在古代中國，還是屬於邊緣性的、民眾生活世界的知識。這種儒家道德理性優先的舊傳統，在近代以來又加上科學的新傳統，在西方的科學知識傳進中國後，構成了一個理性的科學的信仰傳統，這更使風水之術，以及風水之術背後的陰陽五行觀念背景，失去了它的合理性。從晚清到民國初年，我們看到，知識階層對於風水的批評幾乎不斷，而且極其嚴厲。道理呢？一般來說，就是指責它違背科學。

　　它確實不符合科學。可是，我們今天想從歷史的角度來評價它。第一，它是來源於古代中國的一種知識和技術。它在古代中國的歷史中，在那個時代的知識世界裏面，原本是有合理解釋的，也就是説它是從那個時代的知識基礎上生長出來的，你得認清這是歷史。第二，古代中國的知識世界，也就是以陰陽五行為基礎的知識世界，可能是需要同情地理解的。因為它有可能是另一種觀察世界萬物的方式，它構成了和西方現代科學從根底裏就不一樣的知識體系，從歷史上看，它可能有其合理性，至少在那個時代有合理性。第三，我們也要想想，在現代西方科學之外，還有沒有一些可能的知識，對於人類曾經是有益有效的？西方科學是否已經終結了認識的歷史？如果沒有，那麼古代中國陰陽五行這類知識，是否還可能有意義？比如，中醫在陰陽五行基礎上的，至今還有效的診斷、預防和保健技術，也許不是一個"科學"或者"迷信"可以簡單判決的。

也許，我們可以從裏面尋找一些資源？也許，我們可以從中體會古人的思想？現在已經有人把風水與中國的建築、中國的空間觀念聯繫起來討論，試圖從裏面找到一些啟示了。而我們在這裏，是希望各位懂得一個歷史學的道理，也就是，把一切放在歷史裏面看，人們更容易對古代有確切的理解，也更能夠體會古人曾經擁有的知識，而不至於有現代人對古代人無端的和盲目的傲慢。

這就是我們常説的"同情的了解"或"了解的同情"。

【參 考 論 著】

1. 高延 (J. J. M. de Groot): *The Religious System of China, VOL. I-VI, 1892-1910*。
   今有中譯本《中國的宗教系統及其古代形式、變遷、歷史及現狀》六卷，
   芮傳明等譯，花城出版社，2018 年。
2. 渡邊欣雄：《風水：氣の景觀地理學》，京都人文書院，1994 年。
3. 瀨川昌久：《族譜：華南漢族的宗族、風水、移居》，錢杭譯，上海書店出
   版社，1999 年。
4. 王其亨主編：《風水理論研究》，天津大學出版社，1992 年。
5. 艾蘭、汪濤、范毓周主編：《中國古代思維模式與陰陽五行說探源》，江蘇
   古籍出版社，1998 年。
6. 漢寶德：《風水與環境》，天津古籍出版社，2003 年。

【閱 讀 文 獻】

1.《易・繫辭上》

　　一陰一陽之謂道，繼之者善也，成之者性也。仁者見之謂之仁，知
者見之謂之知，百姓日用而不知，故君子之道鮮矣。

2.《尚書・洪範》

　　五行：一曰水，二曰火，三曰木，四曰金，五曰土。水曰潤下，火
曰炎上，木曰曲直，金曰從革，土爰稼穡。潤下作鹹，炎上作苦，曲直
作酸，從革作辛，稼穡作甘。

3.《左傳》昭公三十二年引史墨

物生有兩、有三、有五、有陪貳。故天有三辰，地有五行，體有左右，各有妃耦，王有公，諸侯有卿，皆有貳也。

4.《左傳》昭公二十年引晏子

先王之濟五味，和五聲也，以平其心，成其政也。聲亦如味，一氣，二體，三類，四物，五聲，六律，七音，八風，九歌，以相成也；清濁，小大，短長，疾徐，哀樂，剛柔，遲速，高下，出入，周疏，以相濟也。

5. 王明《太平經合校》

葬者，本先人之丘陵居處也，名為初置根種宅地也，魂神復當得還，養其子孫，善地則魂神還養也，惡地則魂神還為害也。（182頁）

穿地見泉，地之血也；見石，地之骨也；土，地之肉也。（121頁）

凡鑿地動土，入地不過三尺為法。一尺者，陽所照，氣屬天也；二尺者，物所生，氣屬中和也；三尺者，及地身，氣屬陰。過此而下者，傷地形，皆為凶也。（120頁）

地者，以山川阡陌為文理，山者吐氣，水通經脈，衰盛、動移、崩合，以風異為人臣。（205頁）

6. (傳) 郭璞《葬書》內篇

葬者，乘生氣也。……經曰："氣乘風則散，界水則止。"古人聚之使不散，行之使有止，故謂之風水。

第十三講

古代中國的「天下」，現代
世界的「萬國」

引子：從《坤輿萬國全圖》說起

2001 年的秋天，去北京的意大利使館看一個關於傳教士與中國的展覽。

我佇立在那個不大的展覽廳，凝視着一幅叫做《坤輿萬國全圖》的世界地圖，那上面有五大洲，有四大洋，也有着奇奇怪怪的異獸怪魚，剎那間我彷彿回到歷史。千萬不要小看這幅地圖，這幅地圖是一個標誌，象徵着在古代中國的觀念世界的一個大變化。是甚麼大變化呢？就是中國人此前以自我為中心的"天下"，由於這幅地圖的影響，漸漸變成了"無處非中"的"萬國"，從此，中國要生存在這萬國林立的"世界"上。如果說，現在是"全球化"的時代，那麼，"全球化"從這幅世界地圖給中國人展示一個互相聯繫、共同存在的"萬國"圖像時，就已經悄悄地開始了。

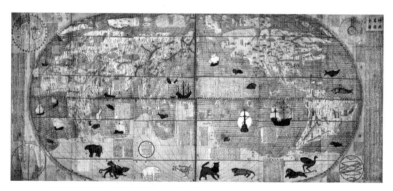

根據利瑪竇地圖繪製的《坤輿萬國全圖》(現藏於南京博物院)

這幅地圖原來是六幅屏風，年代長了，架子已經沒有了，原來分佈在六扇屏風上的圖，被後人綴合成了這麼大的一幅。據專家研究，這幅屏風地圖是四百多年以前根據一個叫利瑪竇（Matteo Ricci，1552－1610 年）的傳教士畫的世界地圖《山海輿地全圖》重新繪製出來的。利瑪竇是來自歐洲的耶穌會士，本不是地圖學家，這幅地圖據說是他根據歐洲人奧代理（Abraham Ortelius，1527－1598 年）的世界地圖繪製出來的，所以仍然很精確，是不是這樣，我不知道。2000 年，我曾經特意去比利時安特衛普參觀當年印刷奧代理地圖的工廠，也看到當年出版的各種地圖，知道四五百年前歐洲人的世界知識，隨着他們的航船環行，已經相當發達，連傳教士也學到了這些新知識。生活在那個知識世界的傳教士們把它帶到中國，其實只是"無心插柳柳成蔭"。當年利瑪竇其實想得並不深，只是覺得這是一個可以取悅好奇的士人和官員的途徑，使天主教傳教士可以更容易地進入中國，享有更大的傳教自由。當然，他也想到了用世界地圖來破除中國即天下的自大，但還沒有更深入地往下想，也絕對沒有想到他的地圖，在思想世界居然有這麼深遠的影響。

可是，就像中國那句俗話說的那樣，"說者無心，聽者有意"，在閱讀世界地圖者的心中，卻常常會生出相當深刻的聯想，讓古代中國人開始隱隱約約地意識到，原來天下還有這麼大，國家還有這麼多，我們的中華，原來並不像想象的那麼大。

一、近代西方人的世界觀和古代中國人的天下觀

說到這裏，也許你會問我，在利瑪竇地圖繪製出來以前，中國人是怎麼看世界的？

且慢，你要知道，漢魏以前，古代中國人通常不說"世界"。"世界"是佛教的詞兒，現在當然大家都習慣了說"世界"，可是古代很長的時間裏面，漢族中國人通常說的是"天下"，就是"溥天之下，莫非王土"的那個"天下"，"天下"就是天底下的那個"世界"。

現在，當然每一個稍有知識的人都知道，世界很大，地球是圓的，中國只是在亞洲，東半球與西半球相對，大海對岸有另一些國家，到另一些國家去，要辦理護照和簽證。可是這都是現代的事兒，是哥倫布（Cristoforo Colombo，1451－1506 年）發現新大陸，麥哲倫（Fernando de Magallanes，1480－1521 年）環遊世界以後的事情了。近代的"國家"觀念的形成與"世界"圖像的確立，是很晚的事情，在十四五世紀之前，至少中國人並不這麼理解國家、世界，或者說是中國和他國。說起來，歐洲人哥倫布發現新大陸，麥哲倫環繞地球航行，有人說是殖民主義，有人說是文明推進，有人說是地理大發現，有人說那地球本來就在那裏，又有人住，怎麼叫發現？充其量就是歐洲人到達那裏。這當然有點像是後殖民主義理論的說法。可是，無論現在看上去有多少爭論，在過去幾百年裏，它都被認為是歷史上最值得驕傲的大事件，因為這象徵着人類終於完整地認識了自己居住的這個"地球"、這

個"世界",而且,特別是從西方人的眼睛裏看去,看到了世界上原來還有各種各樣的文化和傳統,有各種各樣不同的民族和地域。

這對於西方人來說很重要。為甚麼?因為第一,他們關於世界的知識系統中終於有了一個完整的球形的世界圖像,對自己所生活的這個地球的完整認知,對於人來說是很重要的;第二,他們在異地民族文化傳統的比較中,確立了自己的處於中心的或較高的地位,在他們的知識系譜中,特別是在當時普遍的追求富庶、文明的價值觀中,由於有了"未開化民族""東方人""蠻族"等"他者"(the others),於是確立了西方人自己的世界中心與文明巔峰地位;第三,由於對自己的地理與文化位置的確認,使西方充滿了把握世界的自信心。

我們知道,人不能單獨地觀察自己,就像人要照鏡子一樣,要確立自己的位置和形象,就要藉助其他的東西,就要照鏡子,而就連鏡子,也要靠那層不透明的膜來反射,才能映照物體。西方人在擴張的時候發現的異文明,對他們來說,就像是找到了一面鏡子,看看其他民族和文明,然後再看看自己,這時就發現自己長得如何,是醜還是美,在沒有認識其他人之前,對自己是不會知道得那麼清楚的。西方為甚麼會發展起人類學來,就是這個原因。所以,這三點在近代西方知識史上,對他們確立自身價值的意義是很重要的。

反回來看我們自己,也很有意思。中國古代人很早也曾經有過一種讓中國人很自豪的世界觀。大約是在兩三千年前,雖然那時古代中國人還沒有完整地到達世界各個角落,但是,古代中國人也在自己的經驗與想象中建構了一個"天下"。他們想象,第一,自己所在的地方是世界的中心,也是文明的中心;第二,大地彷彿一個棋盤一樣,或者像一個回字形,四邊由中心向外不斷延伸,最裏面這一圈是王所在的京城,稍微外面的這一圈是華夏或者諸夏,最外面的那一圈是夷狄,大約在春秋戰國時代,就形成了與南蠻、北狄、東夷、西戎相對應的"中國"概念;第三,按照那個時候的觀念,地理空間越靠外緣,就越荒蕪,住在那裏的民族也就越野蠻,文明的等級也越低,叫做南蠻、北狄、西戎、東夷。

那麼,接下來的問題就是,這個"天下"圖像是怎樣製造出來的呢?

二、九州和五服

我們來看看古代文獻是怎麼記載的。

在《尚書・禹貢》中,有"九州""五服"的記載。"九州"就是冀州、兗州、青州、徐州、揚州、荊州、豫州、梁州、雍州。大體上,如果按上北下南來看的話,是順時針方向從北向東、向南、再向西,劃出了一塊地區,大約包括的只是今河北、山東、江蘇、湖北、湖南、河南、四川、陝西、山西這一圈,這就是古代中國人的"天下",大體上是現在純粹的漢族區域。據說,這就是大禹治水的時候,他的關懷所在的那個空間,它和"華夏"好像可以重疊。"夏"就是"雅",那麼,甚麼是"華夏"呢?就是古代

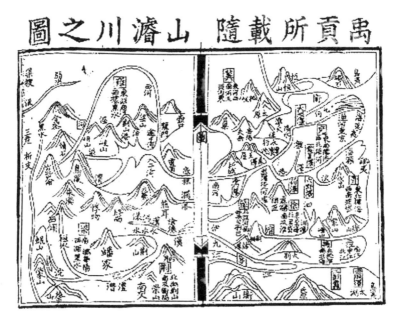

明刻《禹貢九州圖》

中國人相信比較文明的地方，這就是"天下"。"五服"是説東周那個時候，除了"王"所在的洛陽一帶為"中心"以外，環繞着中心"王畿"的，是五百里甸服，甸是郊外之郊外，古都城外百里為"郊"，"郊"外為"甸"；五百里侯服，就是封侯管轄的地方，像封商的後代在商丘建宋國，封姬姓在河南為鄭侯，封姜姓在山東為齊侯等；五百里綏服，"綏"本指車上用以拉扶的繩子，這裏指安撫，比如"綏靖"這個詞兒，好像車邊的繩子，可以扶着，但不可以依靠；五百里要服，"要"是約定，只是由雙邊盟誓來管轄，實際上，王對他們有些睜一隻眼閉一隻眼；那麼荒服呢？就是荒蠻之地啦，好像可以讓它們自由自在，反正也離得遠了。這樣，五個五百里出去，合起來就有五千里方圓的地方，這就是古代中國人想象的一個類似於"回"字形的大地。

《禹貢》雖然大約是戰國人的作品，但大禹治水形成九州的説法可能蠻早的，到了戰國時代已經很普遍。最近由於考古發現，特別是西周青銅器遂公盨（又名豳公盨、燹公盨）銘文、上海博物館的楚竹書、清華大學藏楚簡的種種發現，人們對《禹貢》產生了新的認識。首先，可以肯定西周中晚期就已經有大禹治水的傳説；其次，戰國竹簡文獻證明，那時已經有九州的説法。這使得近年來學界對《禹貢》內容來源之早，更持一種積極的看法。我們也相信，

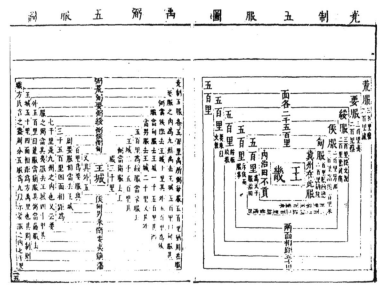

《天下五服圖》或《九服圖》

從很早起可能就有早期華夏族共同空間（九州、五服、中國）的觀念。不僅《國語·周語》上記載了"五服"（甸、侯、賓、要、荒），稍晚一點的《周禮·夏官·職方氏》更是添油加醋地想象，有一個機構專門管理國土，而且把這個"五服"擴大成了"九服"（王畿、侯、甸、采、衛、蠻、夷、鎮、藩）。不過，這並沒有改變這種中心向邊緣延伸的空間結構，也沒有改變這種從中心到邊緣，文明等級逐漸降低的觀念，請看後面的幾個名稱："蠻""夷""鎮""藩"，就越來越有瞧不起的意思，蠻、夷就不消説了，後面的"鎮"是"壓服""威服"的意思，"藩"就是絷的藩籬，引申為"屏障"，意思是邊界要絷籬笆，因為外面就不是人住的"世界"了。

大概很多人聽説過古代有《楚辭》《莊子》《穆天子傳》《山海經》這些書，這些古代的書裏常常會想象中國周圍的世界，像甚麼西面的崑崙，東面的蓬萊，周穆王去西面崑崙山見了西王母，有人到東面的蓬萊仙島就得到了長生不死藥。這裏面最有意思的是大概很多人都看過或聽説過的《山海經》，《山海經》記載的，就是一個古代人想象的世界，各地有各種各樣古怪的事物，甚麼奇肱國的飛車、魆山的飛魚、東海流波山的一足之夔……這種想象一直到清代人李汝珍寫的小説《鏡花緣》還有，甚麼君子國、大人國、毛民國、深目國等。但仔細一看，原來這個想象的空間世界，還是一個中心與四方構成的大地。

據説，《山海經》原來是有圖的，陶淵明有首詩就説"泛覽周王傳，流觀山海圖"，現在的《山海經》傳説是圖的解説文字。這部書的文字記載的，分別是山（南山、西山、北山、東山、中山），

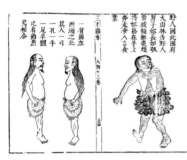

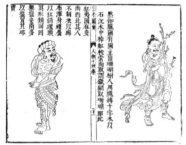

《山海經》對周邊的想象 ——《三才
圖會》中關於異域人物的圖像

海內（海內南、海內西、海內北、海內東），海外（海外南、海外西、海外北、海外東），大荒（大荒東、西、南、北）。也就是説，如果現在還能看到原來的圖像的話，它還是一個以中山為中心，四周是山，再外是海內、海外，邊緣是"大荒"的方形的宇宙。邊緣的民族，是北狄、西戎、東夷、南蠻，反正都是野蠻人。

三、天圓地方：
空間的想象

那個時代的中國人有沒有到過四方更遠的地方，我們不知道，有人説是有的，但至少在文獻記載裏沒有。可是，沒有去過更遠四方的他們，怎麼知道大地就是這樣的呢？

我猜想，這個觀念可能來自古代中國人關於天地的想象，古代中國人相信"天圓地方"。在他們的想象中，天是圓的，像一個斗笠一樣，覆蓋在大地上，中心是北極和北斗星的位置，大地是方的，就像棋盤，中心是洛陽一帶。《周髀算經》裏就這麼說的，《呂氏春秋》也這麼說的，這叫"大圜在上，大矩在下"。在有名的漢代武梁祠畫像石裏面，就有《伏羲女媧像》，伏羲拿矩，女媧拿規，一個畫方形的大地，一個畫圓形的天，儘管方的大地和圓的天穹，好像蓋不上合不攏，所以也有人質疑說，如果是這樣的話，那麼大地的四隻角，不就露在外面了？或者全部蓋住的話，豈不是有的地方又有天無可遮蓋的？可是，儘管如此，人們一直相信這種觀念。

　　道理很簡單，因為這和古代人關於"天"的視覺經驗，關於"地"的想象推測一致。你看，白天看太陽，晚上看月亮、星星，都在從東向西，或者說從右向左，環繞一個北方的"軸"在轉，可不是天如"蓋笠"？所以，古代很多關於天地的最重要的東西都是模仿這種空間的。舉一些例子：古代用來占卜並且模擬天地的"式盤"，是天盤圓、地盤方這種形狀；古代的棋盤、博局也是這種形

《金石索》載漢畫像石《斗為帝車》

狀，現在圍棋的中心還叫"天元"；祭祀天地的明堂、圜丘，也是這種形狀；古代王宮也是這種中心向四邊擴展的形狀；古代都城也是這種由都城中心向四廓延伸的形狀。因此，古代中國人的觀念中，也認為自己所處的中央，在文明的位置上高於四裔，而四邊無論是文明上還是在財富上，都遠遠低於中央，應該受到中央的制約與管轄。古代中國人相信甚麼是天下？這就是"天下"，"中國"就是應該傲視"四夷"，中國文明就是應當遠遠地輻射和教育四邊的戎夷狄蠻。

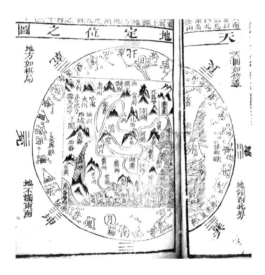

1721 年《新增象吉備要通書》天圓地方之《天地定位圖》，"天圓如倚蓋，地方如棋局，天傾西北界，地不滿東南"

這並不奇怪，西方人說"無處非中"（There are not background and not center in the world），大凡人都是從自己的眼裏看外界的，自己站的那一點，就是觀察的出發點，也是確定東南西北、前後左右的中心。離自己遠的，在自己聚焦關注的那一點後面的，就

古代玉琮，張光直先生説它之所以能夠成為祭祀時的神物，是因為它的形狀象徵着天圓地方，可以通天地

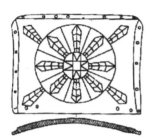

安徽含山淩家灘四號墓
出土玉片

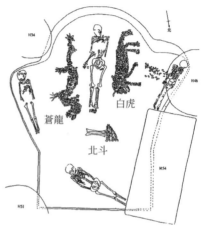

河南濮陽西水坡出土的蚌殼龍虎圖

湖北隨縣曾侯乙墓出土漆箱
《二十八宿圖》

古代銅鏡背面的博局紋

是背景；我是你的視點，你也可能是我的焦點，但是可能你也是另一個東西的背景，我也可能是他的背景。古代中國人站在江河之間，他們當然可能要以這一點為中心，把天下想象成一個以我為中心的大空間。

更何況，那個時代中國文明確實優越於他們周圍的各族。

四、四方復四方：從談天衍的想象到張騫的鑿空

話說回來，古代中國也有人對這種世界圖像有懷疑，也曾經大膽幻想過，外面是不是有一個更廣袤的世界？據說，戰國時代的齊國人鄒衍（後來被稱為"談天衍"），就很能想象。後來人常常說，齊國臨海，海闊天空，可能想象的空間會大一點兒，所以，他就有"大九州"的說法。鄒衍想象說，中國這個"九州"只是天下八十一分之一，叫"赤縣神州"，它的外面還有八個州，這才是一個大九州，外面有海環繞，而在這個九州之外，還有八個"大九州"，各有海環抱，這才是整個天下。

到底這種想法有沒有根據，是鄒衍的想象，還是一些傳聞？我們不清楚。也許古代中國早就與世界有了各種各樣的交往，《逸周書》裏就有《王會》一篇，描寫

三星堆出土銅器，是來自遠方文明的器物嗎？

四方異族的聚會，西晉出自汲郡魏襄王墓的竹簡《穆天子傳》（約戰國中期）也記載了周穆王到西域與西王母會面，這裏面是不是有真實的交通背景，確實很難說。不過，很奇怪的是，這種想象並沒有改變中國人的天下觀，從先秦到秦漢，古中國人還是自居天下之中，居高臨下地俯視着四邊的蠻夷。

這種情況到了漢代，出現了一個轉變的機會，這是一個很重要的機會。公元前 138 至前 126 年，也就是漢武帝建元三年到元朔三年，張騫奉命出使西域，經歷千辛萬苦，他回到漢帝國，把他到過的大宛（今塔什干附近），康居（今塔吉克斯坦、阿塞拜疆、烏茲別克斯坦及哈薩克斯坦南部），大月氏（今帕米爾高原以西、阿富汗境內），大夏（今印度西北、巴基斯坦、克什米爾附近），以及他聽說過的烏孫（今巴爾喀什湖東南、伊犁河流域一帶），安息（伊朗境內），條枝（敍利亞一帶），身毒（印度）的情況，介紹回來。應該說，這件事兒是非常重要的。因為，第一，它把中國人對於周邊世界的實際知識，從東亞擴大到了東至日本、朝鮮，北到蒙古及西伯利亞，南到南海、東南亞，西到巴基斯坦、阿富汗、敍利亞、印度、伊朗一帶，也就是說大體上已經了解到了今天的整個亞洲甚至更廣的一個區域。而過去，可能秦漢人了解的只是現在的東亞，比如日本和朝鮮，日本九州出土過漢代賜給倭國王的金印，說明很早中日有過交往。第二，它刺激了中國人與外部世界的交流和探索的慾望，在張騫出使西域以後，還有張騫通西南，班超、班勇父子開拓西域交通，甘英到達波斯灣等舉動。第三，觀察不同經濟與文化的背景與舞台，開始由中原的漢帝國變成了整個亞洲甚至歐、亞之間，絲綢之路的開拓和後來佛教的傳入，更是在這個背景下進行的。從此以後，中國的歷史就是一個世界的歷史了。

不過可惜的是，不知道為甚麼，這並沒有真正改變古代中國人心靈深處的“天下觀”，漢代以後，雖然張騫、班超、甘英和很多人都到了很遠的地方，但是中國人想象的“天下”還是以“中國”為中心的，加上日益擴大的“四夷”。但是這幅圖像，只是中心明確，四邊卻很模糊，這是中國人對世界的常識。雖然印度、阿富汗、伊朗、巴基斯坦等中亞與西亞加在一起，再算上日本、東南亞、朝鮮，以及北方草原的廣袤土地，遠比中國要大得多，但很長時間以來，中國人仍然覺得他們彷彿在文化上無聲無息，所以，沒有覺得外面有個另外的“世界”。

五、知識和觀念的分離：固執的中國天下觀

很長時間以來，古代中國人對這一點一直很固執。為甚麼固執？我想，原因可能是，除了佛教以外，中國從來沒有受到過真正的外來文明挑戰，所以中國人始終相信自己是世界中心，漢文明是世界文明的頂峰，周邊的民族是野蠻的、不開化的民族，不遵循漢族倫理的人是需要拯救的，拯救不了就只能把他們隔離開來。說起來，農耕為主的漢族中國人不大用戰爭方式來一統天下，常常覺得憑着文化就可以“威服異邦”，這叫“懷柔遠人”。

不過，有時候漢族中國人也控制不了局面，比如四世紀開始的北方胡人南下，也就是所謂"五胡亂華"，所以，他們反過來又有些怨懟，怨懟之後便生出一些氣憤。在西晉的時候，有個叫江統的人，曾經寫過一篇《徙戎論》，想把漢族和其他民族在居住空間上分開。可是，這種區分華夷的想法，好像影響並不大。我們要知道，古代的"中國"常常是一個文明的空間觀念，而不是一個有明確國界的地理觀念。所以，凡是周圍的族群和國家，中國人就相信他們文明等級比我們低，應當向我們學習、進貢、朝拜。像古代很愛畫的《職貢圖》，畫的是各邊緣民族的代表向中央王朝進貢，往往把中國人的皇帝畫得特別大，而外族人的使節就很矮小。而古代的各種地圖，像宋代留下來的那幾幅圖，有的叫"華夷圖"，就是華夏加上四夷；有的叫"輿地圖"，就是說車可以通的地方都算上；有的叫"地理圖"，就是所有的地理。但是你看一看，在這些地圖裏面，還是以中國為中心的一圈，雖然有時也把周邊國家畫上，但畫得也很小，小得好像它們真的是依附在我們這個大國身上的"寄生物"一樣，只要大國輕輕一抖，這些附屬物就會掉到海裏去。

這和古代中國對世界的實際知識沒有關係。我們知道，漢代張騫以後，已經打通了歐亞大陸交往的絲綢之路，商隊和僧侶也穿梭往來於東西之間。唐代中國與外界交往更多，連首都長安都住了十萬"胡人"，像"崑崙奴"即黑人奴隸，像"胡旋舞"即外國的舞蹈、音樂，像"胡服"就是外國的時裝，都很流行了。更晚一些，元代大帝國的疆域，幾乎無遠弗屆，當時波斯人札馬魯丁也製

南宋黃裳所繪《地理圖》（藏於蘇州碑刻博物館）

造過"地球儀",並且畫了經緯線,説明了地球是"三地七水"。到了明代初期永樂年間(1403-1424),三寶太監鄭和率船隊下西洋,儘管我們並不相信一個叫孟席斯的英國業餘歷史學家所説的鄭和發現新大陸,但是,他至少已經到了非洲的東岸,他實際經歷的空間也遠遠超過了中國本土無數倍,人們知道的各種文明的情況也已經很多。但是,有趣的是,古代中國關於"天下""中國""四夷"的思想與想象,卻始終沒有變化。

六、佛教沒有征服中國,
但是佛教曾經給了中國一個機會

歷史學家當然不能想象歷史重演,不過,歷史學家也是普通人,有時也會設想一下"如果歷史……",當我回頭看中國古代歷史的時候,也覺得古代中國的天下觀念,其實曾經有過一次改變的機會。

我們知道,有國際認可的明確的疆界,有國家的主權觀念,也就有了"民族—國家",這還是近現代的事情。古代中國也有"國家"這個詞,漢代銅鏡背面有很多"多賀國家人民息,胡虜殄滅天下服"這樣的銘文。不過,就像我們前面提到的,大體上説來,古代的"國家"是中心明確、邊界模糊的一個"文化概念","凡我族類,其心必同",就是説凡是和我一個文化的,都可以是一個國家,而且國家和天下也不是一個特別清楚的東西。"非我族類,其心必異", 凡是和我文化有差異的, 就是四夷, 不屬一個國家, 甚至不是一個天下, 叫做"不共戴天"。它的認同標準是"心同", 陸九淵說的"四海之內, 心同理同", 是天下一家的普世主義, 它的認同標準是文化, 所以疆界的劃定是無關緊要的。《禮記·王制》裏說:"中國、戎夷、五方之民, 皆有性也, 不可推移。"凡是文化上臣服、認同的, 都可以劃進來作為"華夏之藩屬", 都是一個"天下", 因為"普天之下, 莫非王土, 率土之濱, 莫非王臣。"凡是文化上不服從、不認同的"異邦異俗", 如果我管不着你也就算了, 就當你不在"天下"之內, 如果我管得着你, 那麼就要求你臣服。所以, 在古代中國, 國家 / 文明 / 真理是重疊的, "天下一家""海內存知己""四海之內皆兄弟"這些說法背後, 一方面是中國中心、中國特殊的世界觀, 一方面是天下大同、普遍主義的世界觀, 既是只有一個文明中心的世界觀, 又是文明放之四海皆準的世界觀。

可是, 儘管從漢代以來, 就有汗血馬、葡萄、玻璃、苜蓿等各種各樣物品的輸入, 儘管中古時期不斷有深目隆鼻的異域人帶了他們的文化進入, 但它們並未對那個中國固有的文明產生根本性衝擊。原因很複雜, 這裏簡單地說兩點:一方面, 歷史上的"中國", 它的疆域變化雖然很大, 但是大體上是以漢族居住的"九州"為中心的, 東臨大海, 西為高原與雪山, 北為冰天雪地, 加上有匈奴、突厥、契丹、女真以及後來的滿族, 南為叢林, 很容易形成封閉"天下"觀。另一方面, 通常像中國這樣文明史很悠久的國家, 只有出現另一種高度發達, 可以與華夏相對抗的"文明", 才可能對中國的傳統發生根本的影響。

從東漢傳到中國來的天竺佛教，恰恰給中國帶來了一個根本性的震撼，就是人類還有另一個高度發達的文明，世上還有兩個以上的文明中心。我們舉一些例子來看，在佛教的說法與理論裏面，有三條是中國文明根本不能兼容和接受的：第一，宗教權力是可以與世俗皇權並立的，甚至佔有社會等級與價值的優先位置，宗教徒可以不尊敬皇帝，不尊敬父母，但不能不尊重佛、法、僧三寶，這和中國尊崇皇權、強調忠孝的儒家社會根本對立；第二，從自然知識上說，天下之中心必然"立竿而不見影"，傳統中國也相信，"日中無影"才是"天之中也"，可是，按這個道理，這個"日中無影"的天下之中不是在中國，而是在離赤道更近的印度，這對相信華夏是天下中心的中國，是一個挑戰；第三，最高的真理、最優秀的人物與最正確的生活方式，不在儒學而在佛教，佛陀才是最偉大的聖人，佛教才是更高級的"文明"，至少也是另一種並立於世間的"文化"與"文明"。

這些觀念漢族中國哪裏能接受？如果接受了，中國就大變了，就不是現在的這個中國了。

七、佛教觀世界和佛教世界觀

大家都知道，後來佛教中國化了，變成了三教合一，甚至屈服於中國主流意識形態與儒家學說。但是大家應當記住，它曾經使中國文明天下唯一的觀念受到衝擊，在佛教傳來的時候，一些中國人不能不承認"華夏文明不是唯一"，"天下不是中國正中"，這本是一個重新認識世界的機會。特別是佛教關於世界的觀念，從根本上和中國的大大不同：

在佛教的知識世界裏面，世界並不是以中國為中心的一大塊，而是四大洲，中國只是在其中一洲上，據佛教說，在須彌山四周，圍繞着四大部洲，而中國所在的只是南贍部洲，其他還有東勝身洲、西牛貨洲、北俱盧洲。《長阿含經》《法苑珠林》都記載，日、月、星辰都圍繞於須彌山中，普照天下，四大洲各有二中洲與五百小洲，四大洲及八中洲都住有人，二千小洲則或住人或不住人。其中，據說北洲的果報最勝，樂多苦少，壽命千歲，但是，那裏不會出現佛陀這樣的偉大領袖；南洲的人民勇猛、強記，但是有業行，也能修梵行，所以會有佛出世；東洲的空間極廣大；而西洲則多牛、多羊、多珠玉。在佛教的文獻中，還可以看到，佛教講有四天子。法國一個有名的學者伯希和寫了一篇《四天子說》，裏面就說到，那時佛教想象，光是南贍部洲上就有八國王、四天子。東面有晉天子就是中國皇帝，南面有天竺國天子，就是印度國王，西有大秦國天子，大概應當是羅馬帝國皇帝，西北有月支天子，應該是貴霜國王。那時的印度佛教徒就認為，南贍部洲上有"四王所治。東謂脂那，主人王也；西謂波斯，主寶王也；南謂印度，主象王也；北謂玁狁，主馬王也。"這大概也傳到中國，在唐代的道宣編的《續高僧傳》裏面，在說到那個去印度取經的玄奘時，就提到了這個傳聞。

不光是這個對世界的想象，佛教也帶來了世界的知識。佛祖西來，世界由於佛教的進入而變得更加廣大，實際上，中古中國的世界視野拓展，就是佛教帶來的。日本學者桑原騭藏（1870—1931年）就曾經指出，由於天竺、罽賓、月氏、安息、波斯、康居、于闐、高昌、師子國、扶南、交趾來到中國傳教的佛教徒，以及法顯、宋雲、玄奘等若干由中國遠赴西方的佛教信仰者，他們往來東西的緣故，使中國不得不正面注視自己的周邊。特別是在佛教徒筆下，出現了不少類似《世界記》《外國傳》之類的著作，其中，像《續高僧傳》卷二《達摩笈多傳》就記載，彥琮（557—610年）曾根據達摩笈多的見聞和遊歷，編撰了《大隋西國傳》十篇，記載了這些國度的方物、時候、居處、國政、學教、禮儀、飲食、服章、寶貨，世界由此就變得越來越大了。

特別是，宗教有宗教的立場，因為佛教是從印度經過中亞或南亞傳來的，所以，一般來說，佛教徒或明或暗都會反對中國作為唯一中心的世界觀念，這道理很簡單，如果中國是唯一的，那麼印度怎麼辦？既然真理出自印度，那麼印度才是中心呀。可是，佛教在中國，就不好說這個話了，只好說有印度、中國兩個中心，或者說有三個中心、四個中心。但是即使這樣，這個世界圖像也和我們傳統中國只是圍繞中國這一個中心的“天下”不一樣了。以前說，國無二主，天無二日，這下就不同了。所以，我們目前唯一看到的，不以中國為天下正中的中國世界地圖，就是佛教的。像《佛祖統紀》中的三幅圖，在宋代以前，這表現了極罕見的多元世界觀，它的《東震旦地理圖》《漢西域諸國圖》和《西土五印之圖》就構造了三個中心的世界，這也曾經給中國人提供了改變世界觀的資源。

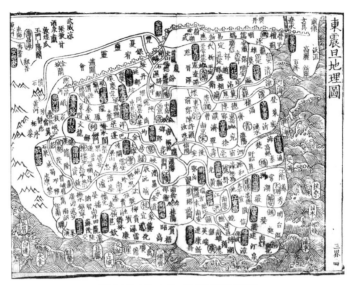

《佛祖統紀》中的《東震旦地理圖》

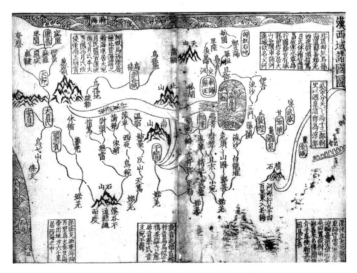

《佛祖統紀》中的《漢西域諸國圖》

各位要注意，這和中國的天下觀念就不同了，中國不是唯一的天下中心了，這倒是和以前鄒衍說的"大九州"有一點像，所以，後來這種四洲、九州的說法，在很晚很晚的時候，反倒成了中國人接受新世界圖像的資源，如來自佛教的《南瞻部洲圖》，近代日本和朝鮮的世界地圖，後來一些近代東亞的世界地圖，就是在這種理解世界的基礎上吸收西洋人的世界圖像的。不過遺憾的是，正如前面所說，佛教沒有征服中國，反而是中國改造了佛教。佛教的這種衝擊，仍然沒有從根本上動搖中國人的世界觀。

八、小插曲：宋元可能也有兩次機會？

　　古代中國人沉湎在天下帝國的想象中，很長很長時間裏，對於世界的看法仍然沒有大的變化。不過，到了十世紀中葉，剛剛建立的宋朝和唐朝比起來，變化太大了。它的疆域縮小了一大半，過去大唐帝國內部可以混融雜居的"胡漢"問題，逐漸變成了大宋帝國外部需要區分你我的"華夷"問題。在北邊的契丹（以及後來崛起的女真和蒙古），東邊的高麗（以及日本），西邊的黨項（夏），西南的吐蕃、大理，南邊的安南等"強鄰"環繞之下，縮小了的宋帝國就像他們自己說的那樣，"一榻之外，皆他人家也"，宋朝逐漸成為諸國中的一國，中古時代那種無遠弗屆的天下帝國，已經只是遙遠的歷史記憶。

　　正是在這個時代，"內"和"外"逐漸分化，宋朝人開始把外部世界和內部世界區分開來，前者是明確的"外國"，是與中國相對的"他者"；而後者是"蠻夷"，是在中國之內的野蠻族群。蠻夷雖然介於"我"與"他"之間，但畢竟是可以"以夏變夷"的內部。這一區分"外國"與"蠻夷"的思想，逐漸在士大夫那裏形成共識，並且在宋代思想界形成了三個新觀念：第一，人們改變了"四裔"微不足道的傳統觀念，傾向於肯定外國存在的合理性。這使得宋代逐漸形成一種常識，也就是像宇宙有陰有陽一樣，天下也同樣有"中"有"外"。第二，人們改變了過去地理上以"九州"為最大空間，和天文上以"二十八宿"全部對應中國的方式，從傳統中國最重要的"天地"意義上，承認中國之外的世界存在，也就是在大地之上、星空之下還有很多很大的外國。第三，他們被迫改變了對四裔漠視的態度，宋人對域外的知識逐漸增多。宋朝出使外國的使臣根據親身經歷，留下大量有關外國的紀行文獻，宋朝負責貿易管理的市舶司官員，也留下不少有關域外的文獻。據說，這是市舶司的職責。北宋崇寧二年 (1103) 即規定，"市舶司自合依《政和令》，詢問其國遠近、大小、強弱，與已入貢何國。"著名的趙汝適《諸蕃志》一書，就是這樣產生的。在兩宋時期，中國人關於世界的知識越來越多了。

　　宋代有關"中國"和"外國"觀念的形成，對中國之外的各國的了解，原本有可能推動精英和民眾平等地理解中國以外的世界。可是，傳統非常頑強，歷史非常詭異，由於一種強烈的中國意識和民族感情，宋代這種新知識和新觀念並沒有在思想世界生根，反而仍然固守"以華夏王朝為中心，以周邊四裔為附庸"的世界認識。

宋代之後是蒙元。在這個橫跨歐亞的世界大帝國的時代，各種異域人帶來了新的全球知識，而且也出現過"全球意識"。這種"全球知識"可能是由橫跨歐亞的蒙古人和從波斯等地外來的"回回"人帶來的。我們舉一個例子，至元二十二年（1285），也就是忽必烈平定南宋之後不久，他就把各個文職部門合併成秘書監，準備修撰帝國一統志和世界地圖，"大集萬方圖志而一之，以表皇元疆理，至大無外。"這個至大無外的"一統"，既包含漢族中國，也包括了蒙古征服的"萬方"。一個主持其事的波斯學者叫做札馬魯丁，曾經上書要求把"邊遠國土"的史料和地圖都集中到大都，並且集中了"蠻子""漢兒"秀才來編撰。札馬魯丁在第二年（1286）主持編纂《大一統志》時，曾經向皇帝報告：我們的帝國很大，從太陽升起的地方，到太陽落山的地方。所以，我們不僅要編帝國的歷史書，而且要繪製一個有關蒙元帝國的總地圖。現在，儘管這幅包含了整個非洲、阿拉伯、歐洲部分以及幾乎整個亞洲的總地圖早已不存，但是，我們還可以從朝鮮人繪製，保存在日本的《混一疆理歷代國都之圖》中看到它的影響。

　　遺憾的是，作為"新世界史開端"的蒙元時代，在漢族中國區域僅僅持續不足一個世紀，這種籠罩歐亞，試圖建立"日頭從東邊出從西頭落"的大帝國的理想，也很快消退。從現在留存的歷史資料看，蒙古帝國所了解的這個更廣大的世界，包括在韓國保存的《混一疆理歷代國都之圖》已經有所涉及的中亞、西亞、阿拉伯半島、非洲以及歐洲，好像仍然沒有被中國傳統精英的思想世界給予太多關注，他們好像仍然生活在傳統的"華夏／中國"之中。

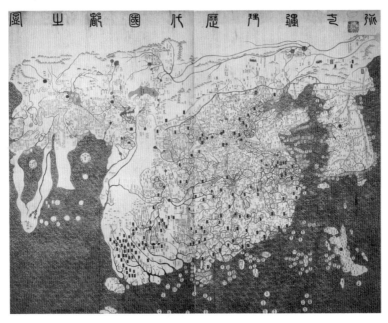

《混一疆理歷代國都之圖》，左邊繪有歐洲、阿拉伯半島與非洲（現藏於日本龍谷大學圖書館，由朝鮮人根據元代李澤民《聲教廣被圖》和清浚《混一疆理圖》製作而成）

　　總之很遺憾，宋元這兩次機會，並沒有從根本上動搖傳統中國的天下觀，而是要再過若干年，直到已經早期全球化的十六世紀，西洋人來到中國，這種情況才有了改變。萬曆十二年（1584），一開頭我們提到的利瑪竇的《山海輿地全圖》在廣東問世，中國人才突然看到了"世界"。隨後，便在思想上出現了"天崩地裂"的預兆。

九、關於"世界"的想象與心情

關於利瑪竇的事情,我們等一下再說。這裏再說一個插曲,就是中國人這種天下觀被打破以後,中國人對於世界圖像的特別反應。

前面說到,十五世紀以後,哥倫布、麥哲倫成了西方的驕傲,也成了西方人在"世界"上的地位的象徵,因為,這世界是我發現的,當然我就是它的主人。但一貫自居"天下"中心的中國人,對此相當不愉快,特別是十九世紀後半期,處於受欺侮地位的中國,一方面對西方羨慕不已,力圖在科學技術上與西方人平起平坐;另一方面對西方變成了中心很不滿,於是在最危急、最軟弱、最沒落的時候,反而激起了一種極端的文化上的民族主義。這裏面很特別的表現之一,就是說西學在中國古已有之。這種民族主義情緒常常表現在歷史和文化的研究上,所以,有人在那時就提出來:誰說是西方人發現了新大陸?

這裏有一個契機。1865年,傳說秘魯人谷基(Corde de Gugui)在秘魯北部特魯希略(Trujillo)的山洞裏,發現了武當山神像,這件事情影響很大。1897年,在天津出版的一份報紙又刊登出消息說,墨西哥索諸拉地,又發現中國石碑。從此,開啟了一個一百多年的話題,很多人因此追溯歷史。有人覺得《山海經·大荒東經》裏的"扶桑",大概就是美洲墨西哥;又有人發現《法顯傳》記載五世紀時法顯從印度、錫蘭回中國時,曾遇見大風迷失航向，曾從師子國到了耶婆提國，可能耶婆提就是美洲。因為根據美洲的傳說，一千四百年前有一艘中國船到過墨西哥的亞卡布哥港，而且又有人認為"耶婆提國"與"亞卡布哥"（阿加普爾科 [Acapulco]）的音很近，所以是中國人先發現美洲的。

但是，Acapulco 是十五世紀以後，西班牙人來到這裏才有的名字。根據日本學者足立喜六和中國學者章巽、方豪的看法，通常懷疑這個"耶婆提"是蘇門答臘，所以，這種毫無根據的猜測只是一種想象。可是這以後想象越來越豐富。二十世紀七十年代，早年畢業於清華國學研究院的衛聚賢寫了一本《中國人發現美洲》，搜羅了所有的資料，提出了很多更加奇怪的想法，如扶桑是加州紅木，李白到過美洲，向日葵來自美洲南部，而孔子時代已有"葵"等等。到了九十年代，一些奇奇怪怪的說法就更多了，是否有根據？我不知道，我關心的只是他們說這些話背後的心情。比如有的學者提出，印加王國就是"殷家王國"。為甚麼？因為正是殷商被打敗的時候，美洲出現了具有殷商文明特色的奧爾梅克文明，一定是殷人從日本東面向北，經阿留申群島到加州，再南下墨西哥。很多不明就裏的人一想，很有道理，印第安人、愛斯基摩人果然樣子都和中國人很相像。於是有人又異想天開地想象說，為甚麼叫"印第安人"呢？是因為被迫流亡的殷商人時時思念故鄉，見面總是問"殷地安否"，所以叫"印第安人"。本來，這並不特別有說服力，也沒有多少人相信，但最近若干年這種想象再度熱鬧起來。有一個曾經研究古文字的人應邀到美國，參觀被說成是大發現的東西——1955 年墨西哥發現的玉圭。他看到玉圭上豎着排列的四個刻畫符號,認為這四個符號和中國甲骨文有關係,於是似乎證據更清楚了。

但是,這畢竟是猜想或想象,而且這種想象至今無法證實。

十、學術研究的基本立場:拿證據來

順便再説一段故事。

1958 年,胡適收到一個叫楊力行的晚輩寄來的論文《評歷代高僧傳》,看到其中論述一千四百年以前法顯發現墨西哥的事情,就直截了當地回信表示"使我很失望"。胡適説,"我終身注意治學方法,一生最恨人用不嚴謹的態度和不嚴謹的方法來輕談考據"。他勸楊力行認真讀一讀日本學者足立喜六的《法顯傳考證》,不要輕易地發佈所謂的發現,因為"那是可以貽笑於世界的"。

這件事情讓我很有感觸。我相信,至少學術研究要有規範,也要拿出證據,證據要經得起檢驗。首先,是否同一人種,要靠 DNA 基因分析。其次,"武當"碑、玉圭刻畫符、石錨之類的圖像並不可靠。"武當"至今拿不出實物,"武當"之名在中國也起源很晚(大概在六朝以後),而且從那個模糊的照片上看,那些字也不像古代字體。至於刻畫符號、船隻的石錨的雷同,究竟是偶然還是真有聯繫,需要大量證據才行。再次,中國人到過美洲與否,還需要很多學問,因為遠洋航海需要星辰測定方位,也需要航海技術,比如船舶大小、海流風向、淡水問題,畢竟這並不是小説家的想象可以解決的。金庸小説《倚天屠龍記》描述的金毛獅王謝遜與張翠山、殷素素的北海之行，那只是小説家言。最後，"扶桑"的位置還需要歷史地理學的考證和測定。因此，一切都還在疑團中，可是，想象中的中國與世界關係，想象中古代中國人認識的"天下"的放大，很可能只是民族情緒支持下的"關於世界的想象"，只是表現了中國人希望重新成為世界中心的一種很痛苦也很狹隘的心情。

我們應當承認，秦漢以後，中國所知道的，所聯絡的"天下"，確實已經比較大了。實際上，"天下"也就是只有一個"中心"的中國觀與世界觀，在漢代張騫以後，還有多次機會可能被打破，而打破這種封閉天下觀的最好機會，就是佛教傳入中國，當然，宋元時代中國的縮小和放大，其實也可能刺激中國重新認識世界。但遺憾的是，這些機會並沒有被抓住，世界不是中國人發現的，新世界觀也是從外面進來的，中國人改變這種世界觀的時代，要等到明代萬曆年間，等到利瑪竇繪製出新的世界地圖。

十一、《山海輿地全圖》之後：中國世界觀的轉變

1584 年，也就是明代萬曆十二年，來自意大利的傳教士利瑪竇到達廣東肇慶後不久，得到知府王泮的支持，刻印了《山海輿地全圖》，這是第一次在中國刻印的西洋式的世界地圖。

從十六世紀下半葉起到十七世紀，根據這一地圖繪製的各種地圖不斷出現，現在可以看到的就有十二種。當時，連利瑪竇本

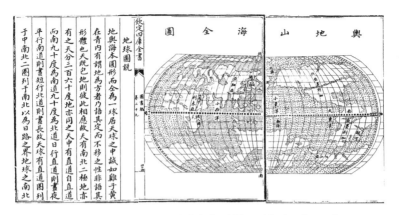

《四庫全書・圖書編》中的《地球圖說》和《輿地山海全圖》

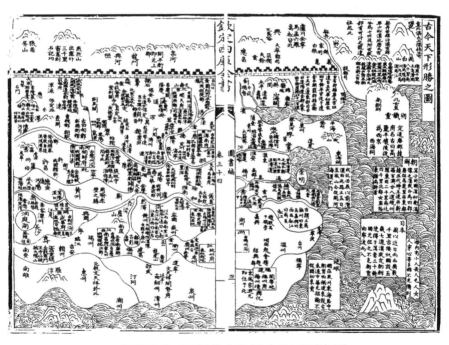

《四庫全書・圖書編》中的《古今天下形勝之圖》

人都擔心，皇帝要是看到這樣的地圖，把中國畫得這麼小，會不會怪罪我們藐視中國人？而很多守舊的大臣也確實攻擊過這一世界觀，是有意地誇大外夷而醜化中國，並且把它與《山海經》的想象世界、鄒衍的"大九州"聯在一起，說這只不過是抄襲了中國古書編造出來的謊話，"以中國數萬里之地為一洲，妄謬不攻自破"。可是，不僅李贄、方以智、謝肇淛、李之藻、徐光啟等士大夫接受了這種世界觀，而且有趣的是，萬曆皇帝也很高興。這個死後葬在定陵的皇帝，並不懂得這個"天下"變化的深刻意味，倒很樂意地讓太監根據這一地圖，繪製大幅的《坤輿萬國全圖》屏風。這樣一來，這幅地圖就有了合法性，也就是得到官方認可，有了合理性，也就是得到知識階層的認可。

其實，利瑪竇繪製地圖確實是有一些觀念上的目的，他想使中國拋棄大中華文化優越，而接受天主教文明。他說："當他們看到自己的國家比起許多別的國家來是那麼小，驕橫可能會打掉一些，會樂於與其他國家發生關係。"的確，古代中國在與其他國家打交道的時候，總是把關係定位在"朝覲""封貢""覲見"，或者是"和蕃""綏遠""撫夷""理蕃"上，很少有平等、多元的觀念。古代的日本國王，在遣使到隋朝時，曾經在文書上用"日出國王致日落國王"的稱呼，就引起了中國人的不快。就連後來的英國使節馬嘎爾尼朝覲乾隆，也為了各種等級和禮節問題鬧得不可開交。但是，從文化史上來看，這一次的世界地圖已經引起了一個深刻變化。因為它開始告訴中國人：

人生活的世界不再是平面的，而是一個圓形的。

世界非常大，而中國只居亞細亞十分之一，亞細亞又只居世界五分之一，中國並不是浩大無邊的唯一大國，反而很小。

古代中國的"天下""中國""四夷"的説法是不成立的，中國不一定是世界中心，四夷則有可能是另一些文明國度，在他們看來，中國可能是"四夷"。

應該接受"東海西海，心同理同"的想法，承認世界各種文明是平等的、共通的，而且真的有一些超越民族／國家／疆域的普遍主義真理。

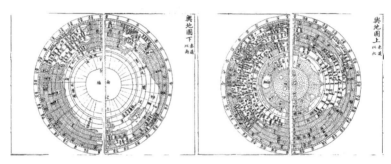

《四庫全書‧圖書編》中的《輿地圖》

十二、從天下到萬國

如果中國接受這種觀念，那麼，傳統華夏帝國作為天下中心，中國優於四夷的預設，就將被徹底打破。可是，這些歷史悠久的、來自文化上的"基本假設"，在過去人的觀念中，長期以來是天經地義的、毋庸置疑的。它在傳統思想世界中曾經是中華文明的基石之一，一旦這個基石被推翻，中國不就將"天翻地覆"了嗎？

當然，這個"天翻地覆"的過程是很漫長的，它從明到清。不過，它確實使古代中國世界觀發生了裂痕，本來大家無須去思考而接受的觀念基礎被打破了，連《圖書編》《方輿勝略》《月令廣義》《格致草》《地緯》之類的綜合類書，都接受了這一變化，說明這種地圖連同它的"世界觀"，已經開始在悄悄瓦解。當然，這個古老中國的知識、思想與信仰世界還很堅固，真正的變化要在晚清才真正凸顯，那個時候，西洋人的"堅船利炮"加上"文化衝擊"，使得中國被迫承認了新的世界圖像。而從那時起，改變了的世界圖像，預示了中國人將被迫接受一個事實，即中國不再是世界的中心，中國也將被迫從"天下"走向"萬國"。

【參考論著】

1. 曹婉如等編：《中國古代地圖集》三冊，文物出版社，1990 年。

2. 洪煨蓮（業）：《考利瑪竇的世界地圖》，載《洪業論學集》，中華書局，1981 年。

3. 陳觀勝：《利瑪竇對中國地理學之貢獻及其影響》，載《禹貢》第五卷，第3、4 合期，1936 年。

4. 艾儒略：《職方外紀校釋》，謝方校釋，中華書局，1996 年。

5. 李孝聰：《歐洲收藏部分中文古地圖敍錄》，國際文化出版公司，1996 年。

6. 葛兆光：《何為中國：疆域、民族、文化與歷史》，香港牛津大學出版社，2014 年。

【閱讀文獻】

1.《國語·周語上》

夫先王之制,邦內甸服,邦外侯服,侯衛賓服,蠻夷要服,戎狄荒服。甸服者祭,侯服者祀,賓服者享,要服者貢,荒服者王。日祭、月祀、時享、歲貢、終王,先王之訓也。有不祭則修意,有不祀則修言,有不享則修文,有不貢則修名,有不王則修德,序成而有不至則修刑。於是乎有刑不祭,伐不祀,征不享,讓不貢,告不王。於是乎有刑罰之辟,有攻伐之兵,有征討之備,有威讓之令,有文告之辭。佈令陳辭而又不至,則增修於德而無勤民於遠,是以近無不聽,遠無不服。

2.《禮記·王制》

中國戎夷,五方之民,皆有其性也,不可推移。東方曰夷,被髮文身,有不火食者矣。南方曰蠻,雕題交趾,有不火食者矣。西方曰戎,被髮衣皮,有不粒食者矣。北方曰狄,衣羽毛穴居,有不粒食者矣。中國、夷、蠻、戎、狄,皆有安居、和味、宜服、利用、備器,五方之民,言語不通,嗜慾不同。達其志,通其慾,東方曰寄,南方曰象,西方曰狄鞮,北方曰譯。

3. 慧皎《高僧傳》卷七《宋京師東安寺釋慧嚴》

東海何承天以博物著名,乃問(釋慧)嚴,"佛國將用何曆?"嚴云:"天竺夏至之日方中無影,所謂天中,於五行土德,色尚黃,數尚五,八寸為一尺,十兩當此土十二兩,建辰之月為歲首。"及討核分至,推校薄蝕,顧步光影,其法甚詳,宿度年紀,咸有條例,承天無所曆難。

4.《廣弘明集》卷六《辯惑篇》第二之二

　　（東晉人蔡謨）曰："佛者夷人，唯聞變夷從夏，不聞變夏從夷……"
（佛教反駁）"謨之諷議，局據神州一域，以此為中國也。佛則通據閻浮
一洲，以此為邊地也。即目而紋，斯國東據海岸，三方則無，無則不可
謂之無邊可見也。此洲而談，四周環海，天竺地之中心。夏至北行，方
中無影，則天地之正國也，故佛生焉。況復隈封所及三千，日月萬億，
天地之中央也。唯佛所統，非（蔡）謨能曉。"

5.利瑪竇《坤輿萬國全圖題識》（原在《坤輿萬國全圖》右側，
　　收入利瑪竇《乾坤體義》時改名為《天地渾儀説》）

　　地與海本是圓形，而合為一球。居天球之中，誠如雞子，黃在青
內……渾淪一球，原無上下。蓋在天之內，何瞻非天？總六合內，凡足
所佇即為下，凡首所向即為上，其專以身之所居分上下者，未然也。

結語

文化，甚麼是漢族中國的文化？

引子：從"古代"走到"現代"的中國

生活在現代中國的人，當然要了解現代中國的事情，不過，要了解現代中國，可能還是要知道傳統的中國。西方人有一句話，叫做"過去即一個外國"（the past is a foreign country），那麼，為甚麼要了解過去或外國呢？其實所謂了解"過去"也好，了解"外國"也好，都是為了了解"現在的中國"。

道理很簡單，因為你不知道那個過去的中國，你就沒法知道現代這個中國怎麼個現代法；不知道外國和我們有甚麼不同，就不知道中國哪些是"中國"的。這就像你不拿個鏡子，就不知道自己甚麼樣兒；不看另一個人，就無法知道自己是高是矮是胖是瘦一樣。這就是我總引用的歌德名言，"只知其一，便一無所知"（He who knows one，knows none）。特別是，現在的中國畢竟是從傳統的中國延續過來的。

如果可以回到十九世紀或更早來看中國，你就會看到，那個時候的中國，和現在的中國大不一樣。舉幾個例子，那個時代，人們讀的書不是休閒雜誌、電腦書籍、報紙漫畫，主要還是儒家的古典，以及由這些古典衍生出來的童蒙課本、考試範文，當然也有一些小說、散文和詩歌，但是那主要是士大夫的讀物；人獲得知識和消息的途徑，主要不是報紙、廣播、電視、網絡，而是一些刻印的書本、道聽途說的見聞，以及鄉親父老的經驗傳授；人們的生活空間主要是在大家族、家鄉中進行的，家鄉彷彿是一個圓心或者軸心；人們對於地理遠近的觀念和今天大不相同，從北京到天津就是出了遠門，根本不能想象從地球這一半飛到地球另一半。對於一般的人來說，不斷重複的婚、喪、嫁、娶，加上一些年節，常常有的驅邪打鬼，似乎是最普通的儀式或節日，佛教也好，道教也好，和人們的生活隔得並不遠。飲食方面呢？無論粗細，傳統的米飯、麵餅、雜糧、小菜加上飲茶，都是主要的東西，"柴米油鹽醬醋茶"，吃飯是大事，佔了日常生活中的不少時間。

通常，我們不會太注意這些往日生活的記錄，因為那個時候的人們意識裏會覺得這很普通，普通得沒有必要仔細記錄。倒是外國人到了中國，他也看到了一個"過去"或者"外國"，他會看到一些生活場景，這些場景和他們西方的、近代的生活不一樣，所以他們會很驚詫，會津津樂道，他們就畫了好多畫，拍了好多照片。現在，我們看很多當時外國人的文字記載和攝影作品，我們可以回過頭來看到自己百年前的舊風景。

一、回首已是百年身：喚回歷史記憶

當今天的中國人通過這些舊照片、回憶錄來回頭看自己這些舊時代的生活時，也覺得有些陌生了，也覺得有距離了。這是因為今天的中國和那時的中國有了巨大的變化，很多人都說，二十世紀以來中國發生了翻天覆地的變化，變化的開端是十九世紀末。

現在，一般人都會同意當年張之洞的一個説法，自從十九世紀近代西洋文明伴隨着"堅船利炮"進入東亞，使中國經歷了"兩千年未有之大變局"，中國似乎與傳統有了"斷裂"。舉一些身邊日常生活裏的例子，比如，我們現在的時間觀念和過去大不一樣了，因為政府的推動，我們不再用王朝與皇帝的紀年，而改用西洋的公曆了，可按照傳統觀念，

EN CHINE
Le gâteau des Rois et... des Empereurs

晚清西方人眼中的中國

"天不變，道亦不變"，曆法改了，這就是"改正朔"一樣的天翻地覆。又比如風俗也不一樣了，今天我們禁止吸食鴉片、禁止婦女纏足，而且我們變革了舊日的稱呼，法律規定了男女平等、一夫一妻和婚姻自由。我們也漸漸把注意公共衛生和提倡清潔習慣當作文明來提倡，禁止有礙風化的印刷品和廣告，而且革除了舊時的禮儀。這裏我講一個故事，一個叫做包天笑的人在他寫的《釧影樓回憶錄》裏曾經説到，以前北方人就是請安也有很多很多規矩，做大官的要會旋轉式的請安，因為可能有很多下屬會圍着你，你得回禮；滿族婦女則要會請雙安；當然見了皇帝還要三叩九拜；"請安請得好，算是風芒、漂亮、邊式"。可是到了民國時代，1912 年就規定新的《禮制》，男子共五條，在各種場合都是脱帽鞠

躬，只是多少略有不同，這雖然只是一個小小的禮節，但也體現了很大的變化，也就是說人與人的關係變化了。

再說語言文字吧。第一講裏我已經說到了，今天的漢語已經摻入了太多的現代的或西方的新詞彙，報紙、信件、說話裏面有好多"經濟""自由""民主"這些看似相識卻意義不同的舊詞，也有"意識形態""政治正確""產業鏈""全球化""跨國集團""股票市場"這些過去從未有過的新詞，口語中也越來越多地有了"一般說來""因為所以""作為我來說"這樣的語句，甚至還有"秀"（show）、"酷"（cool）、"WTO"、"WHO"、"Wi-Fi"這樣的進口詞，如果一個百年以前的人還能從墳墓中走出來，就像張藝謀拍的《秦俑》中的那個人，他肯定聽不懂我們說的話。

今天的中國已經大變，中國擁有了太多的現代城市、現代交通、現代通信，過去我們的生活世界是四合院、園林、農舍。人們從一個地方到另一個地方，要乘牛車、馬車，所以，從四川快運荔枝到長安，就得跑死馬，成為奢侈的話題。蘇軾被貶海南，就不像今天的旅遊，連小說裏林沖從開封（東京汴梁）發配滄州，一路上也好像遠得可以，董超、薛霸甚至來得及做好多次手腳，而魯智深也得天天護送。至於信件，更比不上"email"，送物品，也沒有"快遞"，所以那個時候的中國人關於空間遠近、時間快慢的觀念，和今天大不同，今天的人，才真的會覺得"天涯若比鄰"。同樣，今天的中國生活已經變得越來越西方化了，麥當勞成了年輕人的 favorite，吃飯的觀念越來越不同於過去了。就說住吧，在現代人與人可能頭對腳、上下樓，住得很近，比舊時代的人與人相鄰而居還近，但公寓單元式的住房，卻使人與人實際上隔得很遠，過去那種大雜院、村落式的鄰里關係，早已經在城市裏消失了，至於大家族，那是更少見了，七姑姨八連襟、堂兄堂弟、姑嫂舅甥的那種矛盾或融洽，都已經像田園詩時代的舊事情，離我們似乎很遙遠了。大家族的親戚關係已經被小家庭的契約關係所替代，所以，舊時中國建立社會秩序

從帝制到共和民國元年月份牌

的基礎，也就是家族關係、家族禮儀和倫理觀念，也已經成了過去的故事。

二、文化與文明：不得不分辨的兩個概念

可是，為甚麼現代還要講"過去的故事"呢？這一點我們最後再來細說，先說一下"文化"和"文明"的差別。

在本書的"開場白"《面對難題：對中國文化的界定、涵蓋與評價》中，我們已經提到這個話題，這裏再詳細說一說。本來這兩個詞在中文裏的差別不是很清楚，大家常常混着用，不過在西文

中，Culture 和 Civilization 之間，倒是有很多辨析。為了討論的方便，我採取歐洲學者埃利亞斯在《文明的進程》一書裏的說法：第一，我們把"文化"看成是使民族之間表現出差異性的東西，它時時表現着一個民族的自我和特色，而把"文明"看成是使各個民族差異性逐漸減少的那些東西，表現着人類的普遍的行為和成就。換句話說，就是"文化"使各個民族不一樣，"文明"使各個民族越來越接近。第二，我們把"文化"看成是一種不必特意傳授，耳濡目染就會獲得的性格特徵和精神氣質，而把"文明"常常看成是一種需要學習才能獲得的東西，因而它總是和"有教養""有知識"等詞語相連。第三，在某種意義上說，各個民族的"文化"往往是固守的、不變的，它表現出一種對外來文化的抗拒，而"文明"常常是始終在運動的、前進的，表現着殖民和擴張的傾向，也就是說，"文化"與傳統有關，表現着過去對現在如影隨形的影響，而"文明"與未來有關，表示着將來普遍的趨勢和方向。

那麼，在漢族中國的古代的歷史和傳統中，足以表現出與其他類型的文化不同的究竟是甚麼呢？

三、家族倫理與政治秩序：
漢族中國文化的若干側面

很多人，特別是生活在另一文化環境裏的異國異族人，乍一進入漢族中國生活世界，或者在本國突然接觸漢族中國移民群，很容易感覺到的是，對於中國人尤其是漢族人來說，血緣所形成的親族關係和家庭家族中的親情，是相當重要的和可以依賴的，所謂"血濃於水"這個詞就可以形容這種關係，所謂"打虎還需親兄弟，上陣仍靠父子兵"，也可以說明這種關係和感情的重要。

在前面第二講《紅白喜事：在婚禮喪儀中理解古代中國》裏，我已經詳細地說明了這一點，並不是說其他文化圈裏的人不重視親情，而是說在漢族中國，親緣和親情不僅表現了個人與家庭、家族的密切關係，而且從中衍生出了整個社會賴以建立的結構和基礎。中國的父子、夫妻、兄弟、姐妹等親族，不僅在名分上要區別得清清楚楚，強調不同名分之間的不同等級，同時又強調不同名分和等級的人們之間要各安其位，才能和諧相處，而和諧相處的前提，就是"男女有別，上下有序"。費孝通在《鄉土中國》裏就說，中國和西洋的基本社會單位不同，我們的格局不是一捆一捆紮清楚的柴，各自立在那裏，而是好像把一塊石頭丟在水面上所發生的一圈圈推出去的波紋。我在前面已經講到，古代中國依靠"五服"和"九族"的觀念及制度，建立起嚴格而又整齊的家族秩序。其中，最重要的是"父""母"或者"夫""妻"兩姓之間的差別，一定要分清楚，這是"內"和"外"。老話講"胳膊肘子不能向外拐"，就是說，從道理上說，要偏向同姓的族人或家人，這是大原則。老話又說，"女生外向"，就是說嫁出去的女性，她的立場會傾向於夫家，而夫家是另一姓，所以是向外，因此有"嫁出去的女兒潑出去的水"的說法，這個內外界限非常清楚。

但是，如何使內外溝通、兩姓和睦？第一，恰恰是在內外分

清的基礎上建立關係，通婚使兩姓有了親戚關係，比起沒有親戚
關係的家族來說，這兩姓之間就比較密切。但是兩姓之內，又需
要偏向"內"即男性姓氏，這樣就關係理順了。第二，古代中國又
強調在一個家庭或家族之內，要上下有序，也就是分清上下長幼
以建立相互尊重和愛護的關係，父子之間有孝，兄弟之間有悌，
兄弟姐妹之間、堂兄弟姐妹之間、表親之間，甚至同姓一族的人
之間，都要有大小上下的次序。一方面，大的要愛護小的，長的
要照顧幼的；另一方面，小的也要服從大的，幼的也要尊重長的。
換句話說，就是按照遠近親疏的不同等級，把家庭、家族、宗族
甚至不同姓氏的家族的秩序建立起來，甚至還要依據這種秩序，
擴大到整個社會，建立國家的秩序。所以，古代中國不僅有家長、
族長的權威，也有"國家"這樣把"國"和"家"連在一起的詞彙，
也有把皇帝叫做"君父"、把地方官叫"父母官"的傳統。

從家庭、家族到國家，這種秩序叫做"倫理"，甚麼叫"倫"，
原來的意思就是"水文相次有倫理也"，用在人類身上，就表示社
會各種關係有次序、類別、條理。倫理最重要的是分別親疏遠近，
《禮記》裏面講有十倫，是鬼神、君臣、父子、貴賤、親疏、爵賞、
夫婦、政事、長幼、上下，幾乎把現實的和虛構的關係全囊括了，
但主要就是在區別父子、遠近、親疏。這是不可以改變的社會秩
序，所以，《禮記·大傳》裏說："親親也，尊尊也，長長也，男女
有別，此其不可得與民變革者也。"就是說，這是社會的基本秩
序，社會無論怎麼變，這是不可以變的，變了就不是這一個"古代
中國"了。

四、等級秩序與宗教信仰：合理的與不合理的

歷史地說，在古代社會，這種秩序有它的合理性，它把社會秩序和國家權力建立的依據和基礎，放在了人性中最自然的親情上了。因為父子之情、手足之情而擴展到社會，成了君臣之義、朋友之誼，而內外有別、上下有序，也就成了建構社會等級制度的基礎，使得社會不至於混亂。但是，從現代價值觀念上看，這背後也隱藏了深刻的問題。就是說，當這種所謂的親緣和親情被放大化、絕對化了，"孝"就絕對優先於一切，甚至使真理和原則也退置於次要地位，形成對長上的絕對服從，所謂"子為父隱，直在其中"就是極端的說法。當本來擁有優先價值的親情被政治權力所佔有，成為一種絕對的倫理律令，於是本末就倒置了。當這種血緣的天然關係被放大到社會國家的時候，本來應當由社會契約和社會共識確認的政治關係，卻成了似乎不需要論證的自然等級關係，於是，君臣的"忠"不僅壓倒了父子的"孝"，而且成了專制的基礎。像"君要臣死，臣不得不死"就是專制政治的極端。顯然，當這種家庭、家族的親族秩序放大為國家的政治秩序，並且擁有絕對性而不可違逆的時候，國家便不僅絕對優先於家庭，而且絕對優先於個人了。這樣一來，從親情開始建構的社會秩序，反而走向了絕情的極端。

不管怎麼說，家庭、家族或宗族為基礎的親緣關係，是古代中國的一個相當清楚的傳統，這種傳統一直延續到現在，產生了很多後果。比如：第一，它使得中國人至今還是相當看重家庭、看重親情、服從長上，這也許是漢族中國文化的一個特色。第二，

它也是古代中國社會的相當重要的基礎，由於這種社會似乎建立在天經地義的服從、愛護、彼此依賴的“親族”關係上，所以，在上面的統治者擁有父親一樣的權威，擁有不言而喻的正義和真理，擁有天然的合法性，所以古代中國形成了“絕對的和普遍的皇權”（unconditional and universal kingship）。第三，這種皇權的統治，又使得中國不像歐洲，甚至日本那樣，可能存在與皇權分庭抗禮的宗教權力（在古代日本，與王權相對應的有神佛），皇帝以及朝廷掌握了政權、話語權和神權，於是，像佛教、道教以及後來的天主教、基督教、伊斯蘭教等，都只有漸漸屈服，並改變自己的宗教性質和社會位置，在皇權允許的範圍內，行使輔助性的功能，而同時它又使得宗教信仰者也常常並沒有特別清晰和堅定的宗教立場，從而形成所謂三教混融的實用性宗教觀念。在第十一講《分流與混融：古代漢族中國的民間信仰世界》中，我已經比較詳細講了這個問題。

這就在極大程度上決定了中國的社會與文化特徵，也在很大程度上影響了現代中國。

五、天人之際：漢族中國文化的若干側面（續）

接下來我要和各位討論的，是關於“天”與“人”之間的關係，在古代中國尤其是漢族中國人的理解中，天人關係似乎相當特殊。

古代中國人普遍相信，“天”不僅是人類生存於其中的空間與時間，還是人類理解和判斷一切的基本依據，“天”和“人”之間有一種神秘的互相依賴、互相摹仿和互相感應的關係。所以，人應當仿效"天"的構造，模擬"天"的運行，遵循"天"的規則，這樣就可以獲得思想與行為的合理性。近年來考古發現的一些早期文獻裏面也説，不僅是治理國家要"尚（上）可合星辰日月，下可合陰陽四時"，就連修煉身心，也要和"天地四時"對應配合，就是"治身欲與天地相求，猶橐籥也"。天地的一些規律像四季，也影響着人的生活，所以，人要像天一樣"春產，夏長，秋收，冬藏，此彭祖之道也。"就是説，人的生存原理，就是使自己"與燥濕寒暑相應"，治身就是使天人相應，與天地四時的變化相應，從中求得永恆。

在古代中國人的心目中，凡是仿效"天"的，就能夠擁有"天"的神秘與權威。於是，這種"天"的意義，在祭祀儀式中轉化為神秘的支配力量，在占卜儀式中轉化為神秘的對應關係，在時間生活中又顯現為神秘的希望世界，支撐起人們的信心，也為人們解決種種困厄。不僅是一般民眾，就連掌握了世間權力的天子與貴族，也相信權力的合法性來自於"天"。秦漢時代皇宮的建築要仿效天的結構，古代的墓室頂部要繪上天空的星象，皇家的祭祀要遍祭上天的神祇，祭祀的場所更要仿造一個模擬天體的結構。在人們的心目中，"天"具有無比崇高的地位，天是自然的天象，是終極的境界，是至上的神祇，還是一種不言自明的前提和依據。

雖然荀子曾經呼籲中國人要"制天命"，也就是征服"天"（自然），但是，似乎這種想法在古代中國起的作用並不大。古代中國主流的觀念裏，人和天一定要和睦相處，人要尊重和仿效"天"，因為這個"天"是"天經地義"的"天"，是"天理"的"天"，是"人法地，地法天，天法道，道法自然”，體現着“道”和“自然”的東西。那麼，怎麼才是“奉天承運”或者是“順天行事”“替天行道”呢？這就要人們按照一些化約了的“數字式概念”來思考和處理問題。

六、數字式概念：陰陽五行八卦九宮十二月

甚麼是化約了的“數字式概念”？就是一些由“天”所顯示的自然法則，在古代中國被用一二三這樣的數字表達出來，而古代中國人就在這些簡潔的對應中，把“天”與“人”聯繫起來。

其中，首先當然是“一”。這是一個可以被理解為“中心”“絕對”“神聖”或“唯一”的概念。在秦漢時代，它既是唯一的本原、至上的神祇，又是天下一統、君主權威、理性法則、知識基礎和一切的終極依據，還是天下籠罩和控制眾多蠻夷戎狄的唯一中心。“一切都取法於天行或宇宙的結構”，但又不僅指宇宙的運行與結構，這是一種“秩序的觀念”。在第十三講中，我曾經講到它對於古代中國天下觀念的影響。其次，則是“二”，“二”當然即陰陽。但陰陽既可以被比擬成日月、天地，也可以被象徵君臣、上下，從陰陽中還可以進一步引申出來冷暖、濕燥、尊卑、貴賤，而且也暗示了一系列的調節技術。再次是“五”，在古代中國人那裏，他們曾經把宇宙中最基本的“五”視為五種基本元素“金、木、水、火、土”，叫做五行，而且還為“五”並列出種種匹配的事物和現象，甚至對應人的五種品德“仁、義、禮、智、聖”。這説明人們普遍接

受和相信"五行"可以歸納和整理宇宙間的一切,使宇宙整齊有序,而有條不紊是符合宇宙法則和人類理性的。相反,如果五行、五色、五聲、五味、五方、五臟、五祀等發生紊亂,人們就要用技術將其調整過來,否則人就會生病,社會就會混亂,宇宙就會無序。比如朝代的變更,要順序地吻合五德的排行,人們的服飾,要順序地吻合五色的輪次,祭祀的對象,要順序地凸顯五方的地位。

這只是簡單地說,如果細說,從一到十二都有種種象徵:

數字	象徵
一	生成天地、陰陽、萬物的"道",或是天穹上唯一不動的"極",或是眾神之神的"太一",這是絕對與唯一的存在本源。
二	天地,或陰陽、乾坤、黑白、寒暑。
三	天、地、人,叫三才,或直接代表人(天一、地二、人三)。
四	四時(春、夏、秋、冬),四方(東、南、西、北),四神(青龍、朱雀、白虎、玄武)等。
五	五音(宮、商、角、徵、羽),或五行(木、火、土、金、水),五色(青、赤、白、黑、黃)。
六	六合(左、右、前、後、上、下),六律(黃鍾、太蔟等)等。
七	七曜(日月和五星),或七星(北斗)。
八	八卦(乾坤等)、八風(八方之風)。
九	九宮(八方加上中央),九土(九州、九野),或九天。
十	十日(十天干)。
十一	六氣五行(天六地五)。
十二	十二辰(十二地支),十二神,或十二月。

這種"數字式的概念"發生很早，經歷了漫長的整合和論證過程，在秦漢時代終於以系統的形式固定下來，並滲透到各個領域，影響着古代到現代中國人想問題的思路，並且由此衍生出種種知識與技術。

七、東西大不同：這理性不是那理性

這也是一種"理性"的結果。不過，它當然和黃仁宇所說的"數字式管理"是兩回事，也與西方思想有根本的差異。

這個話題太大，恐怕不能細說，只是略舉一例。《懷海德對話錄》裏說到，中國發明了磁針，可是，孔子的態度是，"好了，這就足夠了，事實就是一切"，他不願意去追究背後的"理"，而是很快把注意力轉向社會道德和倫理領域。可是西方人卻不同，中國發明的指南針傳到歐洲，人們就會提出種種無聊的問題，比如，為甚麼它要指向北方，要去探究背後的"理"，而正好這種問題是實用主義者所漠視的。但在西方，它卻使種種有益的成果紛紛出現，他認為孔子和杜威一樣，"排斥無聊的想法，單純的事實便該足夠你使用了，別多浪費時間去追問藏在那些單純事實之下之最後原因。"

看起來似乎是這樣的。古代中國人並不很善於推究現象之下的深層道理，也並不習慣用細緻的純粹的邏輯進行分析。西方的阿奎那（Thomas Aquinas）在證明上帝存在的時候，用層層推進的五層邏輯即"聖托馬斯五路論證"來推論，這樣的事情，在中國是很少有的。所以，有人總說漢族中國人思維的特徵，一是經常"化約"，二是多用"譬喻"或"象徵""暗示"，三是思路不是"邏輯"或"推理"，而常常是"體驗"和"類推"。這也許沒有錯。不過，關鍵是要知道，古代中國人的思維，早就有這樣一個關於"天""地""人"的基本預設，正是從這個基本平台出發，依據這種今天看來相當特殊的思路，推想和假設一切現象或事物的本質和關聯，然後按照這種假設或推想，處理和應對面前的世界，形成自己的知識、技術和思想。這個基本的預設，就是"天人"關係，而從天人合一、天人感應這一起點出發，用來理解和判斷世間一切現象和事物的方法，就是"陰陽五行"。

比如，中國的中醫藥學，就是按照陰陽五行的理論和思路，來建立它的診斷和治療的（像《黃帝內經》的理論基礎，就是陰陽五行）。在中醫中藥中，很多病症和藥物被"陰"和"陽"的學說歸納為若干種性質，這些性質彷彿天地間的寒熱四季變化，用在"人"的身上，它被表達為"寒熱""濕燥"或者是較細緻的"熱、溫、涼、寒"等，病症被這些術語分為不同的類型，而使用的藥物又被比喻為"君、臣、佐、使"，彷彿社會領域的政治關係，按照互相制約與互相支持的關係搭配使用。可是，所謂"陰陽""熱寒"，很多是憑藉經驗和感覺的，所謂"去火"或"上火"的性質，所謂"陰氣""陽氣"的氣，也是無法用實驗判斷而只能由體驗和感覺總結的。因此，古代中國人對於藥物、食品、天氣、空間的陰陽判斷，很多西洋人很難理解。但直到現在，漢族中國人還是憑着感覺區分陰陽。像甚麼蘿蔔清火，人參上火；橘子上火，廣柑不上火；豬肉性溫，羊肉性燥；冬天可以進補，夏天則要清涼等，這都是洋人覺得莫名其妙的。可是，難道這裏沒有一點"道理"嗎？

同樣，關於人的身體，五臟、五官、四肢和五行、五味、五色、五音等的相互關係，以及分屬五行的各種現象和事物何以能夠相生相剋，如何在不同的環境和季節下得到配合，這種關係又如何可以衍伸到人的身體狀況和對身體的治療方法，這些更是不可以用西洋近代的科學和邏輯來理解。像經絡學說，從西洋的解剖學上完全沒有辦法解釋，可古代的中國人憑藉自己的體驗和揣摩，就像確信"氣"和"血"一樣，覺得它在身體中有流動運行路徑。像湖北張家山出土的漢代的《引書》《脈書》，雙包山出土的漢代針灸木人，都說明古代人從另一思路發現了一些真理，而現代對於經脈、對於針灸的某些實踐，也證明古代中國人思想有其特殊處。

當然，並不只是中醫中藥，我在前面已經講到了，在古代中國，很多事情都與陰陽五行有關，比如建造陵墓，需要看陰陽，建造房屋，需要看風水，這都要配合陰陽五行；比如祭祀天地祖先，祭祀的壇場或祠堂，要按照陰陽五行的適當方位；明堂、圜丘、天壇、靈台等，也要遵照陰陽五行以及九宮八卦的原理；所有的年月日也都配上了陰陽五行，於是每天的行動也要符合陰陽五行的宜避；而天上的星辰、地下的方位，更是被分配了陰陽五行，於是凡是在空間中的行為，也無法離開這種陰陽五行。也許大家還記得，我在關於道教的一講中，曾經在"外丹"和"內丹"兩部分裏詳細地談到了這種陰陽五行學說在道教思想技術中的關鍵性意義。

八、漢字如魔方：漢族中國文化的若干側面（再續）

最後，我想指出，漢族中國文化的特點，是漢字及其對古代思想方式的影響。

在第一講中我已經詳細講過，這裏不妨再重複一遍。我總説，漢族中國人很多思考的方式、認知的方式，都和漢字有關。在全世界，現在只有漢字還保存着最初象形文字的基本格局，而古老的埃及象形文字、蘇美爾楔形文字等，都早已在歷史中消失，碩果僅存的納西族文字，使用範圍很小，可以存而不論。那麼，這種以象形為基礎，既表意又表音的文字，是否會影響古往今來的中國人呢？比如説對文字表達有一種異常的感覺，對純粹符號運算有一種不適應，對形象思維如比喻、象徵的特殊習慣，善於將抽象問題形象化的思考方式，這些和漢字是否都有關係？

古代中國的漢字很有意思，很多字是"象形"的，很直接，像日、月、木、水、火、手、口、刀等。但也有很多字，需要更仔細的更複雜的表述，於是就別出心裁加上一些，前面我們講過，像刀口上加一點是"刃"，而不是刀背；手放在樹上是"采"，牛關在圈裏是"牢"。可是這還算簡單，魯迅曾經舉過一個例子是"寶"，"寶"字是一個屋頂、一串玉、一個缶、一個貝，而且缶還是杵和臼合成的，五個加在一起，這是"會意"。但是會意不夠用，因為有的形太接近，寫字又不能畫得太細緻，所以又有用義類來區分，並加上聲音來標誌不同，於是有了"形聲"，像江、河、松、柏等。

但是無論如何，基礎還是"形"，漢字很多意思是可以從字的形狀中猜測出來的，而且很多意義的字也是從有直接象形的字中孳生出來的，第一講裏我舉的例子裏，有"東"這個字。有人說，東字原來是兩頭用繩索紮住的口袋，是"橐"的初文。不過我還是相信《說文解字》的說法，它的結構是"木"和"日"，"木"指樹，而"日"在"木"中，指太陽從東方剛剛升起，就是"東"。它和另一個字"暮"可以對照。"暮"的本字是"莫"，是"草"和"日"的組合。"日"是太陽，如果它落在"草"中，那麼就是"莫"（暮）。同樣，"手"象徵力量，而手持木棒，就是掌握權力的"尹"，是威嚴的"父"，可如果是下面加上"口"，表示動口不動手的，就是"君（）"。顯然，漢字會影響人的思考和想象，也使漢族中國讀書人往往有"猜""揣"，或者說"望文生義"的閱讀和思考習慣。

老實說，現在還不能完全說明白漢字對漢族中國文化以及對漢族中國人思維的影響。一說起漢字對文化的影響，很多人都會提起書法，但請注意，這種影響絕不僅僅在書法方面。漢族中國人有一些和其他族群不大一樣的文化現象，也許真的和漢字有關。我舉一些比較極端的例子吧，比如說，"一目十行"的感覺式閱讀，以及"望文生義"的詮釋和理解方式，這很常見。比如，古人相信，一貫三為王、推十合一為士，其實是從文字形狀中倒推原始意義；而古人相信甲像人頭，乙像人頸，自環者謂之私，背私者謂之公，也是倒過來想象漢字的本義；至於他們說，"色"字如蛇，精氣從"米"，那更是摻入了很多後來的道德觀念和生命觀念後，對一些漢字的臆測。但是，這種習慣現在不是還有嗎？

特別是，在中國思想世界中，總認為文字符號與現象世界不可分割，"名"就是"實"，"實"就是"名"，這是因為漢字不像表音文字，表音文字只是一個"純粹的符號"，而漢字的形狀和原始的涵義有關，是"有意味的符號"。可能正是因為如此，古代中國人並不習慣脫離具體事物，在抽象的、純粹的符號中進行純邏輯思維。前面講過，古代中國人對於文字有特別的敬畏，關於倉頡造字時"天雨粟，鬼夜哭"的故事，説明了人們想象中文字的魔力，而古代中國人敬惜字紙的習慣，和道教相信畫符（文字）唸咒（語音）能夠靈驗的心理，都説明了這種觀念。

九、文化分類：究竟甚麼是"中國的"文化？

文化的問題相當複雜，上面只是舉了一些我覺得重要的例子，並不是想以偏概全，對中國文化做一個完整論述。

問題是，既然文化很複雜，那麼，究竟甚麼才是漢族中國或者是漢民族的文化呢？這裏有一點要特別請大家注意，當我們用"中國"或"漢族"這個詞做定語，來修飾"文化"或"傳統"的時候，我們就需要一個可以精確概括它們同一性的特徵，可這是很困難的。我們知道，人群可以有種種不同的分法，但任何分法都不能深刻和準確地區分"人群"與"文化"的歸屬問題，無論你是用人種、語言、宗教還是甚麼來區分。

比如，你當然可以從人種分，有黑種人、白種人、黃種人等，但是，這並不能説明問題，漢族為主的中國人種可能是由蒙古和馬來兩個人種組成的，在歷史上還曾經融入了相當多不同種族的血液和基因，流行歌曲中唱的"黑頭髮、黃皮膚"，看來是說中國人，但是又如何區分出也是"黑頭髮、黃皮膚"的日本人和韓國人？所以，人種或基因並不是根本的區分方法。當然你也可以按照語言或宗教來分，講漢語的就是漢族人，可是並不一定，漢語的使用者中，還有很多其他族群的人，使用漢字的更是應當包括古代日本、朝鮮與越南，"漢字文化圈"這一個概念，其實比漢族文化要大，何況在講漢語的人中間，還有現在很多"少數民族"。也許，你還可以按照宗教來分，但是宗教更不能區分中國與外國、漢族與其他族群，因為漢族並沒有一個統一的宗教，他們中間的一部分人和其他一部分民族共享一個宗教，而另一些人又與其他族群分享一種宗教，甚至一個漢族人可以相信好幾種宗教。或者你再說，我們可以從地域分，"中國"這個詞當然可以包括大部分人，也包括香港、澳門和台灣人，但是，海外的很多華人，他們也認同漢族中國，他們的文化算不算中國文化？所以地域也不能算劃分的基本依據。最後，你也許覺得還可以從階層分，上等人和下等人，有知識的人和沒有知識的人，精英和民眾，富人和窮人，我承認，大傳統與小傳統確實差異很大，但是這種階層卻同屬於我們說的"中國文化"。

所以無論"人種""語言""信仰""地域""階層"，都不能和"文化"重疊。那麼，文化是甚麼？既然我們前面說了"文化是表現着一個民族的自我和特色"的東西，那麼，在甚麼地方才最深刻地表現了中國或漢族的自我和特色？

我在《開場白》裏面就講過了，這是一個非常困難的話題。我這本講義中，雖然講了這麼多，其實也只是蜻蜓點水。有一個比較籠統的說法是，"文化是指一種由歷史延續下來，被深深地植根於一個民族心中的，無論何時、何地、何種階層都無須思索地信奉和認同，並且在他們的日常生活的各個方面都會始終表現出來的傳統精神。"當然這太抽象了，但是，目前沒有更好的表達和論證的方法，只能說，漢族中國文化建構了一個文化的漢族中國，這個文化的漢族中國有一種傳統，它使得漢族中國人和其他人有一些不一樣的氣質和特點。我在《開場白》裏面曾說到我的看法，這裏再重複一次。我覺得，漢族中國文化有，而其他國家或民族文化沒有，漢族中國文化比較明顯，而其他國家或民族文化相對不明顯的五個方面，就是 (1) 通過漢字漢語思維與表達；(2) 在家族以及從家庭、家族、家族共同體這種社會基礎和倫理觀念上，發展出來的華夏帝國和儒家觀念；(3) 三教合一的信仰世界；(4) 陰陽五行為基礎的觀念、知識和技術；(5) 理解中國和世界的特別方式，即天下觀與華夷觀。這五個方面經由歷史延續並且影響到漢族中國人，塑造了漢族中國特有的價值標準、生活習慣和精神氣質。

說一個笑話吧。在很多書裏都有很多關於不同民族文化特徵的比喻和故事，這些故事和比喻不一定準確，不過不妨聽一聽。其中一個笑話說，面對大象，各民族人被要求寫出一篇描述的論文，於是，德國人寫的是一厚冊《大象在生物學分類中的位置及其哲學意味》，英國人寫的是一本《論大象的紳士風度》，法國人寫得最薄，一小冊《大象的愛情》，日本人寫得最厚，三大冊《大象研究資料彙編》，而中國人呢，寫的是《象、相、像考》，這當然是玩笑，但是各個文化傳統下的人，肯定有相當不同的地方，過去曾經把這種不同稱為"民族性"或"國民性"，即英文的 nationality，而國民性或民族性，是由於傳統積累與薰染的緣故，而同時對這種氣質精神不由得有認同感和親切感，就成了一個民族形成和凝聚的原因，這種傳統是每一個人的記憶中自然擁有的東西，也是他們回應變化的環境時的天然資源。

十、重新思考中國文化

也許，這還是一個相當難以講述和理解的話題，不過，我要盡可能地在這裏進行描述，究竟怎樣重新思考中國文化或者漢族中國文化？

在前面的十幾講裏，我講的就是這個很大的題目："究竟甚麼是中國文化的特色？"在這十幾講裏面，我講到漢字如何型塑"中國"，影響了漢族中國人的思維與表達；還從古代中國的家族和儀式講起，說到儒家和古代中國政治學說的形成；也簡單地從老子到莊子，討論道家的思想和影響；也討論了古代中國和外部世界交往的途徑，當然，主要是從佛教進入中國的途徑說起的。另外，我還簡單地介紹了佛教和道教的思想、方法、技術和影響，其中，特別重點地介紹了觀音信仰和禪宗思想，原因是前者在中國民間的影響實在是大，而且它的形象和故事演變折射出不同文化的差異；後者當然是佛教真正中國化的一個典型，它對於中國知識人的影響超過了所有的佛教宗派，也反映了一種異文化要進入中國這種擁有自我完足文化系統，需要甚麼樣的適應和改變。同時，我還特別介紹了古代中國的兩個信仰世界，因為和其他文化圈比較起來，可能這種宗教界限相當模糊而文化層次相當清晰的信仰情況，在中國特別突出。最後，我也講到古代中國的天下觀念，它是怎麼樣影響古代中國人對於自我和對於異族的態度的。

這裏需要再次提醒各位的是，其實，了解"中國文化"，主要並不在於我"講"，而在於您"聽"，如果您是漢族中國人，那麼，恰當的途徑應當是通過我的"講"，"激活"您的記憶、體驗與經驗，反身體驗一下自己的周圍、自己所處的社會、自己所熟悉的文化，調動心底的"儲備"，和我所"講"的內容一道，重建"（漢族）中國文化"這個大概念。

後記

　　這篇《後記》，是對這次增補修訂情況的説明。

　　這本《古代中國文化講義》出版於十五年以前。趁着今年在日本訪問，遭遇新冠病毒流行不得不困守東京的時機，重新對此書進行大規模的增補修訂。

　　這次增補修訂，主要做了以下四方面的工作。第一，新增加了《開場白》和第一講《漢字型塑了"中國"？》，在各講中，也增補了若干節內容，使得全書的講述更加完整。第二，給每一講增加了"閲讀文獻"，選錄數則古代有關文獻，目的是讓讀者在聽我講的同時，也閲讀一些關鍵文本，直接體會古代中國文化的各種傳統論説；同時，也適當調整或補充了"參考論著"，增加一些新的研究著作，供一些有心深入研究的讀者參考。第三，重新全面修訂了文本，至少改正、調整和補充了上千處文句，也許，經過這番修訂，全書的表達會更加流暢和準確。第四，把過去的插圖重新做了調換，補充了近百幅圖片，也許這更能呈現所謂"左圖右文"的講義性質。

　　回頭翻看工作日誌，發現這次增補修訂，竟然從四月一直到七月，延續了三個月。這三個月中，東京如雲如霧般的櫻花謝了，接着是姹紫嫣紅的杜鵑，杜鵑花之後，到處是玲瓏跳躍的紫陽花，等到修訂完畢的七月中，則看到滿池塘的荷花爭相開放。面對如畫般的美好風景，你想象不到這場疫情，會如此肆無忌憚地攪亂生活和工作，以至於我在東京大學的計劃完全停頓。在這三個月中，唯一還能自我安慰的，就是終於定下心來，把這本講義從容修訂完畢。

2020 年 7 月
於東京湯島天滿宮下